艺术特长生的名校求学路

狄心悦

一、自主招生

自主招生又称自主选拔。学生通过高考自主招生笔试和面试之后，可以享受相应的高考降分政策。

一般通过考试后，招生学校会与学生签订招生考试合同，根据合同，学生一般可享受降低十分至几十分录取的优惠政策，另外还有专业选择方面的优惠，具体要与学校洽谈。

二、想让孩子通过艺术升学，家长怎么做

发掘孩子的特长并将其发挥到极致，需要细心观察、系统培养和持续支持。以下是一些具体的方法：

1. 观察兴趣和天赋

注意孩子在日常活动中表现出的兴趣和热情，特别是那些让他们充满激情和快乐的活动，观察他们在学校、家庭和社交场合中的行为，识别他们在哪些方面表现得特别出色或有天赋。

经常与孩子沟通，了解他们的兴趣、梦想和喜好，倾听他们的想法和意见，通过询问和交流，发现他们内心真正热爱的事物。

2. 多样尝试

提供各种各样的活动机会，如艺术、体育、科学、文学等，让孩子接触不同的领域。

根据孩子的兴趣和天赋，选择 1 到 2 个主要领域进行重点培养。

3. 专业指导

为孩子寻找专业的教练或老师，提供系统的训练和指导，提升他们的技能水平。

4. 制订竞赛与升学计划

关注每年艺术特长生的中高考招生简章，根据招生简章中的条件制定适合孩子的竞赛路线。

科技特长生的清华求学之路

邓建赫

一、科技特长生如何培养

1. 科技特长生在培养方面可能会遇见的问题

门槛较高——相较于其他路径，科技竞赛对家庭环境、学生基础等要求较高。

· 学生的学习基础要好。

· 当地需要有科技竞赛的条件（是否有竞赛组织，学校是否有科技老师等）。

· 相比于艺术、体育等升学途径，需要的专业培训更专更精。

· 部分竞赛不仅需要努力还需要天赋。

2. 如何选择合适的赛道

· 提前了解当地初高中或者目标院校的升学政策。

· 与学校以及老师充分交流与沟通。

· 从学生的个人兴趣以及家庭的客观条件出发。

·咨询相关机构或往届参与过的学生。

二、不同阶段如何进行竞赛活动

1. 小学低年级阶段

·广泛接触机器人等科技活动。

·主要途径：高校面向低龄学生的活动；科技培训机构、学校的科技活动。

2. 小学高年级阶段

·进行机器人等科技活动的专业训练。

·主要途径：建议以学校的科技培训为主，根据情况可以寻求科技培训机构的帮助

3. 初中阶段

·对未来规划进行评估，选择合适的科创赛道。

·积极参与科创活动的训练，打下坚实基础，向着升学目标进发。

·主要途径：建议以学校的培训为主。

4. 高中阶段

·建议以五大学科竞赛为主。

·主要途径：以学校的培训为主，同时也积极寻求校外资源的帮助。

竞赛优等生通过“领军计划”升入清华

徐航

一、强基计划的招生流程

·高考报名：学生首先参加普通高考，并在高考前或高考后根据各

高校的要求进行强基计划的报名。

·初选：各高校根据高考成绩和其他招生条件要求进行初选，确定入围参加校考的考生名单。

·校考：入围考生参加高校组织的校考，校考形式包括笔试、面试或其他考核方式。

·综合评价：高校综合考虑考生的高考成绩、校考成绩和综合素质评价，确定录取名单。

·录取：高校根据录取方案对入选考生进行录取，入选考生享受相应的培养政策。

二、数学奥赛在小、初、高不同阶段的大致规划

1. 小学阶段

·培养对数学的浓厚兴趣，通过趣味数学故事、游戏等激发热情。

·扎实掌握基础的数学运算和概念。

·适当做一些思维拓展类的题目，如简单的奥数习题。

·可以参加一些低难度的数学竞赛，积累经验。

2. 初中阶段

·深入、系统地学习奥数知识体系，包括数论、几何、组合等模块。

·多做历年的初中奥数真题，熟悉各种题型和解题思路。

·参加学校组织的奥数兴趣小组或培训班。

·定期总结归纳解题方法和技巧。

3. 高中阶段

·进一步深化对奥数重难点知识的理解和掌握。

·针对自己薄弱的环节进行有针对性的强化训练。

·多和同学、老师交流探讨解题方法。

·参加更高级别的数学竞赛，积累实战经验，争取获得优异成绩，为升学助力。

靠综合评价考入华南理工大学

杨皋

一、综合评价招生

基于考生高考成绩、高校综合测试成绩和高中学业水平测试成绩，按照一定比例计算形成考生综合总分，最后按照综合总分择优录取。

二、录取模式（以广东省为例）

广东省大多数高校的录取模式为6:3:1；试点高校根据考生高考成绩（60%），学校考核成绩（30%）和高中学业水平考试成绩（10%）进行综合评价招生，择优录取。

三、综合评价申请材料准备

· 个人陈述。

· 高中一至三年级五次期末考试及高三一模成绩及排名。

· 高中学业水平考试成绩证明。

· 高中综合素质档案内容扫描件，如社区服务、社会实践经历、研究性学习、自主选修课程学习情况等。

· 其他反映考生综合素质发展情况的材料（如学科竞赛、科技创新、文体类活动获奖证书等）。

· 英语能力证明材料扫描件（非必需）。

四、通过综合评价升学的经验和建议

1. 关于综合评价升学的认知

对于优秀者是锦上添花，对于有潜力者是弯道超车。

2. 关于录取

实际录取分数与高考录取分数线相差不大，因此不可因此轻视高考。

3. 适合的学生

综合成绩突出，但课内成绩优势不那么明显，全面发展，外语优秀等。

4. 提早规划，提早准备

提前浏览各大高校网站，查看高校往年选择和青睐的赛事和社会实践等。如选择赛事，则应尽早开始备考，但须注意是在学有余力的情况下，切忌因小失大。

5. 个人陈述要挖掘闪光点

个人陈述中可以总结提炼过往经历，比如在充当志愿者的社会实践中培养了助人为乐的精神，体会到了社会不同层面的辛苦以及存在的价值等。

6. 学校考核准备

要提前了解学校背景、创校历史、所报名学科的发展历史和未来趋势，以及自己擅长的学科，具备哪些能力能够胜任以后的学习，表达自己对学校、所报名专业的强烈动机和向往，展示自己的闪光点。

父母助力引领清华之路

戴心怡

一、自主招生准备——作文竞赛项目

主要有世界华人学生作文大赛、“叶圣陶杯”全国中学生新作文大赛、全国中学生创新作文大赛等。

二、提升作文能力的方法

1. 阅读优秀范文

· 广泛阅读：阅读各种类型的文章，包括散文、小说、议论文等，积累不同的写作风格和表达技巧。

· 分析结构：仔细分析优秀范文的结构，理解文章的布局、段落安排和过渡方式。

· 模仿写作：尝试模仿优秀范文的写作风格，逐步形成自己的写作特色。

2. 词汇和表达积累

· 每日积累：每天坚持积累新词汇和表达方式，特别是生动形象的比喻等修辞。

· 词汇笔记：准备一个词汇和表达笔记本，记录优秀的词汇和句子，并尝试在写作中运用。

3. 写作练习

· 定期写作：制订写作计划，每周至少写一篇完整的作文，题材可以多样化。

· 限时练习：进行限时写作练习，提高在规定时间内构思和完成文章的能力。

· 多样题材：尝试不同题材的写作，如记叙文、议论文、说明文等，拓宽写作视野。

4. 头脑风暴和构思

· 头脑风暴：针对某个主题进行头脑风暴，列出所有相关的观点和想法，训练快速思考能力。

· 构思提纲：在写作前，先列出提纲，明确文章的结构和主要内容，确保思路清晰。

5. 参加写作培训

· 写作班和辅导：参加写作班或请写作辅导老师，系统学习写作技巧和方法。

· 参加比赛：多参加各类写作比赛，积累比赛经验，提高写作水平。

贫困县里走出清华学子

王璐

一、高考语文高分的秘诀之日常积累

1. 学龄前孩子

· 父母陪伴阅读，主要读各类名著的青少儿版本。

· 推荐故事类读物：《少年读史 · 小史记》（全五册）。

· 推荐国学读物：《昨夜星辰：高盛元的唐诗课》。

2. 小学孩子

· 启蒙文言文。

· 领读、背诵《古文观止》经典篇目。

· 多看作文范文，三、四年级勤写周记勤记录。

· 多多阅读，养成摘抄的好习惯。

· 一开始甚至可以“抄”作文。

· 多扩写古诗词。

二、语文考试也是要刷题的

1. 刷题的好处

· 提高答题速度。

· 扩充答题思路。

· 积累写作素材。

2. 刷什么题

只刷高考题。

3. 怎么刷

心中默写答案，并与标准答案进行对照，分析偏差所在。

4. 总结答题模板

很多人仔细分析语文试卷答案会发现答案非常简略，这其实是出题人在故意增加语文刷题的难度。

5. 模板关键词

情景 / 环境 + 人物 + 中心思想 + 结构 / 线索。

三、如何培养学习能力——以写作文为例

1. 先输入（记忆）

· 输入资源——积累作文素材。

· 输入范式——看别人的作文是怎么写的（结构、内容）。

2. 再输出（联想）

· 联想内容——参考的作文素材。

· 联想结构——别人作文的结构。

“小镇做题家”在北大

林佳怡

一、高效做笔记的方法

1. 错题整理：康奈尔笔记法

错题建议使用打印机先行打印（或直接剪下来贴在错题本里）节约

时间（家长可协助）。

· 提示栏——粘贴题目。

· 记录栏——填写做题过程。

· 思考栏——反思错误原因。

2. 知识梳理：思维导图笔记法

· 先在书中进行勾画，课后使用软件或者在纸上进行制作。

· 分类越细越好。

· 子主题的提炼需简明扼要。

· 用于背诵有奇效。

二、时间管理：艾宾浩斯记忆曲线

1. 了解艾宾浩斯记忆曲线的基本规律

遗忘在学习之后立即开始，而且遗忘的进程并不是匀速的。最初遗忘速度很快，以后逐渐缓慢。

2. 制订学习和复习计划

比如，在学习新知识后的 5 分钟、30 分钟、12 小时、1 天、2 天、4 天、7 天、15 天、1 个月等时间点进行复习。

以学习英语单词为例	早上学习新单词
	5 分钟后快速回顾刚学的单词
	30 分钟后再次复习
	当天晚上睡觉前进行一次全面复习
	第二天早上复习前一天学习的所有单词

从小镇到国际的教育人类学实践者

张菁

一、如何打好英语口语基础

· 大声晨读，通过朗读出声和随身小本来记忆单词。

· 跟着录音读课文，并模仿与表演。

· 通过英文歌和英语电影、电视剧增加听力输入。

· 观看 TED 演讲，培养国际化思维。

· 交外国笔友，定期写英文邮件分享生活。

· 整合网络学习资源，使用手机离线词典辅助学习。

二、如何有效进行英语晨读

1. 理解内容

在朗读的过程中，要理解所读内容的含义，注意单词、句型和语法的运用，思考其在不同语境中的意义和用法。

2. 归纳总结

对所读内容进行归纳总结，提炼出重要知识点和语言点，加深记忆和理解。

3. 拓展联想

根据所读内容进行拓展联想，如联想相关的单词、句型、语法、文化背景等，丰富知识储备。

三、有哪些好的学习习惯

1. 制订计划

· 随身携带 DIY 小本：零碎时间记英语单词。

· 用单独的小册子规划每日学习计划。

· 定期对计划执行情况复盘并优化计划。

2. 建立自己的应试错题积累本

· 自己整理练习错题，将其贴在一本笔记里。

· 结合考试的错题、难题进行针对性训练。

· 在做题网站或 APP 上做题。

3. 做好时间管理

· 限时 10 分钟背诵，然后立刻听写。

· 记录实际用时，方便以后做计划。

· 设置睡前固定课外阅读时间，保持文学输入。

· 写作文时翻开积累本和灵感本选编素材。

小镇青年到香港大学的逆袭之路

姜林扬

1. 培养孩子专注能力的有效方法之限时训练

通过设定时间限制，让孩子在规定时间内完成任务，有助于提高他们的专注度和效率。比如，每天安排一段“限时阅读”时间，要求孩子在 20 分钟内专注阅读一篇文章，并回答相关问题，逐渐增加阅读的难度和时间长度。

2. 培养孩子专注能力的有效方法之减少干扰

在孩子学习或专注于某项活动时，降低外界的干扰因素，如关闭电视、收起手机、减少噪声等。

3. 培养孩子专注能力的有效方法之游戏训练

通过一些专门的专注力训练游戏，如拼图、找不同、数字连线、搭乐高、走迷宫等，可以有效提高孩子的专注力。

4. 培养孩子专注能力的有效方法之规律作息

每天固定时间起床、睡觉、吃饭和学习，让孩子的身体和大脑形成生物钟，提高专注能力。

5. 培养孩子专注能力的有效方法之积极反馈

如果孩子认真专注地完成了作业，家长可以给予孩子一些小奖励，如一本喜欢的漫画书、一个小玩具或者带孩子去吃一顿喜欢的美食。

班级倒数踏出清华之路：在“经管”中沉淀

杨思奇

一、小学阶段如何进入学习状态

1. 提前树立应试思维

知识体系构建：

帮助孩子系统地梳理各学科的知识点，建立清晰的知识框架。例如，在语文学习中，掌握字词、语法、修辞、阅读理解和写作等方面的知识；在数学学习中，了解数的运算、图形、应用题等知识点。可以通过制作思维导图、知识卡片等方式，让孩子对所学知识有整体的认识和把握。

学习方法指导：

教导孩子掌握有效的学习方法，如预习、复习、总结归纳等。预习可以让孩子提前了解学习内容，找出疑问点；复习能够巩固所学知识，加深记忆；总结归纳则有助于将零散的知识点串联起来，形成知识体系。

培养孩子的阅读习惯和阅读能力，提高阅读理解水平。鼓励孩子多读课外书籍，增加阅读量，同时教给孩子阅读技巧。比如，如何快速提取文章关键信息、如何理解文章主旨等。

题型训练：

让孩子熟悉各种考试题型，了解不同题型的解题思路和方法。可以通过做练习题、模拟试卷等方式进行题型训练，但要注意控制题量，避免给孩子造成过大的压力。针对孩子容易出错的题型进行专项训练，帮助孩子分析错误原因，总结解题经验，提高解题能力。

时间管理：

培养孩子的时间观念，让孩子学会合理安排学习时间。制订学习计划，将学习任务分解到每天、每周，按照计划有序地进行学习。

2. 重复是记忆之母

在学习外语单词时，不断地重复背诵和使用这些单词，能够让孩子更加熟练地掌握它们的拼写、发音和用法。同样，在背诵诗歌、文章或者公式定理时，反复的诵读和复习能够使这些内容深深地印刻在孩子的记忆中。

二、把自己当成出题人

1. 语文

对于字词部分，可以设想如果要考查某个字词的读音、写法、释义、用法等，会以怎样的形式出题，比如是选择正确读音、错别字辨析、词语解释，还是选词填空等。

在阅读理解方面，针对一篇文章，思考可以从哪些角度设置问题，比如文章主旨、段落大意、修辞手法、人物形象分析、写作手法等，然后自己出题并解答。

对于作文，可以设定不同的主题和要求，思考如果要考查这些主题，会希望学生从哪些方面展开写作，以及需要达到怎样的标准和水平。

2. 数学

学习某个数学概念或定理后，思考如何围绕它出选择题、填空题来考查对概念的理解和基本运用；出计算题来考查运用定理进行计算的能力；出证明题来考查对定理的推导和证明过程的掌握。

针对某一类型的数学问题，如几何证明、函数应用等，设想如何改变条件、增加难度或变换题型来出题。

复习多个知识点时，思考如何将它们综合在一道题中，考查知识点之间的联系和综合运用能力。

3. 英语

对于词汇，设想出拼写、词义辨析、搭配、词性转换等类型的题目。

语法部分，可以就时态、语态、从句等内容出选择题、填空题、改错题等。

阅读理解，根据文章内容出细节理解题、主旨大意题、推理判断题等。

写作方面，设定不同的体裁、主题和要求，思考可能的出题方式和评分标准。

厚积薄发，圆梦清华

李妍

一、如何判断自己的孩子是否有潜力通过美术特长升学

1. 兴趣与主动性

孩子对绘画、手工等美术活动表现出浓厚的兴趣和自发的热情，主动地投入创作中，并且愿意花费大量的时间和精力去进行美术活动，而

不是在外界的强制或诱导下才去做。

2. 观察力

能够敏锐地捕捉到周围事物的细节和特征，比如物体的形状、颜色、纹理、比例等，并在创作中准确或富有创意地表现出来。例如，在画人物时能注意到人物的表情、服饰的细节等。

3. 空间感知能力

对空间关系有较好的理解和感知能力，在绘画或手工创作中能够合理地安排物体的位置、大小和比例关系，展现出一定的空间层次感和立体感。

4. 学习领悟速度

在美术学习过程中，能够快速掌握新的知识、技能和表现方法，并且能够灵活运用到自己的创作中，学习进步速度较快。

二、美术艺考生升学之路

1. 高一阶段——打牢基础

美术基础学习：在课余时间参加美术基础课程，如素描、色彩、速写等，初步掌握基本的绘画技巧和表现方法。

文化学习：不能忽视文化课的学习，确保在高一阶段打好文化基础，为后续艺考集训期间的文化复习减轻压力。

2. 高二阶段——集训阶段

专业集训：参加为期 6~8 个月的全日制美术集训，针对艺考的考试科目和要求进行强化训练，提高绘画技巧和应试能力。

3. 高三上学期——艺考阶段

根据自己的目标院校和专业，在规定的时间内完成网上报名和缴费等工作。

参加考试：按照考试时间和要求，参加各院校的专业考试和高考。

4. 高三下学期——冲刺文化课高考

体育统考升入浙江大学

华懿颖

一、体育统考升学路线之体育单招（文化课要求比较低）

体育统考分为体育专项考试和文化课考试，文化课考试由国家体育总局统一命题，体育专项考试执行国家体育总局制定的统一的考试办法和评分标准。

报考条件：具备二级运动员以上运动技术等级资格的学生。

报考专业：运动训练、民族传统体育两个专业。

录取情况：考生在达到院校最低录取分数线的基础上，院校根据考生的文化成绩（折合百分制后）和体育专项成绩的比例（通常为3 ：7或4 ：6）计算考生录取综合分。

二、如何申请成为国家二级运动员

参加符合要求的比赛：

确保参加的比赛是由相关体育部门认可的。

获取成绩证明：

在比赛中达到二级运动员标准后，向比赛组委会申请开具成绩证明。

提交申请：

携带成绩证明到所在地的体育局竞技体育处或相关审核部门提交申请。

审核与审批：

审核部门会对申请材料进行审核，审核通过后报审批单位进行最终审批。

不同地区的具体申请流程和要求可能会有所不同，建议提前咨询当地的体育局或相关体育管理部门，以获取更准确的信息。

音乐艺术生的名校升学路

傅芊芊

一、如何进行音乐启蒙

1. 选择合适的乐器

钢琴

优点：钢琴是音乐学习的基础乐器，能够帮助孩子建立良好的音准和节奏感，同时锻炼双手协调能力。

启蒙年龄：4~6 岁开始启蒙较为合适。

小提琴

优点：有助于培养孩子的音准和表现力，对孩子的听力和手指灵活性要求较高。

启蒙年龄：5~7 岁开始学习。

吉他

优点：携带方便，入门相对容易，适合弹唱和独奏。

启蒙年龄：8~10 岁开始学习较为理想。

2. 学习方法

专业老师能够根据孩子的特点制订合适的教学计划，纠正错误的演奏姿势和方法。

可以每天安排一定的练习时间，逐渐增加练习的难度和时长。

制订练习计划，合理分配练习基本功、曲目的时间。

二、高中准备艺考要经历哪些阶段

学术课程：保持良好的文化课成绩，确保满足高考的基本要求。特别注意语文、英语等与音乐相关的学科。

音乐培训：参加专业的音乐培训班或找专业老师进行指导，提升声乐、乐器演奏等技能。

练习与实践：每天安排足够时间练习声乐和乐器，积极参加学校的音乐活动、演出等，积累舞台经验。

备考艺考：了解各大音乐学院或有音乐专业的高校的招生要求和艺考流程，提前做好准备。包括准备艺考曲目、参加模拟考试等。

“小三门”学习：重视乐理、听写、视唱等小三门的学习，这对于艺考成绩和未来的音乐学习都非常重要。

从梦想起航到清华登顶：一个理工生的蜕变之路

方青然

1. 化学竞赛——高一开始准备

· 优点：有较为充裕的时间系统学习竞赛知识。

在高一阶段，学生已经掌握了一定的高中化学基础知识，可以在此基础上逐步拓展竞赛所需的知识领域，并且能够有足够的时间消化和理解较为复杂的化学概念和原理。学生可以多次参加竞赛积累经验，提高获奖的可能性。

· 时间安排：每周安排一定的时间专门学习竞赛知识，参加学校组织的竞赛培训课程，并在寒暑假集中学习。

2. 化学竞赛——高二开始准备

· 优点：此时学生的高中化学基础知识更加扎实，对化学的兴趣和学习能力也有了一定的体现，能够更有针对性地进行竞赛准备。

明确自己是否真的对化学竞赛有足够的热情和能力投入，减少在摸索阶段浪费的时间。

· 时间安排：利用课余时间和节假日集中攻克竞赛难点。

3. 化学竞赛——高三开始准备

· 这种情况相对较少，除非学生本身化学基础非常扎实，且学习能力极强。

· 优点：临近高考，对知识的综合运用能力较强。

· 时间安排：在高三决定参加竞赛，凭借深厚的知识积累和快速学习能力，也能取得一定成绩。

· 挑战：高三学业压力大，准备竞赛可能会影响高考复习，风险较高。

稳扎稳打每一步
——从哈工大到港中大

Cecilia

一、香港中文大学申请情况

1. 硕士申请材料及文书准备

个人陈述

· 自我介绍（学校、专业、兴趣爱好、科研经历、实习经历）。

· 动机（为什么想来这所学校？对这所学校有什么了解？对学校的什么方面感兴趣？如校园环境、学术能力、校企交流等）。

· 未来规划（就读硕士后会怎样提升自己的学术能力？对科研的哪个方向感兴趣？科研计划是怎样的？职业规划以及实现路径是怎样的？）。

推荐信

· 尽早联系老师，征得老师同意。

· 信件内容包括：

怎么认识该学生的（是其课程授课老师，还是项目指导老师？）；

对学生的印象（上课表现、课后主动性、学习能力、学术能力等）；

为什么推荐该学生读硕（科研能力强、学业基础好等）。

· 将所需材料一次性发送至老师邮箱，避免麻烦。

其他证明材料

身份文件（身份证、护照复印件等）、成绩证明、在读证明、奖学金证书、竞赛证书、实习证明（中英文版）、科研助理证明等。

2. 香港地区研究生申请应具备的四维能力（以个人情况为例）

学术能力

· 核心课程：单科成绩均在 95 分以上（数学单科成绩很重要）。

精英能力

· 标化语言成绩：雅思 8 分。

· 领导能力：班级干部。

· 高含金量的志愿者实习经历：三甲医院志愿者、国际马拉松比赛志愿者、高交会翻译志愿者。

· 高含金量的实习经历：国际前四市场咨询机构，国家 top 级科技企业创业孵化基地，保险资管固收研究，头部券商研究所行业研究。

背景提升

· 全国大学生英语竞赛国家级奖项。

· 全国大学生数学建模竞赛省级奖项。

· 全国大学生“三创”赛校级奖项。

· 若干次校级奖学金。

特长发展

· 学校艺术团合唱部及器乐部副团长。

· 多次参加学校的大型文艺晚会演出。

· 校级十佳歌手大赛前十。

二、面试准备

1. 熟悉简历及面试流程

· 熟悉简历及文书：简历和文书中的任何一点都可能被问到，所以一定要熟悉文书中的每一个地方；提前写好英文的自我介绍，并背诵熟练。

· 上网查找申请学校和专业的面试经验介绍，提前构思回答，并做好记录。

2. 模拟演练胸有成竹

· 寻找队友或老师，演练面试场景，模拟面试问答及时复盘，反思不足，寻求建议。

3. 自信大方临场不惧

· 相信自己，落落大方，语速不要过快，给自己思考空间。

· 简历面：自我介绍。

· 专业面：经济学相关的基础知识。

· 行为面：未来的职业规划，选择该所学校的动机等。

以丰富的自我遇见多元的世界

田然

一、如何建立各科学习思维

1. 语文

· 阅读思维：在阅读文学作品时，注重理解作者的意图、情感，分析结构、语言风格、修辞手法等，培养批判性阅读思维，对文本进行深入解读和思考。

· 写作思维：学会构思文章的框架结构，明确主题和观点，组织素材和论据，运用逻辑推理和论证方法，使文章内容丰富、条理清晰、论证有力。

· 语言积累思维：注重字词、成语、古诗词、名言警句等的积累，通过记忆、理解和运用，提高语言表达能力。

2. 数学

· 逻辑思维：数学是一门逻辑性很强的学科，需要学会运用逻辑推理、演绎归纳等方法解决问题。例如，从已知条件出发，通过推理和计算得出结论。

· 抽象思维：能够将实际问题抽象为数学模型，运用数学符号和公式进行表达和解决。比如将现实中的物体运动问题转化为函数、方程等数学问题。

· 空间思维：在学习几何图形、立体几何等内容时，培养空间想象力和空间思维能力，尝试在头脑中构建图形的形状、位置和关系。

3. 英语

· 语言交际思维：将英语视为一种语言交流工具，注重听、说、读、写的综合运用，培养用英语进行交流和表达的能力。

· 语法和词汇记忆思维：通过分类、归纳、联想等方法记忆英语语法规则和词汇，建立系统的知识体系。

4. 历史

· 时空观念思维：将历史事件和人物放在特定的时间和空间背景下进行理解和分析，建立起历史发展的时空框架。

· 辩证思维：运用辩证唯物主义和历史唯物主义的观点，客观、全面地评价历史事件和人物，分析历史发展的原因和影响。

5. 地理

· 综合思维：地理学科涉及自然地理、人文地理等多个方面，需要综合考虑自然因素和人文因素对地理环境的影响，培养综合分析问题的能力。

· 区域认知思维：了解不同区域的地理位置、自然环境、人文特色等，能够对区域的特征、发展问题和发展方向进行分析和判断。

· 地理实践思维：通过实地考察、地理实验、地理调查等实践活动，将理论知识与实际应用相结合，提高解决实际地理问题的能力。

二、保持可持续性学习的方法

明确自己的“黄金时间”与“白银时间”：明确自己什么时间段学习效率最高。

规律运动：保证体力与精力充足。

深度阅读：掌握训练思维。

从保研清华到墨尔本大学全奖博士

Harry

1. 多感官参与——建立不同的思维方式

外语

· 大声背诵：语感的建立——语法、写作。

· 情景练习：课堂、课后。

· 听力与视频：经典影视作品。

· 沉浸体验：访学交流。

2. 理解图像和视觉记忆——抽象的概念、逻辑

数学

· 图像是代数和几何的交汇处。

· 理解代数运算的性质。

· 方程与不等式的求解。

· 几何问题的代数化求解。

自然科学

· 借助动画演示理解化学、生物反应过程。

· 现实问题的抽象化——构建模型。

3. 如何让孩子在学习上形成“自己的理解”

· 同义转述：用自己的话说一遍。

· 自问自答：轻松的自我检测与提出正确的问题。

· 帮人答疑：练习运用“自己的理解”。

4. 结构化和知识体系的建立

· 打开教科书：按目录章节回忆和展开内容。

· 合上教科书：有效的重复加深理解。

· 绘制思维导图：形成知识体系，理解知识的层次和关系。

在实践中寻找自己的热爱，成为复合型人才

梁家豪

一、小学、初中阶段英语的学习方法

1. 我是如何从小打好英语基础的

理论	例子
对内输入——从小多听，尽早掌握音节拼读和音标识别	例：小学的时候会参加外教英语课，在英语氛围中潜移默化地培养语感
对外输出——多朗读，多说，多写，提升英语兴趣	例：在小学和初中阶段，我参与过不少班级内部或学校英语节的英语剧表演，这对我的英语口语提升有不少帮助
适当超前，建立自信心	在小学的时候，我一般会预习课堂上的内容，因此对英语的学习比较有信心。主要方法一是认识新单词，二是把课文读通顺

2. 如何背单词

· 音节拼读记忆法：用拼读的方法去记忆单词，比较适用字母比较多的单词。例：per/for/mance，im/por/tant。

· 词根词缀记忆法：积累一些常见的词根和词缀，适合记忆比较规范的单词。例：re- 回；再次；相反。如 return，review，reverse。

· 联想记忆法：用谐音、拆分等方式给单词附加别的意思，帮助记忆，适合词根词缀不明显的单词。例：ambulance——“俺不能死”；brook——“bro OK”。

3. 如何学习语法

· 多读，多说，打好语感基础。早读时千万不要浪费宝贵的时间，

多朗读英文文章，甚至是背诵。我们只有在主动输出完整的句子的时候才会意识到自己有什么疏漏，同时培养语感。

· 积累作文例句，多在作文中使用。每个语法摘抄一两句可以模仿借鉴的句子，多用在自己的作文写作中。

· 不要死记公式。英语是实用学科，是熟能生巧的科目，不是死记硬背的科目。语法、公式可以借鉴，但要培养语感才能活学活用。

二、数学的学习方法与经验分享

1. 形成自己的知识体系

高三复习时参考彭海燕老师的《高考数学全国卷解密》，工具化、模型化、套路化地总结知识体系，形成自己的认知。以我自己为例，通过学习总结，后期我的数学模拟分数稳定在 120 分左右。

2. 工具化

就是以解决问题为导向来掌握知识点的运用。有一些数学知识点是典型的“工具”，比如向量，它在平面几何和立体几何的题目中就很有用，因此我们可以从它有哪些用法去总结这个知识点。

3. 模型化

在平面几何等领域，有许多经典的模型会拿来出题，因此要从模型的角度去总结这方面的知识点，了解各种常见的组合。

4. 套路化

对于选择填空题，或者是数列题，其实有一些常见的出题思路可以总结，这些出题思路就是所谓的“套路”。只有熟悉这些套路，我们才能在考试的短时间内进行准确作答。

5. 错题整理与总结

由于数学是一个考点比较明显的学科，所以分类整理错题和解题思路是很有必要的。

竞赛失利绝地反击，另辟蹊径进清华

伍骏程

一、奥林匹克化学竞赛路径

1. 学科竞赛的选择与阶段

非常规途径，需要视孩子具体情况而定：

· 系统培训。

· 教练经验丰富。

· 孩子具有浓烈兴趣。

四个阶段——筛选阶段、培训阶段、决赛阶段、回归阶段。

2. 高中学科竞赛时间分布（个人案例）

筛选阶段（初三暑假至高一暑假）：

· 竞赛教练组织第一轮基础培训，主讲高中知识和大学基础知识，多次考试进行筛选淘汰。

· 高一暑假参加第一次全国初赛，最终形成稳定竞赛组阵容。

培训阶段（高一暑假至高二暑假）：

· 周一到周五上午上综合文化课学习高考知识，下午在竞赛教室学习竞赛内容，周六省内培训分专题进行基础巩固和提升，每周一考及时反馈。

· 高二暑假参加第二次全国初赛，确定省队名单。

· 穿插：寒假的大中衔接（营赛）和签约考试。

决赛阶段（高二暑假至高三上半学期 12 月左右）：

· 重点准备决赛内容，11 月左右省队内部进行培训。

· 11 月底 ~12 月初参加全国决赛，决定奖牌档次和是否保送（进入集训队）。

回归阶段（高三上半学期 12 月左右至高考）：

· 用半年左右时间追回高考内容并进行两轮复习，竞赛班会有单独的进度照顾。

· 参加强基校测（分破格生和非破格生）。

· 录取至相应强基计划专业。

3. 一图读懂竞赛流程

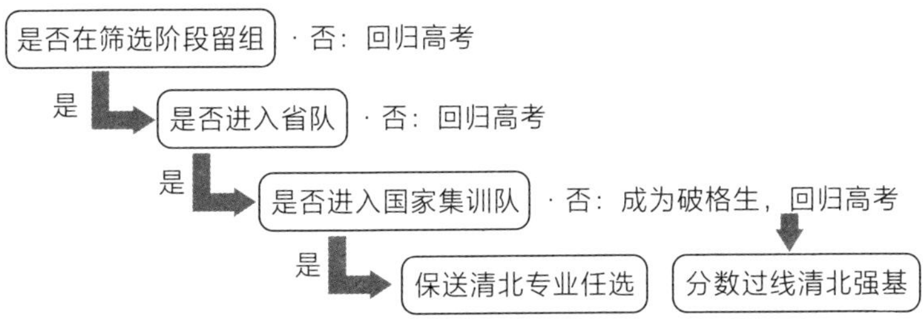

二、竞赛学习的特点与能力要求

1. 自主学习能力

除了“教练领进门”的基础讲授，大部分竞赛知识几乎都要靠孩子自学，如何在没有老师引导的情况下扎实学好知识是一大难点。

2. 时间管理能力

· 竞赛训练期间没有常规“一节课”的概念，全天时间基本全部由考生安排，如何做好时间规划、充分利用时间是一大难点。

· 除了教练提供的资源外，还可以在网络上自主搜索资源，这考验孩子对自己学习弱点的认知和收集资料的能力。

· 除学习外也需要一定的锻炼、娱乐和放松，二者平衡孩子才能健康发展。

3. 抗压能力

· 竞赛生几乎三天一考，冲刺时期甚至一天三考，次次评分、次次公开，需要及时调整心态。

· 面对众多优秀的高智商竞赛生，很多孩子可能会面临太多打击和挫折，如何正视自我、找到防线对人生发展都有意义。

三、如何进行竞赛训练

1. 目录大纲搭建

拿到任何一本题集资料，首先确定自己对各章节的印象，搭建整体框架。

在框架中填内容的过程能够帮助孩子建立各个部分的有机联系——知识不再是独立的，而是联结的。

2. 灵活时间安排

先做地毯式排查（哪怕完全没复习），明白自己在哪一块的短板更明显，评估对每个板块的熟悉度。

在查漏补缺的过程中有侧重点地灵活安排时间，每个板块花的时间不该是呆板地平均分配。

3. 即时反馈系统

做题、考试大多时候不是为了排名，而是让自己对各部分知识的掌握程度有具体认知。

不要等“复习完再做题”，而要“边做题边复习”，每完成一个板块的学习就即时给自己反馈，做到“心中有数”。

梦启濠江，志在燕园：澳门学子的北大求学之旅

黄俊贤

一、澳门升学信息差

1. 澳门升学与内地升学差异

	澳门升学	内地升学
升学方式	四校联考（澳门四所大学） 内地保送 出国留学（较少） 去往台湾地区升学	参加全国统一高考 出国留学 保送
保送内地大学方式	面试、笔试（部分大学）	
保送条件	持澳门居民身份证 持港澳居民来往内地通行证 综合成绩全年级前 40%（部分大学可扩大至 50%） 由高中推荐进入保送	成绩十分优越 运动员 参加竞赛（如奥林匹克竞赛）

2. 应该何时带孩子入学

· 不会粤语：个人建议在幼儿园或者小学办理入读，因为澳门的教育大多数以粤语以及英语作为基础，在粤语环境中成长有助于孩子适应以及奠定语言基础，为日后的初高中学习做好充足准备。

· 会粤语：可以在初中入读，初中是孩子认知完善的阶段，孩子可以更好地适应澳门的生活以及学校的生活。澳门的老师也可以在多多了解孩子的性格和成绩后为孩子日后的发展提供更多更完善的建议。

3. 关于澳门入读的方法

· 永久居民身份证：

第 1 步：选择学校，可上澳门“教育及青年发展局”网站查看学校清单；

第 2 步：进行笔试或者面试（视学校而定）。

· 非永久居民身份证：投资移民。

· 人才引进移民：非永居不建议，除非父母之中有一方为永居，可将孩子户口转为永居，详情可参考澳门入境管理局官网信息。

二、关于澳门保送申请的个人见解以及建议

1. 课内成绩

平日在学校的课程成绩十分重要，因为只有年级综合分数排名前 40% 的学生才能够参与保送，所以优秀的课内成绩是保送的铁门槛。

2. 语言成绩

如若报考外语专业或者外国语言大学，拥有一张外语证书（雅思、托福）将十分重要，它将作为加分项给你的保送之路锦上添花。

3. 展示综合兴趣

现在讲究的是多元化发展，除了课内成绩以外，在学有余力的情况下，可以多参与学校活动，例如合唱比赛、科技比赛、科研小组、建模比赛等，拿到的奖项不仅仅让心里“痛快”，还是未来保送的一把“利刃”。

4. 保送面试

需要提前研究面试官可能会提问的问题并且写稿练习，主要说明自己的特长、性格，以及为何想要报考这所学校，对报考的专业有何看法。同时也要了解考官过往的面试问题（询问学长学姐），做好万全之策。

如果报考的学校有笔试环节，可以仔细研究历年的试题以及试题答案。

早规划才能上好大学

孙梦婉 等 编著

50位名校生的升学攻略

民主与建设出版社
·北京·

图书在版编目（CIP）数据

早规划才能上好大学. 50位名校生的升学攻略 / 孙梦婉等编著. -- 北京 : 民主与建设出版社, 2024. 12.
ISBN 978-7-5139-4777-0

Ⅰ. G635.5；G647.32

中国国家版本馆CIP数据核字第2024SW8841号

早规划才能上好大学：50位名校生的升学攻略
ZAO GUIHUA CAINENG SHANG HAO DAXUE
50 WEI MINGXIAOSHENG DE SHENGXUE GONGLÜE

编　　著	孙梦婉 等
责任编辑	郭丽芳　周　艺
封面设计	沐希设计
出版发行	民主与建设出版社有限责任公司
电　　话	（010）59417749　59419778
社　　址	北京市朝阳区宏泰东街远洋万和南区伍号公馆4层
邮　　编	100102
印　　刷	北京盛通印刷股份有限公司
版　　次	2024年12月第1版
印　　次	2024年12月第1次印刷
开　　本	700mm × 980mm　1/16
印　　张	20.5
字　　数	332千字
书　　号	ISBN 978-7-5139-4777-0
定　　价	65.00元

注：如有印、装质量问题，请与出版社联系。

目 录

1 降分保送

2 小镇逆袭

3 艺体之路

4 稳步升学

5 探索之旅

6 另类成长

序言

很多事情越早做准备越好

2024 年是我创建教育品牌的第 10 年。在这 10 年间，我一直坚持联系全球名校生，给中国家庭提供教育咨询和规划服务。我自己的企业微信里也有数千名来自中国各个地区的父母，积累了大量的家庭样本。

大部分家长在养育孩子的过程中，或多或少会感到迷茫和不知所措，但他们往往都是在孩子教育开始出现问题的时候才向专业老师寻求帮助的：

梦老师，我孩子是“普娃”，中考后要被分流了，怎么办？

梦老师，我孩子在这个学校待不下去了，怎么办？

梦老师，我孩子学习习惯特别不好，怎么办？

梦老师，我孩子兴趣班花了好多钱，可什么都没有学好，怎么办？

梦老师，我的家庭成员对于教育方式各执一词，内耗特别严重，怎么办？

……

实际上，如果家长和孩子对于教育规划都有更清晰的认知，提前做准备，就有很大可能避免出现上述一系列问题。

关于优秀孩子的培养，往往展现在两个方面。

显性方面：18 年的学习，是否可以金榜题名。

隐性方面：18年的养育，是否可以培养出一个有能力应对社会发展的具备优秀品质的人。

显性方面是孩子在校时期的荣光，以及可以受用终身的简历，但名校的光环通常会在毕业5年之后渐渐消退。隐性方面则需长期来看——孩子是否有能力在社会中闯出一片天地、为社会创造价值，在毕业后的时光中越来越重要。

通往名校的路不止一条

那么，如何把家长对于孩子进入名校的美好期望，与培养孩子优秀的能力结合起来，为孩子规划出最好的培养路线呢？

首先，我们需要知道，关于如何进入名校，并不像家长普遍认知的那样只有高考这一条路线。事实上，我国有可以争取名校降分录取的各类政策，如“三位一体”（综合评价招生制度）、“强基计划”（基础学科招生改革试点）、“三大专项计划”（农村贫困地区定向招生专项计划）等。

其次，名校升学之路如果准备妥当，不会“一分定终身”。科技特长生也是名校所招募的一个群体；在某些体育项目和艺术领域有突出才能的孩子，也有体育、艺术特长生的招生录取政策可以参考。

国家发展需要不同类型的人才，这些政策是国家招募不同类型人才的窗口，切不可把凭借各类降分录取政策和特长升学的孩子与学习成绩不好画上等号。这些招生政策也赋予家长和孩子把能力特长发挥出来的机会。

做书的初衷

正是因为升学路线多种多样，所以我们集合了100位名校生，为大家做升学规划、家庭养育、学业准备等内容的普及。

从整体上来看，思虑深远的家长更容易为孩子的教育做好铺垫，让孩子更容易在激烈的社会竞争中取得不错的结果，也能够更好地培养出孩子的底层能力，培养出更加健康、阳光、优秀的人才。

本书帮助大家梳理、总结出孩子 0 ~ 18 岁教育规划的一些要点，但因为篇幅有限无法详细展开。

我们接到过不同年龄段孩子家长的规划咨询，听到最多的一个词就是“后悔”——后悔没有早了解，后悔没有早准备。原来不是孩子不行，而是“无意”中错过。例如，大部分家长不重视体育，因为不知道在升入大学的时候，体育成绩好的一级运动员甚至可以降分至二本线以下 65% 被名校录取；不知道需要做幼小衔接的准备，才能让孩子在校内领先；不知道从小学好英语，可以让孩子在中考分流的时候转轨国际，接触更大的世界；也不知道从小做好竞赛的准备，以此让孩子在学校里脱颖而出；更不知道原来父母改变对孩子的语言表达，就可以提升孩子的学习动力；等等。

而这种“无意”，是大部分家庭的现状。家长都希望自己的孩子成功考入好学校，而无论是家长还是学子，都没有获得过真正足够多的样本来学习名校之路该如何走，也很少有人能够集结到这么多名校生进行经验分享。这也是我们决定做好这两本书的原因。

这 100 位名校生是怎么选出的

在策划这两本书的过程中，通过各类渠道的招募，我们看了 1 万多份简历，在层层面试和筛选后，留下了 100 位具有代表性的名校生。

筛选过程中，我们考虑了以下几个重点：这些名校生需要有良好的表达能力、分布在不同的城市、来自经济状况不同的家庭、升学路线不一样，以及拥有不一样的性格色彩和兴趣爱好等特点。这样才能尽可能地还原不同路线、不同家庭的培养方式。

最终，这 100 个案例几乎涵盖了升入名校的各类主流方式：通过各类降分政策、竞赛路线、艺术和体育特长升学，以及通过国际转轨进入名校的方式等。“导师们”的出身也从大城市到贫困山区各不相同。

我们希望读者可以认识到，名校升学更多的要靠家庭与孩子自身的努力，尤其是在当下互联网时代，教育资源分布不再受地域的限制，只要有心，任何一个地方的孩子都可以凭借自身努力进入名校。

这两本书会带给你什么

优等生的培养是一个系统性工程，这个过程中包含的因素很多，从培养的角度来说，家长的教育方式、孩子的学习心态、学校的选择和规划及老师的教学水平等，都会影响优等生体系的搭建。切不可只听一家之言，造成教育意识的单一性。

书中的这100位名校生，会从幼儿园开始讲述自己的成长经历，涵盖家庭养育、学习方法、升学路线、个人感悟等内容，可供家长和学子对比、学习。

“什么是最适合自己家庭的名校培养之路？”我相信大家在阅读本书后可以悟出自己的答案。为什么这里说“悟”，而不是“找到”？因为每一个家庭的背景和每一个孩子的性格都不同。

“读书百遍，其义自见”，学习名校培养之路也是如此。这100个案例将奖励每一个认真阅读的读者。

为了满足不同家庭的需求，我们将100个案例分为两个主题，《早规划才能上好大学：50位名校生的升学攻略》侧重国内名校的升学方式，《早规划才能上好大学：普通家庭的名校留学指南》侧重国际名校的升学方式，各有50篇内容。

大家主观上会觉得国际升学路线是有钱人家才能走的，其实不然，国际路线中也有很多省钱进入好学校的方式，所以我建议每个家庭都能读一读这两本书，为孩子拓展更广阔的人生。

当然，并不是每一个人都可以考入清华北大、牛津剑桥或常春藤院校，我希望这两本书的读者，可以学习这100位名校生认真的学习态度、不畏惧困难的勇气、克服艰难砥砺前行的行动力，以及对于梦想勇敢的追求。如果这两本书可以让家庭的教育、孩子的人生少走一些弯路，多一些正确的选择，那参与此项目的每一位“导师”就功德圆满了。

如果你家里有孩子，那你读到这两本书的时间越早越好，这样，你就可以在育儿早期给孩子铺垫出一条最合适的道路。

如果你的孩子已经到初中阶段，你也可以和他共同阅读这两本书，帮助他树立更高的志向。

高中阶段的孩子也可以从这两本书里获得巨大的精神力量，在学习的过程中多一些动力，少一些压力。

如果你是教育从业者，也欢迎你阅读这两本书，你可以看到100位名校生的成长轨迹，相信这会帮助你体会更多的教育内容。

在此我特别感谢参与这个项目的100位名校生，因为有了他们的奉献，这两本书才有机会面世。也特别感谢整个编著过程中参与的老师们，包括马潇雨老师、王云老师、王英丽老师等十几位老师。是他们日日夜夜辛苦与各位名校生沟通，才能让这个项目顺利进行。

每一位名校生从面试通过到最后成稿，都需要至少一个月的时间，其制作难度远远超出我们当初的预期，整体耗时将近两年。但因为教育体系浩博，以及工作量巨大，最终的作品也许依旧有不足之处，请各位读者海涵。另外，也特别感谢编辑们的辛苦工作，让本书得以顺利出版。

最后，我很想讲一下我的父亲。他在我去美国招募最后一批名校生回国的那一天突然离世。他的离世给我造成了不小的冲击，我开始回想与父亲的种种经历。

我的父亲叫孙坤，他是20世纪60年代困难时期出生的孩子，却把自己的女儿培养到了国际舞台。他一生都在追求梦想，也从小教育我要敢想敢干，让我成为一个勇敢的人，有勇气在新的时代踏浪乘风，创造新的产品。

他的突然离世让我感受到人生的世事无常。我们无法预判生活下一步会给我们带来什么，唯一能把握的就是当下，努力做到不后悔。

我自己也是一位母亲，父亲的离世让我陷入深深的思考：我能为我的孩子做什么？

父亲离世后，我无法停止怀念他，脑子里回想着他养育我的点点滴滴：幼儿时，坐在他自行车的前杠上，他用胡须扎我，逗我开心；童年阶段，他经常带我春游，放风筝、挖野菜、聊理想；初中时，他经常在夏日的傍晚陪着我在操场跑步，鼓励我多做运动，与我一起打我喜欢的羽毛球，周末陪我排练歌曲以应对即将到来的演出；我在高中压力非常大的时候，会打电话向他哭诉，他给了我充满鼓励的话语；在我出国留学的时候，他去机场送我，拍下我进入安检口的身影。甚至在我工作之后，他还会跟我讨论如何学习英语，说未来要走遍世界。

现在想来，我能够热爱运动、喜欢唱歌、终身学习、勇于拼搏、走遍世界……很早之前就在他的养育之中奠定了。我多像他，他多像我啊！突然之间我明白了，我就是他，他就是我。

这就是父母养育孩子的意义吧。他是我的山肩，我是带着他理想的翅膀，孩子就是父母真实样子的延续。

父亲的人生是那一代逐梦青年的一个缩影，后来，他把代表梦想与奋斗力量的接力棒传到了我的手中，而我也将继续把这股力量传递下去。

我们培养的孩子，将站在世界舞台上，代表中国成为新的世界级的行业领导者。

所以，阅读这两本书的读者，无论你是家长，还是学子，请认真学习，勇敢追梦，踏实奋斗，未来有很多可能性。如果我们的目标是月亮，即使不可实现，那我们也会落入繁星之中。

请勇敢去学习，勇敢去前进，勇敢去奋斗，勇敢去追梦，不要给自己的人生留下遗憾！以此书致敬我的父亲。

孙梦婉

2024 年 7 月 1 日

1

降分保送

自由翱翔——博雅计划至北大本硕

刘林翰

学习履历：

- 高中：北京大学附属中学
- 本科：北京大学历史学专业

个人荣誉 / 工作经历：

- 2016 年获得北京大学“培文杯”三等奖
- 2018 年高中获博雅计划录取降分
- 2021 年推免保送研究生考试世界史方向第一名

很荣幸写下我的成长经历与大家分享。作为一名历史系的学生，我决定先以时间顺序讲述我的故事，分享我在每个成长阶段所获得的经验和教训。

在 2000 年即将来临时，我出生了。五六岁前的记忆已不可知，只记得在幼儿园打过算盘，在家里背过几十首诗。

有研究表明，儿童早期没有成形的记忆，因此一些所谓的早教，不管是背诵英文还是中文诗歌，都没有太多的意义——一个积极督促儿童说话、动手、动脚的环境，往往比技术学习、应试基础重要得多。

父母要成为孩子的“信息筛选人”

欢乐的幼儿园时光总是短暂的，倏忽之间就要上小学了。当年的竞争压力还没现在这样大，“幼升小”也只是一个孩子美好的假期。

在上小学前，我的娱乐活动主要是看杂志、故事书——字词简单的、能认识的最好，不认识的也可以问父母——字典却不会查，因为没上小学不会使用部首查字法。

父亲由于平时比较忙，会带我去办公室，所以我也会用电脑，玩玩简单的游戏，浏览网页。实际上，我的学习生涯正是从此开始的。故事书让我开始尝试阅读，电脑则让我开始透过虚拟的窗户了解世界。

在这个过程中，父母是我的“滤网”，他们要负责筛选适合我了解的内容。对于一个五六岁的儿童而言，外界的诱惑太多，抵御诱惑又太难。

儿童总是爱玩的，我也不例外。为了平衡玩耍与学习所占的时间比重，父母开始鼓励我阅读各种各样的书。我没读过教辅类的书，却看过《故事会》《上海故事》《爱的教育》等读物。这些读物在当年对于一个孩子而言，是不可多得的瑰宝。

我的父亲在扫把和皮带的鞭打下长大，度过了一个“顽皮、快乐而痛苦”的童年，因此他发誓不再采用棍棒教育。每当我取得成绩，他就真诚地为我感到快乐；每当我犯了错误，他就严厉、严肃而认真地为我讲明道理、利害，虽然他有时也有急脾气——这是面对一个“熊孩子”无法避免的。

在这样的爱、关怀、鼓励与监督之下，我得以健康、自由地成长。

不要替代孩子“丢脸”

学前时光太短暂了，我在泪水和不舍中步入了小学。当时父母打算让我日后出国，因此我上了一所国际小学。英语课相对难一些，不过，大量的外教课和外文教材也为我打下了坚实的英语基础。

对于一个在家可以玩电脑的孩子而言，学校如同牢笼，课程、作业就是枷锁。学习和娱乐的矛盾第一次在我的生活中呈现。而我，选择为“自由”而战。

于是，我开始不写作业了。老师告诉了家长，父亲知道后瞪着眼睛看我。如果就这样发展下去，我将越陷越深，所以父亲做出了一个对我日后的学习生涯最重要的，也是唯一一次的干涉。没完成作业那周，他不让我玩电脑。写完作业后，我和父亲一起在家看了一周电视。我记得那一周特别无聊，我睡得很早，最后甚至能背诵广告的台词。

后来，父亲对我讲，他不在意我有没有写作业，会不会丢脸，但是学生的任务是写作业，没有完成任务就不能去玩耍，这是责任问题。

父亲不在意，“丢脸”的恶果就落到我自己身上了。说来奇怪，从那时起，我对完成作业真的产生了责任感，认为做作业是很重要的。而父亲也很鼓励我自由支配做完作业的休闲时光。

我之后一直迅速、高质量地完成作业，也不再经历那种被批评的难堪。自尊心和责任感对小孩子来说往往比大道理有用。

三年级时，学校出现了补习班，父亲一如既往地尊重我的意愿，我想试听，他也赞同，我觉得没意思，就到此为止。学习上的会与不会、优秀与否，都成了我自己的责任。

从那时起，父亲不再能看得懂我的作业题目，尤其是英语，因此也不再干涉我的学习，不再给我讲题。我只记得他严肃地对我说，老师有义务回答我的问题，我也有义务在不会的时候积极提问。这让我受益匪浅。此后，我按时按量地完成作业，领会了老师上课讲授的要点，就开始了我的阅读和娱乐。我觉得，把老师上课教的知识学懂、学透，足矣。对于小学生而言，学得太多无异于揠苗助长。

高效预习是学习的基础

顺利度过小学生涯，我继续在这所国际学校读初中。我大体延续了良好的学习习惯，记得预习和按时完成作业——我对待预习往往比复习还认真，因为高效的预习能帮助我奠定知识基础，更好地理解老师上课讲的内容，良好、顺畅地学习相应的知识点，所以也就不太需要反复复习了。

成就感会促成阅读习惯

初二的时候，我一度沉迷于电脑游戏，最终将我拉出来的是阅读和写作。父母认为我玩得太多，督促我读书，在那之后我开始似懂非懂地读《庄子》。

《庄子》的哲理对初中生来说太难，但是像“混沌开七窍而死”之类的典故非常引人入胜。我后来写了一些文章，还借用了几段典故，得到了老师的表扬。那是我第一次觉得阅读有意义，优秀的感觉如此令人陶醉。

此后，在“阅读—写作”对自尊心产生的正反馈循环下，我继续保持了阅读习惯，也培养了自主安排学习、娱乐的能力。

空闲的时间，我喜欢看《湘行散记》和《边城》。但《边城》我在高中才认真读进去，《湘行散记》短小的故事和优美的文笔更加吸引我，让我一窥沈从文眼中自然、粗野的湘西世界，也吸引我窥探着自己脑海中的想象世界。

虽然现在看来，当年读过的书和所谓的感想偏于附庸风雅，但阅读习惯的培养确实极大地影响了我的人生轨迹。

初三时，我得了心病，开始思考大多数有些聪慧却又有些懒惰的孩子都愿意思考的问题——“我为什么要学习？”我有时候想不明白，因此睡不着觉，拿不起笔，学习效率也直线下降。

当时的我陷入了迷茫。还好，父母、老师、朋友都为我提供了帮助。他们没有要求我“不要瞎想”，而是循循善诱，用自身的经验教育我，用自身的见识回答我的疑问，让我不断地在青春的迷茫中暂时“锚定”自己。我想，我的问题也许并不普遍，但是对青春期的孩子来说，任何稀奇的问题、思考都不算稀奇。只要周围人多一些耐心，施加一些引导，一定可以帮助他们更好地理解世界。

坚持就是一种“有心”

高中是我学习能力的一个飞跃阶段，也是我真正开始遨游知识海洋的起点。当年，在政策的帮助下，我跨区考到了北京大学附属中学。

当时北京大学附属中学选课制改革进行得如火如荼，课外活动较多，对学生的自我管理能力要求很高。刚进入高中时，由于课业难度大、课程丰富多样，我并不太适应，成绩一落千丈。

这让我一度陷入苦闷——从朝阳区普通学校的优秀成员到重点高中的“吊车尾”，对于一个还未经历磨砺、自尊心很强的青少年而言，是个重大的打击。

还好，我在初中时培养了自主学习的能力和习惯，这让我有改变现状的能力。我不断向身边优秀的同学看齐，向优秀的老师请教，在学习他人学习方法的同时，也不断总结适合自己的学习方法，终于有所收获。

我用亲身经历验证了一个道理：世上无难事，只怕有心人。而坚持，本就是一种“有心”。

高中的知识在体量和难度上虽然大大超越初中，但是学习的方法和路径并没有多大变化，我依照此前的“预习—上课—复习”模式继续学习，慢慢地在弱势科目上有所改善，至少保证了自己能顺利通过各科考试。

当然，学校对我的帮助绝不仅限于应试教育。在那里，我遇到了很多北京大学、北京师范大学等高校毕业的优秀老师。在他们的带领下，我阅读了《论语》《老子》《新教伦理与资本主义精神》等更加抽象、难懂的知识性书籍，提升了自己的阅读能力，拓宽了自己的阅读视野。

阅读一篇文章或一本书虽然很难大幅提升自己的思想水平，但是聚沙成塔、集腋成裘，不断走出自己的舒适圈，阅读难懂的作品，终会让人进步。

最具普适性的备考技巧

如果说高中前两年更注重对综合素质的积累，那么在高三，我完成了蜕变。在高三 1 年的时间里，我将模考成绩从 500 多分提升到了 670 分，将数学、历史的成绩从有时的单科不及格分别提升到了 140 分、90 分。

具体而详尽的备考经历和学习技巧往往会因为过于个人化而失去参考意义，因此，我只想指出我认为最为重要、最具有普适性、可以参考的几点。

一、这也是最重要的一点，我们需要具体问题具体分析。

每个人的个人条件、生活习惯、智力水平不同，我们需要的不是一个一法通而万法通的灵丹妙药，而是适合自己的独门妙招。

我们需要刻意培养一个意识，即在做题和考试中不断提升对自身能力、状态、答题风格的把控，以掌握真正个性化的学习窍门。个性化的才是最适合自己的。

二、认真思考和总结，运用自己的大脑去理解和分析题目，分析答案与自己的答案之间的差异、与书本知识点之间的关联。

考试本身就像是一场游戏，在存在标准答案的前提下，我们有时候不需要过多思考它的意义或正确性，而应当追求如何才能简单明了地内化高考答题模式，并且培养“高考答题思维”。

也就是说，在答卷时，不纠结，不紧张，按部就班地答对简单题，多答中等题，尽量在难题中占据得分点。

三、尽量多在英语学习方面投入时间。英语水平与一个人的未来息息相关，不论是国内科研还是国外留学，都不能局限于一派之言，而要广泛阅读。“他山之石，可以攻玉”，英语作为较为容易学习的外语之一，值得我们尽量多投入时间。

高考结束后，我参加了博雅自主招生面试，获得了降 10 分录取的成绩。在综合换算下，我成功被北京大学录取，学习世界史。

这类自主招生计划总体来说就是对一个人进行语、数、英、史、地、政和阅读量、知识量的综合考查。个人认为，作为学生，过度为此做准备意义不大，我们应该将空闲时间放在提升个人综合素质上；否则，则是本末倒置，对于学习和个人提升没有帮助。

在家里建立“情感连接”

上大学后，我在本科 4 年中努力学习，绩点稳步提升，又自学了德语，达到了德福 16 分以上的成绩，并且获得了推荐免试攻读硕士研究生的资格，以世界史方向第一名的成绩保送本系继续攻读研究生。

这一阶段的经历，我认为没有必要讲太多——千人千法。此阶段主要依赖自己此前养成的良好学习习惯，为了个人的目标而继续努力。

在这一阶段，家庭的重要性反而凸显出来。大学是一个人走入社会的“预备役”，是社会和学校的交会处。很多社交经验、生活经验往往需要父母言传身教；一个健康的心理状态，往往需要家庭氛围的蕴养。

当我心情不好的时候，我就会和父母倾诉，并寻求他们的帮助。家庭的倾听者角色是很重要的。一个能耐心倾听且不过分干涉个人选择的家庭环境，对于大学生而言意义非凡。

多和不同类型的人社交

最后，分享一个与个人成长息息相关的维度——学生社交。独木不成林，一个人的成长不可避免地要与身边环境、人物互动，其中，朋友构成了家庭、老师之外最重要的一环。

好的朋友能和你共同分担属于同龄人的压力，分享共同的青春期感受，一同学习，共同进步，在讨论和分享中共同巩固基础，增益有余，补充不足。因此，我的家庭也十分鼓励我广交朋友，与不同类型的人打交道。孔子曰“三人行，必有我师焉”，大抵就是这个道理。

这就是我的“人物小传”，如果要我再简洁地概括一下自己的成长经验，我会这样讲：“没有拘束，雏鸟才能高飞；因材而施教；要有耐心。”

高水平运动员的名校升学之路

陆佳妮

学习履历：

- 高中：上海市曹杨第二中学
- 本科：复旦大学汉语言文学专业
- 硕士：复旦大学艺术人类学与民间文学专业

个人荣誉 / 工作经历：

- 2017 年国家一级运动员
- 2017 年中华人民共和国第十三届学生运动会足球项目冠军
- 2021 年国家二级裁判员
- 2023 年获得国家奖学金

尽早进入成熟的训练环境

在我上幼儿园大班的时候，我的教练前往上海市普陀区的各个幼儿园进行了简单的选拔，选拔后我们这一批的 10 个孩子前往上海市金沙江路小学开始试训。教练在试训中观察了我们的基本运动能力和对足球运动的感觉，两个月后，教练与各个预备队员及家长沟通，看哪些人有入队意愿。就这样，2007 年 9 月，我正式成为普陀女足的一员。

我的启蒙教练是培育了无数优秀女足队员的钱惠老师。钱老师在 1993 年建立了普陀女足，至今为止，普陀女足已蝉联 20 余次上海市足球联赛冠军，已累计为国家队输送运动员 53 人次，其中输送至一线及俱乐部 49 人，输送至二线运动队 176 人。另外，普陀女足与金沙江路小学、梅陇中学和曹杨第二中学都有合作，以保障队员的学习。

所以当时的我其实非常幸运，在刚刚接触到体育运动的时候就进入了具有优良竞技传统和成熟培养模式的球队。

比赛是历练，也是铺垫

队里实行住宿制，周六中午训练完我们可以回家，周一早上再回到学校。学期内是一天一练，一次 3 个小时，一周练 6 天；寒暑假是一天两练，一次 3 个小时，一周练 5 天。全年只放两次假，过年放 6 天，暑假放一周。

在高强度的训练下，我们迅速地成长、蜕变，在 2010 年拿到了第一个冠军，并且在那场比赛中我们的对手是男足。2010 年的冬天，我们获得了上海市运动会的足球和曲棍球项目亚军。2012 年，通过体育特长生招生计划，我进入了上海市梅陇中学。

我在梅陇中学的时候也是一边读书一边踢球，零零散散获得了很多比赛奖项，其中包括一个市运会的冠军，也是在这之后，我获得了国家二级运动员的认证。

在填报相关材料申请后，我获得了曹杨第二中学 20 分的中考加分，最后以 594+20 的考分进入了上海市曹杨第二中学。

因为中考分数比较高，我获得了选择班级的权利，于是在当时的平行班、博雅班、理科班、小语种（德语、意大利语和荷兰语）班中选择了荷兰语小语种班，计划出国留学。但我同时也没有放弃足球训练，在高中一直打校园足球比赛，也在机缘巧合之下于高一被征召进入了上海市队，代表上海参加中运会，获得了冠军。

高二暑假我收到教练的通知，复旦大学开放了高水平运动队女子足球项目的招生。当时我犹豫不决。一方面，我前往荷兰留学的前期准备已经做好了；另一方面，这个渠道的招生是第一年开放，相关的报名手续和考试流程都是未知数，相较于高考的千军万马过独木桥，这条路更像是自己去搭一条绳索过河。

在和家人商量后，我从小语种班转入了平行班，准备高水平运动队考试和高考。在整个备考期间，我始终是惴惴不安的，总担心会出现网站上的操作有错漏、材料无效等情况。最终，2019 年 3 月，我查到自己以专项第一的成绩通过了高水平运动队的校考，获得了高考降分录取的资格，这意味着我只要考入二本线就可以进入复旦大学。

敢于走出舒适区

足球场上培养出来的顽强拼搏的精神对我的学习生活有很大帮助。作为一名高水平运动员考入复旦，适应过程中难免会遇到一些困难，刚入学的时候我的绩点只有 3.12，但在一点一滴的努力下，我的单学期绩点从 3.12 提升到 3.65、3.81 甚至 3.95。

足球赋予我的勇气也让我敢于走出舒适区，在复旦这个宽广的平台拥抱自己的无限可能。大一刚入学的时候，我就报名加入了很多学生组织。

大学的生活不只纸面上的学习，正如我在球场上习得的能力不少于课堂中学到的知识一样，积极参与各类学生活动也能够让我获得更多的成长。

我在中文系学生会一点一滴地学会了活动策划、文案撰写、微信推送、摄影、视频剪辑和图片美化等技能。我全心全意为师生服务，本科 4 年参与 10 项社会实践，负责 5 个项目，志愿服务时长超过 500 小时；我也担任过学生会主席，在各个平台的锻炼中实现了自我提升，收获了许多荣誉，并作为复旦大学国家奖学金获奖学生代表登上过《人民日报》。

高水平运动员如何升学

我分别在小学、初中和高中获得市运会亚军、市运会冠军和中运会冠军而被评为足球国家三级、二级和一级运动员，在小升初和初升高的时候获得了体育特长加分（自 2018 年起，教育部已逐步取消了多类体育特长生加分项目）。

前文已经提到，在高考中，我通过了复旦大学高水平运动队的考试并获得了优待。高水平运动队的考试流程是先在各高校官网获取公示的流程，确定符合对应的条件后在网上报名，然后在材料通过审核后参加各高校安排的线上文化考试和国家体育总局统一安排的专项水平测试，最后高校会通知达标的运动员签署同意书并根据相关政策给予高考优待。之后还需要参加高考取得相应成绩并填报志愿。

如何发掘孩子的运动天赋

有的家长会比较关心如何培养孩子的运动爱好，在此引用 LTAD 模型（Long Term Athlete Development Model，运动员长期发展模型）来做一个说明。这是根据儿童、青少年身心的发育程度去划分成长阶段并提供训练的指导模型，对于运动员的长期培育发展，特别是青训体系的构建，具有重要的指导意义。

在孩子 9 岁前，培养兴趣和进行基础运动能力的训练是运动的关键，而所谓的基础运动能力，其实就是柔韧、灵活、敏捷、速度、平衡等基础的体能。

所以，9 岁前，一方面应该让孩子尽可能多地参加不同的运动，建立更多的动作技能“通路”；另一方面则要重视柔韧、敏捷、速度等基础体能的培养。

在 9 岁后，要培养孩子掌握进阶的运动技能，并逐渐学会主动训练，让孩子学会在运动中竞争和取胜，最终导向终身运动、终身健康。

关于如何发掘孩子的运动天赋，建议家长多多鼓励孩子参与运动，最好能亲自带领孩子尝试多种运动项目，可以借助夏令营、学校校队、社团和社区等平台，花时间摸索出孩子喜欢并适合的运动。

家长也不用过于焦虑孩子的年龄问题，只要有好的身体素质和运动基础，即使十几岁才开始学习进阶技能，孩子也是可以非常出色的。在这期间可以结合孩子的客观条件（如身体素质）和对于运动的主观情感来帮助孩子发掘自己的天赋。

另外就是要发现孩子真正热爱的运动项目，只有内在的动力才能够支撑孩子度过漫长的运动员培养周期。

风险也意味着成长

下面分享一下在运动员培养周期中会遇到的主观挑战和客观风险。

第一个方面的挑战是对意志、品质的超乎想象的磨炼。7 岁入队后我就看着二、三年级的师姐练习鱼跃头顶、铲球（都是高难度技术动作）；我们从二年级开始就要跑 1500 米，并且达标要求是 6 分 45 秒；作为集体项目而且是住宿制，我们从小学一年级就在学着与他人打交道，学着自立；球场上的团队配合也都是在三伏天、三九天的汗与泪中磨出来的。

第二个方面的挑战是时间管理。小学和初中的作息要求我们舍弃一部分的课程投入训练，所以便只能自己找时间补课跟进度。

在被征召到上海市队后，有一段时间我都是周一到周五在校上课，周五一下课就收拾东西跟队去周边城市参加训练赛，周日晚上回到学校准备下一周的行程。

连轴转的日子之外，还有跟队到外省市参加大比赛的时候，大型赛事不一定都安排在寒暑假，有时候学期中也需要离开 1 ~ 2 周，这期间落下的功课也是一个难题，需要自己去补上。

第三个方面就是客观存在的运动损伤风险，这是从事体育运动无法避免的一个隐患。

运动损伤分为两类，一类是因为不正确的发力方式或者不科学的训练方法日积月累的磨损伤，另一类是因为比赛中的高强度对抗而发生的碰撞伤。

我 15 岁时半月板后角撕裂，手术缝合后于 21 岁再度撕裂，也在很多次大型比赛中被撞伤。在此提醒一下大家，运动中掌握正确姿势真的很重要，懂得规避运动冲撞也是非常重要的一课。

在赛场上学会做好人生决定

相信大家也能理解在体育运动中表现出色、经受锻炼的人往往也能在场下人生中获得成功。

以我所学的足球这项团体运动来说，在场上我们要学会团队协作、攻坚克难；在 90 分钟甚至更长的比赛时间中顽强拼搏，咬住我们的胜利果实；在比赛场上的时候，每个球员一场比赛中接触球的时间大约是整场比赛的 10%，90% 的时间在无球跑动或者观察局势，而在那 10% 的触球时间当中，每一秒的决定都非常重要，不能有犹豫和退缩。

其实，以上要点转换到人生其他赛场中也是同样重要的品质，这些品质给予我出色的领导、团结他人的能力，让我在选定的领域中永不言弃，勇于肩负责任，也敢于面对每一次挑战。足球场上的“不到最后一秒绝不放弃”，让我在人生的每一次失败中汲取经验，在每一次尝试中全力以赴。

家长要做孩子的“最佳观众”

在家庭支持方面，我觉得最重要的就是给予孩子选择权，比如我的家长一开始允许我加入普陀女足，支持我追逐足球这个爱好，而当时很多同龄人却因为家庭的阻力没能加入球队。包括这之后我对升学的规划，也都获得了家人的支持。

尤其是在高中阶段，转入高考班后，我一度对自己的报考计划非常焦虑，总觉得这条路走得不稳当，我的家人除了鼓励我之外也给我设计了备选计划，如果高水平运动员考试不顺利，那就在春季申请留学。有了这个备选计划之后，我在备考的时候也比较有底气面对未知的考试。

家长要做孩子的最佳观众。在人生赛场上，家长无法代替孩子登场去面对人生，能够给孩子的最有力的支持就是做他们的最佳观众，支持孩子渡过一次次难关，给予孩子鼓励和掌声。

艺术特长生的名校求学路

狄心悦

学习履历：

· 高中：北京市第一七一中学

· 本科：北京师范大学哲学专业

· 硕士：北京师范大学传播学专业

个人荣誉 / 工作经历：

· 2011 年获得北京市“三好学生”荣誉称号

· 2014 年获得北京市“银帆奖”（艺术类）

· 2019 年获得北京师范大学“三好学生”荣誉称号

· 2023 年获得北京师范大学京师一等奖学金

我想让大家从我的经历来看一看，一个艺术特长生是怎样一步步走上名校求学之路的。

我从小学五年级开始在北京读书，初高中 6 年都在北京市第一七一中学就读；大学考到了北京师范大学，学哲学；研究生跨专业保研到了北京师范大学的新闻传播学院，学习传播学。

我的个人荣誉相比一些同学，可能没有那么丰富，但是我的每一项荣誉都切切实实帮助到了我。

首先，我在 2011 年获得了北京市“三好学生”荣誉称号，当时如果获得市级或区级的“三好学生”荣誉称号，会有一个非常大的好处，就是可以通过

“推优”选择本区域内比较好的中学。

其次，2014 年，因为在全国中小学生艺术展演合唱组取得了一等奖第一名的成绩，我获得了北京市“银帆奖”，它是北京市中小学生艺术类奖项里第二高级别的奖项，主要针对国内比赛。第一高级别的奖项是“金帆奖”，主要针对国际的比赛，如果获得一等奖就有机会参评。

用艺术特长培养学习态度

从小我就比较喜欢听歌、唱歌，妈妈也会带着我去观看单位的歌咏比赛，所以小学的时候出于兴趣，我误打误撞进入了学校的合唱团。在意外推优失败之后，我就走上了一条与众不同的道路——艺术特长生。

什么是艺术特长生？艺术特长生是指在艺术的某个领域（声乐、器乐、舞蹈、戏剧、书法、绘画等）才能比较突出的考生。从阶段来划分，分为中学艺术特长生和高校高水平艺术团两大类。

许多中学都有自己的学校合唱团、民乐团、管弦乐团等，在小升初、初升高阶段会招取一部分艺术特长生加入这些团队。

我在中学阶段就加入了北京市第一七一中学的金帆合唱团，同时也是国家大剧院童声合唱基地的一员。

一开始我只是一个寂寂无名的小团员，但最后一步步成了合唱团的团长。6 年来我跟着团队“南征北战”，不仅在中山音乐厅、国家大剧院参与一些音乐会的演唱，还参演了歌剧《图兰朵》《玫瑰骑士》《山村女教师》等。

我们还参与了很多国家级的任务，比如在为人民英雄纪念碑献花篮的仪式中献唱，参加中俄友好交流年的活动，在克里姆林宫演唱《茉莉花》等。

在这个过程中，我不断地从音乐中汲取营养。

与此同时，我的学业也必须跟上同龄人的进程，所以我曾经在大剧院服装间的水池上趴着写作业，在天安门广场席地而坐背诵英语单词，凌晨 1 点多到家白天依然坚持去上学。

音乐带给我很多历练，同样也给予了我荣耀。因为获得“银帆奖”，我得以被保送高中，也就能够以放松的心态参加中考，同时还参加了北京航空航天大学的艺术特长生考试，最后学校承诺降 20 分录取我。

尽早培养对艺术的感知力

艺术特长生在高考前（每年 3 月前后）须参加专业课和文化课的考试，有机会获得一本线降 20 分的优惠待遇。与艺术生不同的是，艺术特长生可以自主选择所学习的专业，具有较大的自由度。

家长可以从幼年阶段培养孩子对艺术的感知能力，小学阶段打好基础，中学时期平衡文化课和艺术课。大家可以广泛挖掘自己身边的艺术团体，比如少年宫等，争取获得一定的奖励，这些奖励有可能成为涉足艺术专业的敲门砖，让我们走向更好的学校。

做好信息收集，为自主招生做准备

什么是自主招生？自主招生又称自主选拔，是高校选拔录取工作改革的重要环节。通过高考自主招生笔试和面试之后，学生可以享受相应的高考降分政策。

一般通过考试后招生学校会和学生签订招生考试合同。签订合同后，一般可享受降低 10 分至几十分录取的优惠政策，另外还有专业选择方面的优惠。

考试内容分为笔试和面试两大项。笔试内容由各学校自主出题，分为文化课知识（如语、数、英、物、化、生、史、地、政）、图形推理、言语理解、数量关系、常识积累等。面试通常分为个人命题阐述和无领导小组讨论两个环节。

除了考试，考生还需要提交部分申请材料，包括获奖证书复印件、个人陈述、其他申请资料等。获奖证书可以是考生在高中阶段获得的各种奖励证书，多多益善。

另外，考生还可以准备 1 ～ 2 封推荐信，内容包括推荐人的姓名、与学生的关系、推荐人联系方式以及对申请者的评价等。

自主招生是高考后的一项重要任务，高校可以选拔一些具有科研潜能或在某个专业上有相关能力的学生。自主招生会给予他们降分的机会，一般在 25 ~ 35 分。

自主招生适用于所有专业，但只有特定专业有自主招生资格。这需要家长广泛了解当年各个学校的招考情况，及时提供相关的材料，帮助孩子完成最后的冲刺。

艺术生更要抓住课堂

艺术特长生要花费很多的时间去进行艺术方面的一些训练，所以最根本的学习方法就是抓住课堂的几十分钟时间。如果能够抓住学习当中最精华的课堂时间，其实就不需要在课下花非常多的功夫进行补习了。

艺术特长生要关注的一个核心是要有问题意识——永远要知道自己哪方面有问题，哪方面需要提升，否则可能就会事倍功半。父母也要学会培养孩子的问题意识，这个意识既可能与学科知识点有关，也可能与学习状态有关。

找到优秀的学习搭档

一个学习小技巧，就是找到优秀的人作为自己的学习搭档。我在中学阶段要背诵非常多的东西，有的时候也会懈怠，没法集中注意力，所以每天早上上课之前，我就会跟我的学习搭档在楼道里面互相背诵，取长补短。

到了大学的时候，我的搭档善于去了解一些新鲜资讯，保研的很多信息都是她提供给我的。

所以，父母不要觉得孩子多交朋友可能对他们的学习有影响。如果这些朋友可以给孩子提供好的学习方法，可以带来好的学习氛围，可以提供新鲜的资讯，这对于孩子的成长和学习来说都是利大于弊的。

先探索，再坚持

我的学习经验有一条是“可以怀疑，但是不能摆烂；可以放松，但是不能放弃”。在整个学习阶段，其实我们拥有无限的机会去选择自己过什么样的生活，这得益于我们正当年轻，试错成本低；当然也得益于有父母的支持，有他们给我们托底。

作为家长，哪怕孩子当下选择的道路可能没有那么“正确”，也不要灰心，这无伤大雅，“条条大路通罗马”。

比如我做了艺术特长生 6 年，最后选择了自主招生这条道路，在大学的时候更是三次尝试不同的专业，这些都是探索。但在探索的过程中我们要把自己手头的事情做到无愧于心，并且不断地去寻找自己所热爱的，找到自己擅长的，持之以恒地坚持下去，总有一天可以守得云开见月明。

家长要培养孩子的“配得感”

家长在孩子的求学过程中起着重要的引导作用。一个良好的家庭氛围是孩子性格培育的摇篮。对于我来说，能够在中学的时候面临压力而不畏惧，完全是受到家庭环境的正面影响。

我的父母从来不会打压我的爱好，总是给我非常积极的鼓励，我想要尝试的事情，他们基本都会支持我。可能我其实做得没有那么好，但是听多了夸奖，我慢慢就拥有了很高的“配得感”，性格也逐渐变得更加乐观开朗。这对于所有孩子来说都是一样的。

不要去低估孩子的潜能，也不要去质疑孩子热爱的事物。在今天这个一切都有可能的时代，作为家长，如果发现孩子有一件非常热爱的事情，不要上来就打压他的热情，可以给他一些引导和帮助，让他能够在这件事情上发光发热。即使最后孩子没有真的凭借爱好为求学带来帮助也没关系，孩子在这个过程中也锻炼了自己的品质和能力。

每个孩子都有自己闪光的地方，他会用自己的方式去创造属于自己的精彩。

对我来说，前 24 年的人生我没有选择大众意义上正确、完美的一条道路，但是我认为自己过得非常精彩，如果重新选择一次，我依然会选择做一个艺术特长生，在各个舞台上发光发热，让生活更加丰富多彩。

科技特长生的清华求学之路

邓建赫

学习履历：
- 高中：合肥市第一中学
- 本科：哈尔滨工业大学微电子科学与工程专业
- 硕士：清华大学深圳研究生院电子与通信工程专业

个人荣誉 / 工作经历：
- 2022 年获得国家奖学金
- 2023 年获得第七届全国大学生集成电路创新创业大赛黑龙江省二等奖
- 2024 年黑龙江省优秀毕业生

人生的尝试应该尽早做

小学三年级时，我从乡村走入城市，进入合肥市师范附属小学就读。小学的课程十分轻松，我上学期间又正好赶上教育部实施“减负”政策，所以当时的我有大量时间参加学校课程以外的兴趣活动和竞赛，其中便包括了之后我一直参与的机器人竞赛。

充足的课余时间让我能够有机会体验多彩的少年生活，在这一时期，我经常和家人一起出去旅游，还获得了跆拳道黑带证书，学习了吉他，也通过学校大队部中的日常活动不断成长起来。总而言之，小学生活是很舒适和愉快的。

我于四年级被选拔进入机器人队。年少时期的一次启蒙、一次机遇，往往会对日后的人生发展产生重大影响，我也不例外。

这次机会奠定了我此后十余年间的人生主线——投身科技领域。其实一开始面对机器人队的邀请和选拔，我是手足无措的，因为当时刚从农村进入城市不久，也没有人能够提供建议，但最后在机缘巧合之下，我还是决定先尝试。

刚进入机器人队时，我是其中最小的队员，对这一领域一无所知，处于十分懵懂的状态。但在此后，我连续数年参与机器人竞赛，为将来在这一领域的发展埋下了伏笔。

目标明确，方能动力充足

进入初中后，了解到当地的中考科技类特长生招生政策，我有了明确的比赛目标和奋斗动力。

初一时，我想尽量在一年里就获得特长生资格，以便在后续两年间将更多精力投入学业。但事与愿违，我只获得了二等奖的第一名，仅仅一名之差就让我和特长生资格失之交臂，这不仅意味着我需要再从头奋斗一年，还意味着留给我的机会只剩下一次。

幸运的是，第二年我终于得偿所愿，成功获得特长生招生资格，从而避免了在中考时受到当地摇号政策的限制。最终我达到了合肥市第一中学的特长生分数线，进入该学校就读。

尽管要面对高中繁忙的学业，但我仍然没有丢掉对科技的兴趣。中午和晚上，我仍然坚持进入学校的机器人队训练，为比赛做准备，最终取得了市级、省级一等奖，却以一名之差错过了参与国赛的机会，留下了一点遗憾。

没有固定答案的挑战更能锻炼人

从小学到高中乃至大学，一路走来我几乎一直在和科技竞赛打交道，从中获益良多，也感悟良多。我深深感到科技竞赛在求学阶段对一个人的培养与提升是方方面面的。无论是学业还是性格塑造方面，都会给参与者带来许多实质性的帮助。

在四年级进入机器人队时，我刚刚进入城市，许多东西不仅没有见过，连听都没有听过。没有来自家庭的帮助，我只能靠自己逐渐去摸索。

起初的我不自信，也不会与他人打交道，作为年龄最小的队员又常常被老师、学兄学姐忽略，但科技竞赛会不断促使参与者做出改变。

科技竞赛的内容与课本中的知识联系较少，所以它不像解题一样有固定答案，这更考验一个人全面的素质和灵活的头脑。

在机器人竞赛中，从基础的机械知识到编程内容均会有所涉及，这不仅拓宽了我学生时代的视野，还培养了我的兴趣点，并为我日后的深入学习打下了基础。

同时，机器人队的训练帮助我培养了良好的学习习惯，改变了我焦躁的性格，让我能够长时间专注于某一件事情，耐住性子坐“冷板凳”，心无旁骛地把一件事做成。

在备战比赛的过程中，有时会遇见马达失灵、代码错误、机器人组装失误等各种各样的问题，和队友携手解决各种问题的过程，让我逐渐有了探索未知事物的热情和解决困难的信心。

困难的事做得越多越有底气

在竞赛比拼中，参与者往往会遇到比赛失利的情况，只有积极面对比赛失利的压力，才能更好地面对一系列新的挑战，这不仅关乎正确地认知失败，还关乎怎样学会接纳自己的不足。

长期在紧张的赛场上面对竞争压力，也让我积累了丰富的抗压经验，锻炼了抗压能力，能够及时调整个人心态，不到最后一刻绝不轻言放弃。

记得在初中面对最后一次能够获得特长生资格的比赛时，我开局不利，与本校的队伍相比我不占优势，在和外校的比拼中更是难言乐观。但中午就餐时，我不断给比我低一级的队友加油打气，自己也不断地调整状态，尽管面临巨大压力，仍然尽一切努力复盘上午的表现并制订计划。在后续的两轮比赛中，我们愈战愈勇，表现一轮比一轮好，成功翻盘拿下了一等奖。

刚进入城市时，我始终害怕与他人打交道，也不敢尝试什么新事物，但在比赛中这一切都得到了改变。

通过一系列的竞赛比拼，我学习到了如何与队友沟通比赛的备战细节，在出现矛盾时如何处理。在紧张的赛场上，我既学会了与队友通力合作，也学会了和赛场上的对手沟通交流。一起站到领奖台上，赛场上的对手也成了我在赛场外的好友。

慢慢地，我有了主动参与竞争的意识，不再惧怕竞争，优秀逐渐成为一种品质，这在日后也成为我不甘人后、勇于挑战、不断进步的动力之一。

学业的繁忙并未使学习成为我生活的全部，我开始进行时间规划与管理，平衡各方面的时间投入，力争高效地利用时间，在青春年少的时光中做出尽可能多的成绩，不枉年少，不负韶华。

不执着于一时得失

在即将步入研究生生涯时，回首往日，我感悟良多。走出当年的那个小乡村，误打误撞加入了机器人队，随后又在自己的努力下一步一步不断向前走。如果说我在读书时代取得了成功，我是不胜惶恐的，因为读书本就谈不上什么失败与成功，但是我认为在读书的过程中应当获得些什么，不仅是知识的学习，还有性格的塑造。

如今从个人的角度来说，我认为自己在读书过程中性格的塑造大于成绩的提升，失败时的调整大于成功时的总结，未来方向的选择大于个人努力的加持。

成绩的提升仅仅是卷面上一个冰冷的数字，只意味着学习效果好，而不安于现状、敢于主动竞争的精神才是实实在在为我创造了更多的机会，更在不断地催促着我前进。

我学会了时间管理，有了更强的抗压能力，能够与不同的人打交道，是这些学习以外的特质让我走得更远。成功时的总结与复盘能够帮人积累一次成功经验，这固然是件好事，但一次成功往往没有代表性，在日后的经历中不一定具备参考价值，我认为失败时的调整才更为重要，这意味着我们能够随机应变，不因为一城一池的失去而气馁，能够迅速走出低谷，向着既定目标不断前进，“咬定青山不放松”，便是这个道理。

把握时代的方向

个人的发展一定要紧跟时代的浪潮，只有与时代同频共振，才能取得更大的成就。

个人的努力诚然是必不可少的，但是逆风飞翔不仅意味着要比其他人多付出几倍甚至几十倍的汗水，往往还会面临巨大的风险，这也是我投身于科技领域的一个原因——随着国家加大对尖端科技的投入，我志愿将个人的发展与国家的需要结合起来。

在这个科技日新月异、文化相互交融的时代，我们每个人都有改变自己甚至改变时代的机会，都有追求梦想、实现人生价值的权利。

怀天下抱负，做未来主人。祝愿每个人都能过上属于自己的幸福生活，做真正的自己，与诸君共勉。

竞赛优等生的清华之路

徐　航

学习履历：

- 高中：江西省九江第一中学
- 本科：清华大学电气工程及其自动化专业
- 博士：清华大学电气工程及其自动化专业

个人荣誉 / 工作经历：

- 2016 年获得第十三届中国东南地区数学奥林匹克竞赛一等奖
- 2016 年获得全国高中数学联赛一等奖
- 2019 年获得全国大学生数学建模竞赛北京赛区甲组一等奖

希望我的成长经历以及一些个人心得能给读者带来成长、教育上的帮助。我会分享每个成长阶段我认为重要的节点，以及我的学习方法和技巧等。

小学应重视兴趣和习惯

小学是孩子兴趣和个性发展的重要阶段，习惯养成比多学知识更有益处。因为小学时大家其实很难拉开差距，所以不用特别在意某次考试一两分的失误。小学的培养重点不在学习成绩，而在兴趣和习惯这两个方面。

一方面可以培养孩子的个人兴趣，比如绘画、书法、音乐、体育等，我小时候就喜欢体育锻炼，因为运动会跳远成绩优异而被学校体育老师关注，训练后在市运会比赛中拿到了市小学组第四名。

同时，我还学习了数学、英语、信息学的竞赛知识，这激起了我对未知领域的兴趣，给我后面的成长带来了很大的帮助。

另一方面，习惯培养也很重要。我当时比较喜欢一个人自习，其他同学在午休娱乐时，我就经常一个人去自习室做数学竞赛题目，这种习惯对我未来的学习起到了很大帮助，也让我在竞赛上取得了一些不错的成绩，比如我五、六年级参加“希望杯”数学邀请赛获得金牌，参加信息学竞赛也获得了金牌。如果孩子从小就能比较自律，家长就会少操很多心。

初中是拉开差距的分水岭

小学结束后，我通过小升初考试进入了当时学校最好的班级。初中其实是拉开差距的分水岭，家长和老师需要在这个阶段培养孩子自主学习的意识。

老师上课布置的作业当然要保质保量地完成，除此之外还可以进行一些课外学习。我在初二学物理和初三学化学的时候，都买了课外练习题，做一些难度稍微超过书本的题目，这对我培养理科的兴趣和打开思维很有帮助。

初中阶段，我们还有较多的时间可以进行个性化发展，比如竞赛、艺术、体育等。我当时为数学竞赛准备了很久，靠大量“刷题”拿到了“希望杯”数学邀请赛的金牌。理科学习的关键其实就是多做题，见得多、做得多就有优势。

初中阶段后期的变动其实有些大，但是从初中开始就养成了好的学习习惯的人，后面必会进步很快。

及时止损，跑得快不如跑得稳

高中的生活我只用一个字概括，那就是“学”。如果真心希望通过高考进入名校，就要全身心投入学习中。我高一的成绩基本保持在年级前 10 ~ 20 名，当时的目标是浙江大学。

高中时候的竞赛没有小学和初中那么“纯粹”了，之前很多都是基于个人兴趣或者学有余力参加的，而高中竞赛和升学有所绑定，很多人都希望通过竞赛成绩获得大学的“入场券”。

我当时一直在为数学竞赛做准备，甚至在高二后期，也就是竞赛考试前一段时间，放弃常规高考内容的学习，不参加学校考试，也不做老师布置的作业，而是全身心投入竞赛准备中。

这当然是一种很拼的策略，但其实不同的人还是需要对自己有清晰的目标判断，需要知道自己应该为竞赛投入多大的心力。

我们刚开始备战竞赛时有四五十人，最终只剩下四五个人，因为一直学下去会花费很多宝贵的常规课业学习时间，大多数人在中途都会选择退出并投入高考课业学习。

我在高二暑期获得了中国东南地区数学奥林匹克竞赛的金牌，也取得了参加清华“金秋营”的资格，通过笔试进入面试，可惜最后并未拿到最优的成绩。在之后的数学联赛中我也因为失误并未取得进入省队的资格，竞赛生涯止步于此。

虽然竞赛失利，但该学的还是得学，于是我全身心备战高考，让自己的常规课业成绩保持在全校前 5 ~ 10 名的水平。

后来我通过高三无数次的联考成绩而被清华招生组关注，在高考后参加清华“领军计划”，取得了 30 分加分的优秀认定。凭借此项加分，我成功在高考后圆梦清华。

领军计划是清华自己组织的自主招生计划，主要看重学生高中的学习成绩，尤其是高三时期的成绩。近两年领军计划已经很少被提及，取而代之的是强基计划。

回首高三，我发现家长和孩子共同保持一个好心态很重要。这个阶段的很多家长都会焦虑，而且也容易心有余而力不足。

这种时候家长尤其要注意不要把自己的负面情绪传播给孩子，并且不能轻言放弃，要相信后面变数会很大。

当年我高考时，全校第二名的同学，我此前 3 年都没听过其名字，可见“黑马”还是有的。作为学生，只有保持一个良好的心态，才有可能考出理想的成绩。

自主学习才能有自己的学习节奏

进入清华之后，怀揣着对当年招我入清华的学兄学姐、老师的感恩之心，我加入了清华大学招生组，进行了好几年的招生工作，这期间遇到了许多学生、家长以及学校的老师。我被问得最多的问题就是：“你学习这么好，有没有什么好的学习方法？”在此分享一下我的学习方法。

首先最重要的是自主学习。自主学习才容易找到自己的节奏，例如我在高中学习过程中，做的大量练习都并非老师布置的，而是自己选的一些难度符合自己水平的练习册。

其次是妥善利用错题本和积累本。数、理、化、生这些理科学科，适合用错题本记录错题、典型例题。而语文和英语适合用本子做一些积累，比如英语的单词、语法。

另外，写完错题本一定要注重复习，我高中时习惯的节奏是每个月复习一次错题本，也就是在每次月考前把每个学科的错题本从头到尾看一遍。

每个月都在积累错题，题目会越来越多，而当你把一道题复习很多遍，对出题人思路、考查的知识点、不同的做题方法都烂熟于心后，再把这道题删掉，你会发现做不好的题目在慢慢变少，错题本中的题目数量也可以维持平衡。

如何做题

高中时其实每个人都要做不计其数的题，因此找到一个自己习惯的做题节奏，比如认清自己是更需要做单项训练还是综合训练。

单项训练适合在刚学习或者刚复习相关知识点的时候展开，它通常会将同一类知识点挖得更深，有利于你对相关知识了解得更加全面。

而综合训练通常有助于把握做题速度、合理分配时间等，适合在各个知识点都牢固掌握时复习知识。

另外，很多时候一本练习册或者一套卷子并不需要每道题都做，我个人的习惯是完成老师布置的作业后，只把一本练习册全部完成，而对另外的练习采取“看题”的形式，也就是把题目全都看一遍，找到自己没见过的题目或者一眼看不出解题思路的题目，然后再下笔做，这样既节省时间，也能把知识掌握得更深。

但也切忌眼高手低，一定要在有基础做题量的前提下再“看题”，否则很容易犯一些低级错误。

理科做题速度很多时候都是通过刷题来提升的，平常多做题，总结做题方式、题型，并且记忆一些常规“套路”。考试的时候做题当然是找最快最优解，所以平常训练的时候可以多想想一道题有没有其他变式或者解题思路，这对自己的思维训练很有帮助。

理科各科如何应试

最后，分享一些理科生高考应试的学习方法。

对于基础科目，语文的重点就是积累，把古诗词背熟，保证能拿的分一定不丢。作文最好有些储备量，多记一些范文和名言警句，平时多练习，应用几次后就能形成自己的写作方式，考试的时候更得心应手。

英语的做题感觉很重要，记住两点，一是词汇量和语法，二是每天保持一定的做题量。

平时多查单词，其实很多时候我们并不需要对一个个单词死记硬背。如果每次用词典查单词时都把词典中的内容看一遍，再用中文摘抄一遍，查了很多遍后，不需要硬背我们就会对一个单词烂熟于心了。

数学针对不同的题型有不同的准备方法。例如，圆锥曲线就一个字——

“刷”。我第一次接触圆锥曲线的那个晚自习，一个晚上也没写几道题，而且写一题错一题，但后面做了大量题后就发现，圆锥曲线题都是很有规律的，“刷”的题多了题目就都见过了。

导数题要积累题型样式，翻看历年高考真题，这类题总结起来题型比较固定，都掌握后，就能啃下高考数学最难的一块了。

其他还有“三角函数”“数列”“立体几何”“概率”等，都可以在错题本中分块做记录，它们的题型其实都很容易找到规律。

物理最重要的是理解公式推导，很多公式要理解性掌握而不能死记硬背。高中物理很多难题可能第一眼看不出解题过程，但是当你仔细阅读题干，把提供的条件都转化为物理方程后，往往就会发现题目能解了。

生物要多背，把书本上的东西都掌握通常就能拿到高分。

化学这门学科我个人的理解是它介于物理和生物之间，需要记忆一些书本知识，但相对于生物，要理解的知识更多。我的化学错题集一半会用来记录实验现象、装置等需要理解性记忆的东西，另一半会用来记录错题。

教育其实是一件循序渐进的事情，很多时候并不需要过多的管教。我的学习方法是通过个人成长过程总结出来的，但每个孩子都有自己的个性，都是独特的，有自己的潜力和天赋，并不一定要仿照别人走过的路走下去。希望家长们能鼓励孩子追求自己的梦想，而不是满足他人的期望！

靠综合评价考入华南理工大学

杨　皋

学习履历：

- 高中：东华高级中学
- 本科：华南理工大学食品科学与工程专业
- 硕士：华威大学（The University of Warwick）食品安全专业

个人荣誉 / 工作经历：

- 2021 年获得全国大学生生命科学竞赛创新创业类一等奖
- 2022 年获得“宏平长青基金”学生科技创新竞赛奖学金

我的分享主要包括以下几个方面：成长经历、学习方法与技巧、升学与规划、家庭支持和总结。

重视保护孩子的探索欲

小学阶段，我的生活主旋律是多尝试。我在小学阶段成绩优异，并且能够兼顾课内学习和课外活动，这得益于我父母“兴趣原则”的教育理念。他们会让我广泛尝试不同的课外活动和兴趣班。

我学习了编程，还因为出色的表现加入了学校的编程队，和优秀的同学们一起切磋、比赛；我还接触了钢琴和葫芦丝这两种乐器，一直到现在偶尔还会练习；除了这些，我还学了两年的象棋和跳舞，但是在我提出对它们并不太感兴趣后，父母也很支持我，帮我停掉了这两门课。

除了兴趣爱好，在父母的影响下，我还保持了良好的英语学习习惯。由于我母亲是小学英语老师，在她的带领下，我每周会观看几集卡通英语启蒙动画，并且学习一篇新概念英语文章。

对于新概念英语的学习，我从熟悉文章的生词开始，将不熟悉的单词和短语记录下来，每天看一遍。之后进入熟读文章的环节，最后再到全文流利背诵。在我母亲的陪伴下，我很早就完成了新概念英语一、二册的整体学习。

在小学阶段，父母对我的学习成绩要求不高，他们更重视并支持我多去尝试不同的活动，发展不同方面的能力，在他们“兴趣原则”和“快乐学习”的教育理念的影响下，我能够没有压力地成长，并且保持着对新鲜事物的探索欲。

定位关键词法和错题总结法

进入初中后，我多次参加了英语训练营。在英语训练营中我掌握了崭新的学习方法，在阅读板块，我印象最深的就是定位关键词的学习方法。

这个学习方法主要讲述的是在做题的时候寻找题干中的关键词，并根据关键词阅读原文，去寻找与其对应的原词或者近义词，然后再在这个词的上下文中寻找答案。

通过这个学习方法，我的英语阅读能力以及应试得分能力都得到了提高，并且我还将这个学习方法运用到语文阅读之中，做到了融会贯通。

另外，在参加英语训练营时，我需要独自乘坐飞机前往其他城市，在脱离父母的环境中与老师和同学们相处，照顾自己的一日起居，这些都十分锻炼我的独立自主能力和沟通能力。

初二、初三的时候，我在老师的指导下，养成了整理错题的习惯。我会准备一个大本子，然后用标签将不同内容隔开，在笔记本上将每次考试的错题进行总结（总结的内容主要为：题目、错误的原因、题目涉及的知识点、解题思路、类型），并与其他题联系起来。

我每天都会抽一点时间回顾错题本，如果我能够重新做对错题本中的某道题，就表明我已经掌握了那道题，我就会将那道题去掉，反之我会把题继续留在错题本上。

家庭会议既增进感情又培养思辨能力

高中3年我遇到了大大小小的考试，进步和成功当然可喜可贺，但人生不可能总是一帆风顺，在碰到考试失利的情况时我也很容易陷入自责和沮丧的情绪中。

这种情况下，父母会与我一起总结经验，和我一起面对困境。他们会允许我失败，允许我退步，但他们也会和我一起分析我在哪些科目上取得了进步，哪些科目退步了，退步的原因是什么，下一个阶段能够通过哪些措施做得更好，甚至由此引出了召开家庭会议这一做法。

我们家的家庭会议的关键词是过往、未来、总结、展望。通过这样一个畅所欲言、互相分享的机制，增进家庭成员间的感情。

因为我初高中都在私立学校读，一个月才能回一次家，所以我们一般会选择在我回家那一天召开家庭会议，然后我们会轮流做记录员，把每一次的会议内容记录在册子上。

会议开始的时候，每位家庭成员轮流发言，然后再进行自由讨论。至于主题，可谓五花八门了：在我高中月考结束之后，我们家会召开家庭会议，总结考试的得失，然后规划下一次考试；在进入大学前，我们会召开家庭会议，以纪念我迈向成人世界的第一步；在我母亲出发支教前，我们会召开家庭会议，鼓励她实现梦想，帮助更多的孩子走出大山；我们还会在家庭会议上聊电影，聊烹饪，聊运动，聊时政。

由此可见，我们的家庭会议并不是庄严的、正式的，它是一个让家庭成员畅所欲言、共同分享的平台。

通过这样一个机制，我培养了平和的心态，能够在逆境之中沉着冷静，调整心态，还能够在面对不同事情的时候保持自己的思考，做到独立思辨。

综合评价的升学模式

在高考的最后阶段，我通过了解、咨询多方渠道，选择了综合评价的路线，最后成功入读华南理工大学的食品科学与工程专业。

这个专业主要涉及的领域有食品加工、质量控制、食品安全、营养学等，毕业后可以从事生产管理、工艺设计、产品研发等工作。

下面来着重介绍一下综合评价这个升学模式。

以广东省大多数高校为例，综合评价的录取模式为“631”：学校根据考生的高考成绩（占60%）、学校考核成绩（占30%）和高中学业水平测试成绩（占10%）进行综合评价招生，择优录取。

综合评价有着降分录取、缓解高考压力的特点，它覆盖的学校和专业范围较大，各个学校开设的专业也比较新颖。

综合评价升学的时间线一般是这样的：在高考那年的4月中旬前，各大高校会发布招生简章，考生在4月中旬进行网上报名，然后提交审核材料；高校在5月上旬公布初审名单；6月中旬，高校会组织笔试和面试进行考核；6月中下旬，考生要进行志愿填报（综合评价的志愿录取会优先于正常批次）；7月，各大高校会公布正式的录取名单。

综合评价需要提交的材料一般分为个人陈述、学业成绩及排名、相关社会实践经历、竞赛比赛经历、英语能力证明材料等。

我在高三期间获得了广东省高中生数学建模大赛一等奖，英语成绩稳定在班级前10名，理科成绩排在年级前10%左右，模考的成绩排名在120/800+（前15%左右），这个整体的名次范围可以供各位家长和学生参考。

在竞赛方面，每个高校综合评价认可的竞赛不同，这些竞赛主要分为学科竞赛、科技竞赛和人文素质类竞赛。

在此介绍一些普遍认可的赛事，比如世界机器人大会、中国奥林匹克竞赛、全国青少年科技创新大赛和“叶圣陶杯”全国中学生新作文大赛等。家长和学生可以酌情进行选择。

在多样的活动中培养协作能力

在华南理工大学读本科的 4 年，我积极参与了校园生活与学术竞赛。

作为“百步梯”摄影部部长，我领导团队组织各类活动；同时，我还多次参加科技领域的竞赛并获奖。大二起，我投身实验室，参与并主持多个课题，培养了实践能力和研究思维。

除了专业课程外，我还积极探索其他学科，比如金融学、经济学，拓宽学术视野。

我特别鼓励同学们在有能力的情况下参与学科竞赛，这不仅可以提升自己的相关专业技能，还能提升团队合作能力与表达能力。

在本科即将毕业时，我深知食品安全的重要性，希望通过提高农业生产效率等途径保障食品安全，同时，我渴望了解国外的风土人情，因此我申请了英国华威大学的食品安全专业。

硕士阶段，我在课程学习中提升了沟通和协作能力，因为需要与来自不同文化背景的人合作，英国硕士一年制的紧张学习节奏也锻炼了我的抗压能力。

我申请研究生的时间线是这样的：大二的时候我决定出国，于是着手了解出国信息，包括申请要求、不同专业的研究领域等；大三的时候，考虑到自己英语基础较好，于是我开始自学雅思，考到了理想的成绩；大三、大四阶段，我参加了一些相关的实习和科研项目，提升自己的竞争力；大四的时候，我早早地开始投递留学申请。

如果有留学的意向，同学们可以多渠道了解留学信息，比如线下前往留学中介所咨询，请教有经验的学兄学姐等。留学申请是一个漫长的过程，这家不行就下一家，当当“海王”也是个不错的策略。

输入、检验、反馈、输出

下面分享一些学习上的方法和技巧。

首先是我自己总结的一套学习逻辑，我将它归纳为输入、检验、反馈、输出四个步骤。

以我小时候学习新概念英语为例，输入的过程就是看一些英语启蒙动画片，听磁带，阅读新概念的英语文章，然后通过默写生词、背诵全文等方式检验学习成果，有时还通过外界的反馈判断自己的学习是否有成效，最后达到能够流利背诵、描述整篇文章，输出学习成果的阶段。

时间管理——34 枚金币时间管理法

如何有效管理自己的时间，也是一门大学问。除了常见的制订计划，可以用时间矩阵法完成重要且紧急的任务，或者利用番茄工作法、简道云等工具，我还推荐使用“34 枚金币时间管理法”进行时间管理。

34 枚金币时间管理法：假设我们的睡觉时间是 7 个小时，一天还剩下 17 个小时，假设每 0.5 小时为 1 金币，那么我们每天就剩下 34 枚金币，我们以 0.5 个小时为单位进行记录，晚上的时候进行统计分析。这个方法将时间分为了五类，并且做颜色区分，比如 1 是尽情娱乐时间，用蓝色表示；2 是休息时间，用绿色表示；3 是强迫工作时间，用橙色表示；4 是高效工作时间，用黄色表示；5 是拖延时间，用红色表示。通过每天查看金币是怎么花掉的，每周、每月定期回顾过去的时间管理情况，来提高自己管理时间的能力。

提高学习效率——奇迹提问法和英语文章找“THE”法

除此之外，提高学习的效率也是十分重要的。

我主要分享两个方法，第一个是奇迹提问法。问自己一个问题，假设奇迹发生了，你真的改变了，你站在终点回望整个改变过程，你迈出的第一步是什么？假设你真的提高了学习效率，在提高效率的过程当中，你采取的第一步措施是什么？可以是回到家就立刻完成作业，也可以是遇到错题之后立刻总结，而不是拖到第二天再进行。

奇迹提问法让我们专注于当下，产生行动力，拒绝拖延，提高效率。

第二个是英语文章找“THE”法。找到一篇英语文章，一次性地从头读到尾，并用铅笔圈出全文当中的“THE”，注意这个过程是一气呵成的，从上到下、从左到右，不要倒读，不要跳到前面，顺着阅读顺序往下，阅读完全文之后再用红笔在全文中寻找完整的“THE”，查看自己漏了多少个，计算正确率，并以此反复训练，久而久之能提高专注度，进而提高效率。

一个“情感流动”的家庭会让孩子走得更远

我一直十分感谢我的父母，无论是物质方面还是精神方面，他们都给予我莫大的支持，这造就了今天独立自主、全面发展、精神富足的我。得益于他们的“放养式教育”，我从小便对新鲜事物保持着好奇心，能够持续学习。

我们家除了定时召开家庭会议之外，还通过写信等方式保持着良好沟通。从初中开始，一直到上大学，在每次放假结束要起程回学校的时候，父亲都会给我写一封信，放在我的随身包里，在信中他会表扬我的精神状态，肯定我近期的学习，还会和我分享一些他在工作上遇到的事情以及处理方法，至今他给我写的信已经有几沓纸那么厚，它们是我永远珍藏的宝贝。

在每年的母亲节，我也会给母亲写一封信，讲述我每年对她的感激之处，以及在年复一年的生活中我是如何更加感受到母亲的伟大的。我母亲之前报名参加了支教活动，圆了她 20 多年的一个梦想。在她出发前，我和父亲前往她的工作地点探望她，给她鼓励加油，我想我是无法说出“支教生活很艰苦，妈妈要加油，我永远支持你”这一类的话的，因此我将想说的话写了下来。

中国人向来是含蓄的、不懂得表达的，如何在寡言甚至是无言之中找到敲击心灵的沟通方式，是每个中国家庭可能要穷极一生研究的课题。家庭会议也好，写信也好，这些方式的内核永远都是良好的沟通，将“爱”说出来，将家庭里的每个成员紧紧地串联起来。

小小少年的科学梦

杨　榜

学习履历：

- 高中：湖北省黄冈中学
- 本科：哈尔滨工业大学（深圳）电子信息专业
- 博士：哈尔滨工业大学（深圳）物理电子学专业

个人荣誉 / 工作经历：

- 2019 年获得全国中学生生物学联赛湖北省赛区一等奖（入选省队选拔）
- 2022 年获得国家本科生奖学金
- 2022 年 IEEE ICRA 高校 Sim2Real 挑战赛国际赛冠军
- 2022 年 RoboMaster 无人飞行器智能感知技术竞赛线下简单地形实体赛全国亚军
- 2023 年获得哈尔滨工业大学第七届春晖创新成果三等奖

有兴趣的学习更容易出效果

兴趣是最好的老师，孩子的成长和培养离不开兴趣的驱使。目前社会上主要的兴趣培训班可以分为体育、艺术、工程和科学四个方面。

体育方面的培训包括田径、球类、武术等；艺术方面的培训包括音乐、美术、舞蹈等；工程方面的培训包括编程、机器人、3D 建模等；科学方面的培训包括数学、物理、化学、生物等。这些兴趣班需要综合孩子的兴趣来展开选择，才能保证孩子取得一定的学习成效。

如何发掘孩子的兴趣

那么如何发掘孩子的兴趣呢？我认为可以从以下几个方面入手。

首先，主动与孩子交流。沟通是最高效的解决问题的方法，主动询问孩子喜欢什么，可以快速了解孩子的兴趣所在，还可以拉近和孩子的距离。

其次，要有耐心，多尝试，鼓励孩子尝试不同类型的事物。其实孩子对一些事物的兴趣并不能持久，只是短时间内比较好奇，这也很正常。但是家长应该抓住这短时间的好奇，鼓励孩子去尝试，将好奇转化为兴趣。

最后，家长需要多陪伴孩子，有意引导孩子对某些事物产生兴趣并培养。在儿童时期，家长有意的正向引导，有利于孩子兴趣的培养，可以促进孩子性格的塑造。

父亲在我小学时经常和我一起做科学小实验，这大大提升了我的动手能力和思考问题的能力。父母可以与孩子一起进行创客[1]游戏，比如制作水火箭、电磁铁、注射器潜艇、手工小风扇等，这些都有助于培养孩子的动手能力、科研与工程思维。

畏难≠不感兴趣

我在小学期间，对各种事物都感到新奇，参加了许多培训班，但是结果或好或坏。

小学一年级时，我对画画有一些兴趣，母亲见状，便给我报了一期绘画培训班，然而我在培训期间感觉没什么兴趣，于是便没有继续深入。同样在一年级时，我对奥数也比较喜欢，愿意花时间来解决奥数难题，母亲便加以培养，让我持续学习奥数，并且因此获得较好的升学机会。

1　创客（Mak-er），“创”指创造，“客”指从事某种活动的人，“创客”本指勇于创新、努力将自己的创意变为现实的人。这个词源于美国麻省理工学院微观装配实验室的实验课题。

三年级的时候，我开始喜欢音乐，便参加了一个吉他培训班，但后来发现自己不愿意深入，于是就把它作为业余兴趣爱好。到了五年级的时候，我第一次接触机器人课程，对机器人十分迷恋，一直到大学，机器人逐渐成为我持续专注的事业。

我尝试的这些兴趣培训中很多都没有结果，但是我的父母都支持我去尝试，并从中找出我真正喜欢的兴趣点。

在此我想强调的一点是，当孩子排斥某件事物时，要注意区分他是有畏难情绪还是不感兴趣，其实这两者是有本质区别的。

畏难一般是不愿意接触困难进阶的部分，但是不排斥接触与这个兴趣有关的事物；而如果孩子不感兴趣，就会很排斥接触和这个兴趣有关的事物。

如何为自主招生做准备

对于竞赛生，重点高级中学会用不同的招生方式，其中最重要的就是自主招生考试。通过自主招生考试升入重点高中有以下好处：

首先，自主招生考试一般在中考前两三个月进行，即让学生获得除中考外的升学机会，如果考试不理想，也可以继续准备中考。

其次，通过自主招生升入高中的学生，会获得个性化的培养，更有利于在高中的发展。

最后，一些竞赛名校的竞赛队成员是从自主招生入学的学生中选拔的，如果想在高中参与和竞赛有关的项目，自主招生是比较好的途径。

那么该如何在初中准备自主招生呢？虽然自主招生是初三才进行考试，但初一就应该开始准备。

初一时，需要学习基本课程，尤其是需要尽快学完初中数学和物理的课本，之后拓展到高中物理和数学课本，学习拔高课程。在初二上学期就需要开始针对扩展学习的数学、物理大量刷题。在初二下学期就要开始挑选学校，对相关学校的考试科目进行补充学习。不同学校的科目不同，家长需要搜集资料，让学生及时为目标学校的考核科目做准备。初三上学期就可以开始做一些全国高中生竞赛、预赛赛题，保持题感，扎实备考。

在哪里可以找到自主招生的有关信息呢？可以重点关注以下几种方法。首先是当地教育局通知和学校官网、公众号，里面有最权威的信息，一定要加强关注。其次是初中学校老师和升学成功的学兄学姐的经验之谈，这也是一个十分有效的途径。最后一种方法是致电意向高中招生办。

竞赛安排一般是怎样的

竞赛体系下有各类赛事，流程也比较复杂。首先是预赛，一般是学校内部用来选拔竞赛学生的，一般同省的竞赛生一起考试，进行比赛，难度相对较低，对于好好准备的竞赛生而言一般都能通过。

不过该考试成绩可能会影响联赛考场座位等，还是应该认真对待，而且这也是联赛前唯一官方的模拟考试，能一定程度反映联赛动向。

预赛之后是联赛，一般由国家命题，全国一起考试，获奖有一、二、三等奖之分，大学常将其称为省级赛区奖，获奖难度比较高，多数竞赛生止步于此。

一等奖在后续强基计划和优秀中学生夏令营等活动中可以起到相当大的作用，同时对于大学入学后申请一些荣誉学院也有较大帮助。

联赛之后是省选，主要是选拔省代表队队员，一般不设立奖项。考核形式由各个省份自己制定。有些省份会直接采用联赛的前几名作为省队人员；有些省份额外开展理论考试和实验考试，类似于冬令营的考试模式，选取一等奖前30名左右的竞赛生参与省选竞争。

最后是冬令营。冬令营是国内竞赛体系决赛的简称，与普通的培训、旅游类冬令营不是一回事，获奖者有机会成为国家集训队队员（金牌前50名）并获得金牌、银牌、铜牌。

进入国家集训队一般可以获得直接保送清华大学和北京大学的机会，其他奖项可以在强基计划中获得名校的破格入围待遇。国家集训队的队员在集训后会选出国家队队员，参与国际赛，甚至有机会获得国际名校的录取名额。

竞赛生的能力要求

竞赛生和普通高考生相比有许多不同。

首先，竞赛生平时需要花大量时间训练、做题，来保持做题速度与手感；其次，竞赛生在高中文化课程方面的学习时间相对较少；再次，主要负责竞赛生学习和生活的不是班主任，而是相应的主教练；最后，竞赛生需要学习大量的大学知识，做大量大学实验。

这些不同就会带来更多的压力：首先是竞赛生会在竞赛课程与文化课程之间纠结，给自己带来压力；其次，竞赛生要面对大量考试，全国各个机构的模拟考试会带来压力；最后，竞赛的风险很大，不是努力就一定能有好的结果，因此竞赛结果的不确定性也会带来很大压力。

竞赛的这些特点，也对学生提出了更多的要求。

首先，竞赛生需要养成良好的动手能力。除了数学竞赛外，物理、化学、生物、信息竞赛均有实验，且实验难度一般较大。

其次，竞赛生需要有良好的体能。竞赛持续时间常常是普通考试时长的两倍以上，竞赛中还涉及大量实验，因此，一般允许竞赛生携带巧克力等食物。

再次，竞赛生经常需要外出交流学习和比赛，因此需要较强的独立自理能力。

最后，竞赛生需要与教练、队友亲密沟通，需要有良好的沟通能力，提高解决问题的效率。

家长应该如何为竞赛生保驾护航

作为竞赛生的家长，应该做到哪些呢？我认为有以下三点。

首先，做好经济支持。竞赛培训需要经常外出交流，因此会产生一定的额外开销。

其次，竞赛生家长需要和孩子、教练、其他家长进行更多的沟通。与孩子沟通，能直观感受孩子情况的变化；与教练沟通，能详细了解孩子的学习生活情况；与竞赛队其他队员家长沟通，能组成严密的后备网络，使孩子在后续外出培训和竞赛时获得其他队友家长的帮助。

最后，需要对孩子的状态做一个全面把控。竞赛难度较大，成绩容易出现波动，家长需要在孩子失意时及时给予鼓励。需要把握好孩子竞赛课程与高中文化课程的调和，不建议一开始就让孩子放弃文化课。

正常学习高中文化课程，并保证每天一定的复习量，不需要大量做题，这样竞赛失利，一轮复习时还可以捡回来。家长要把握好深入程度，若孩子高一在联赛时还没有取得较好的成绩，建议不要再让孩子全力冲击竞赛，要合理权衡。

通过竞赛成功保送的学生凤毛麟角，大部分学生还是需要在高三回到正常高考的轨道上。在短时间内准备高考，压力和难度都是巨大的，在孩子竞赛失败，高三回来准备高考时，家长应该多鼓励孩子，培养孩子的逆商，告诉孩子为时未晚。

关注升学政策优惠

竞赛生升学的优惠政策也要格外关注。首先，可以关注各个高校本科生招生官网，了解如优秀中学生夏令营、金秋营、体验营等的时间和条件。

如果在这些活动中表现良好，考生在后续强基计划等招生考试中就有可能获得相应优待。

其次，对于强基计划，普通高考生也可以关注。该计划一般在高三报名，学生可以关注当地考试院和各个高校本科生招生网了解专业、政策和培养方案。被强基计划录取的学生有些甚至可以在大学进行本硕连读、本博连读，且大一就开始有导师培养，更加有利于自身发展。

强基计划报考建议优先选择专业，注重与自身的兴趣结合，随后再关注学校。在择校方面，可以多关注一些专业公众号，结合 QS（QS 公司发布的世界大学排名）、U. S. News & World Report（《美国新闻与世界报道》发布的世界大学排名）、Times Higher Education（英国《泰晤士高等教育》发布的世界大学排名）等排名，以及学科评估和教育部发布的高校竞赛榜单选择。

大学应该把握哪些关键点

在大学，我们面对更多选择。可以选择科研、竞赛、实习、成绩、学生工作等方面。学生在大学应尽早联系导师加入实验室，尽早投入科研有关工作中。

科研工作可以培养学生的科研意识与能力，同时，在科研过程中，将所学知识实践到各个科研实验中，有利于学生对知识的学习和掌握。在实验室优秀的研究生学兄学姐的带领下，学生可以参与各种学术会议，获得更多优秀的人脉。科研过程中发表高水平论文，积累相关的科研经历，也有利于日后升学和工作。

同时，学生在大学也可以多参与学科竞赛，锻炼工程实践能力。参与各类竞赛，有助于积攒优秀的项目背景，在升学和就业时拥有更加强大的竞争力。

竞赛获得的各种奖项在评奖评优时有相应的帮助。另外，参加竞赛，各类耗材费、差旅费需要家长提前垫付，在 AI（人工智能）融入各类竞赛的情况下，学生也需要一台性能较强的电脑来高效工作。

当然，作为大学生，学习成绩是第一位的，良好的成绩可以让学生有更多选择。在课前，需要对课程有基本认识，先浏览一遍课本，将不理解的部分标注出来，在课堂上着重注意。课上尽力认真听讲，积极与老师互动，重点关注预习时标注出来的难以理解的部分。

大学课程的课后复习非常重要，学生需要在课后对课程进行回顾，养成画思维导图、梳理的习惯，从而保证期末复习时压力不会太大。

如何衡量未来的发展方向

大三涉及升学与就业，会令学生感到迷茫。

家长应该给予孩子相应的指导，鼓励孩子勇敢做出选择，尊重孩子的意愿。

现在，由于可以省去读硕士的时间，尽快投入科研工作，“直博”变得比较受欢迎。但是，不是所有的学生都适合直博。

首先，由于直博生没有硕士阶段的科研培训过渡，本科时就需要展现良好的科研能力与工程能力。

其次，直博要求学生有良好的自驱力和自学能力。博士与硕士不同，更不是一个“大号的”本科生，博士需要深入研究一些问题，这个过程非常枯燥，需要有源源不断的内在动力，同时也需要自学很多知识。

最后，直博生需要有良好的抗压能力。直博生往往年龄比较小，需要有好的抗压能力和解决问题能力来面对读博期间的各种困难。

重视培养孩子的逆商

为什么我对科技如此痴迷？我认为这离不开父母对我从小的培养。

父母在孩子幼年时对某方面进行有意培养，能让孩子对该方面有更浓厚的兴趣。我的父亲从小就和我一起玩 24 点、数独等数学游戏，这让我对数字比较敏感，愿意解决数学难题。

我的母亲从小给我买高达、乐高，锻炼我的动手能力，培养工程兴趣。在我小学时，支持我参加各类工程培训，因此我在大学时主动参加各类机器人竞赛。由于童年的兴趣，我得以持之以恒努力研发机器人。

在求学之路上，我认为父母给我最大的礼物是以下三点。

首先是支持。父母从小尊重我的兴趣，我想学习的技能都支持我去尝试，哪怕最后并没有坚持下去。同时，父母也会耐心倾听我的想法，在给予建议时会首先对我自己的想法表示支持。

其次是逆商。在逆境中，父母会引导我发现问题，一步步解决问题，培养我不畏难、敢于面对挫折的品质。在迷茫时，父母不会跟我说应该怎么做，而是会帮助我分析情况，引导我找出答案，寻求破局之道。

最后是信息。父母在我求学之路上会积极搜寻各种信息，从初中自主招生考试进入高中，高中竞赛以及高考志愿填报，到研究生选择，父母都帮助我搜集了很多信息，坚持“专业大于学校”的理念，尊重我的性格和兴趣。

父母助力引领
清华之路

戴心怡

学习履历：

- 高中：江苏省镇江中学
- 本科：北京师范大学哲学专业
- 硕士：清华大学教育学专业

个人荣誉 / 工作经历：

- 2020 年北京师范大学优秀学生干部
- 2020 年获得北京市“三好学生”荣誉称号
- 2020 年获得京师荣誉奖学金
- 2021 年北京师范大学优秀毕业生
- 2022 年获得清华大学综合一等奖奖学金

从家乡到清华的求学之路

小学和初中阶段，我就读于家乡最好的私立学校。当时需要缴纳择校费，如果不缴纳，可能会被分配到一所较普通的公立学校。我的父母希望我能接受优质的教育资源，所以选择了私立学校。

幸运的是，在我初中时，这所学校赶上了民转公政策，转为了公立学校。中考后，我顺利考入了当地最好的高中。虽然那所高中在当地是最好的，但我的家乡是一个三线城市，与全省教育资源相比，依然相对落后。

后来，我以强化班第一名的成绩毕业，考上了北京师范大学，但与我心中的顶尖大学仍有差距。其实，高中入学时我是通过中考成绩分班的，当时我的中考成绩不太理想，所以被分到了强化班的末游位置。经过 3 年的努力，我最终以第一名的成绩毕业。

我通过自主招生的方式进入了北京师范大学。大一时，我听了一些讲座，聆听了师兄师姐们的分享，了解到了保研政策。于是，我明确了自己的保研目标，并开始为之努力。

最后，我的学科绩点断层式排名第一，成功保研到了清华大学。在清华大学读硕士期间，我较早地确定了就业目标，没有考虑继续深造攻读博士。围绕这个目标，我从课程、社工、实习三方面展开了努力。

妈妈的教育智慧

在我的成长过程中，妈妈扮演了至关重要的角色。

她承担了大部分的养育责任，也是我学习生涯中的引领者和监督者。我想通过两个小故事，与家长们分享她的教育方式。

第一个故事与算盘有关。当时，珠心算非常流行，我们人手一个小算盘，学习加减法。老师给我们每人发了一本厚厚的习题集，要求我们将题做三遍。我估计大多数孩子都只做了一遍，甚至有人会偷工减料。但我妈妈总是认真检查我的作业，用橡皮擦去我做过的痕迹，让我重新做第二遍、第三遍。

我自以为很聪明，能够看到橡皮擦留下的虚影，快速描完交差。但妈妈发现了我的小把戏，直接给我复印了两本习题集，每天监督我做三遍。

在妈妈的督促下，我 5 岁时就能在极短的时间内完成三位数的心算，这是我在妈妈的督促下，通过踏实努力取得的第一个小成绩，这件事让我明白，只有脚踏实地，才能走得稳、走得好。

学业与兴趣并重的成长之路

除了学业，妈妈还非常注重培养我的兴趣爱好。第二个故事与此有关。她鼓励我尝试了很多兴趣班，如舞蹈、绘画、古筝、电子琴等。但很遗憾，我都没有坚持下来。其中，我学得最久的是绘画，有两年时间，我参加了一些绘画比赛，拿了两次特等奖，还获得了九级证书。

在小学阶段，我总是粗心大意，考试很少能拿到满分。妈妈原本对我的成绩很满意，但在一次家长会上，老师公布了我们班期中考试的平均成绩，我的成绩与之差距不小。妈妈非常惊讶，从此对我开启了奖励 + 严厉的教育模式。

在妈妈的监督下，我的每一份家庭作业几乎都没有错误，这种认真的态度一直延续到高中，让我在计算量极大的考卷上也能避免因粗心犯错而丢分。

与此同时，妈妈也会通过奖励来激励我。小学一年级时，我非常喜欢芭比娃娃，妈妈就规定，只要我在期中或期末考试中获得全科满分，就奖励我一个芭比娃娃。但在一次三年级的期末考试中，我总分考了 299.5 分，就因为写了一个错别字，这让我非常懊悔。妈妈坚持原则，没有给我买芭比娃娃。芭比娃娃对我来说是一种极大的激励，它让我有了努力的目标。

当然，除了妈妈督促，我觉得更重要的还是自己的努力。前文也提到了，我的中考分数没有达到预期目标，在初三和高一这两年里，我经历了一段低谷期。

在那段时间里，我一直主动分析问题、找出问题并解决问题，并且坚持不懈地付出努力。我从来没有想过放弃，我认为这是一个等待量变产生质变的过程。在整个过程中，学会选择和取舍也非常重要。

我的语文学习之路

在小学升初中阶段，我的语文学习经历了从弱势到优势的逆袭。

在五、六年级时，我的数学和英语成绩优异，几乎可以拿满分，但语文成绩不尽如人意，总是考 80 多分。幸运的是，我在初一时遇到了一位非常喜欢的语文老师，他毕业于我梦想中的师范院校。他的教学方法非常有趣，尤其是讲解《红楼梦》描写王熙凤的片段，是那样绘声绘色，这让我第一次有了阅读名著的冲动。

在他的影响下，我对语文产生了浓厚的兴趣，并开始努力提高成绩。

经过1年的努力，我在初二的一次考试中，突然感觉像被是打通了任督二脉，语文成绩有了巨大突破。从此，语文成了我的优势学科，一直稳居班级第一，也经常考年级第一。

后来，我选择了理科，语文成绩在理科中也是年级第一。我认为，自己的语文学习方法非常有效，因此在大学保研后，我尝试做语文家教，教了很多孩子。

他们原本对语文缺乏自信，成绩也不理想，我向他们传授了自己的学习方法，带着他们反复检验和巩固，经过一段时间的积累，最终语文都变成了他们的优势学科。很多孩子就此爱上了语文，成绩也能稳居班级第一。后面我会和大家简单分享一下我的语文学习经验和方法。

扬长避短摆脱学科短板

初中升高中时，我再次遭遇了低谷期，“罪魁祸首”是化学。初三时，化学这门新学科让我感到很不适应，可能因为我天生缺少化学细胞，再加上不太喜欢当时的老师，种种原因导致我的化学成绩特别差。

为了提高化学成绩，父母给我报了一对一的补习。在初三学习压力很大的情况下，我还是每周坚持去老师家上三节化学课。

虽然我的化学成绩有所提升，但在中考时，也只考了89分，在所有学科中仍然处于劣势地位。因此，在高中选择科目时，我果断放弃了化学。江苏考生当时中考副科只需选择两科，而如果选择了物理就是理科生，另一门副科可以任选。我们学校开设了物理+地理的快班，在赋分机制下，选择地理比选择化学更容易拿到A。这为我节省了很多学习时间，因为对我来说，放弃化学选择地理是一个明智的选择。

父母助力下的升学之路

前文分享了我妈妈的故事，下面我想聊聊我的爸爸。在我学习的低谷期，爸爸虽然很焦虑，但并没有责备我，他听了很多学业规划讲座，为我想了很多办法。

他提出我可以转户口或者复读，但这些与妈妈的意见不一致，最终只能作罢。此外，爸爸在听规划讲座时还了解到了自主招生，要参加自主招生，首先需要参加一些竞赛。由于爸爸对这一信息了解得比较早，所以，他让我在高一、高二时就开始准备。

我参加了一些竞赛，并获得了国家级、省级奖项。有了这些奖项作为基础，我报名了自主招生，父母在这过程中也给予了我很多帮助。他们帮我整理择校材料、预订酒店和车票。最终我获得了高校降分录取的资格。我非常感谢父亲为我提前规划、出谋划策，让我能够顺利升入高校。

此外，我在大四保研后才了解到，如果在高一选择相应的学科，同时满足一些限制条件，就有可能获得心仪高校降分录取的机会。这更加让我明白了规划的重要性，只有降低信息差，才能更轻松地考入好学校。

从自主招生到强基计划

下面，简单分享一下自主招生和强基计划的区别。

在招生对象方面，自主招生主要招收具有学科特长和创新潜质的学生，通常是竞赛获奖者；而强基计划除了招收此类学生外，更倾向于综合素质优秀或基础学科有突出表现的学生，如高考成绩优异的学生也有机会被录取。

招生专业方面，强基计划有更多限制，比如重点招收数学、物理、化学、生物、历史、哲学、古文字学等基础学科的学生。其中的部分学科在很多人眼中较为冷门，家长和学生需要在专业和院校层次之间做出抉择。

招生计划方面，高校自主招生人数一般不超过试点学校年度本科招生计划总数的 5%，而强基计划限制的是总数，而且是分省制定，大家可关注本省的招生计划。

录取方式方面，自主招生需要提交很多材料并进行考试考核；强基计划则是根据高考成绩划定入围线，只有达到分数线才能参加考试。

与自主招生不同，高校在强基计划中的自主空间较小，主要依据高考成绩录取。但如果有符合条件的竞赛成绩，往往可满足破格条件，具体要求须关注各学校信息。录取考核时，高考成绩占比不低于85%，校考成绩及综合素质评价最多占15%，然后按照综合成绩从高到低录取。因此，高考成绩在强基计划中更为重要。

在培养方式上，强基计划有更多元的培养方案，如小班化教学、导师制教学、本—硕—博衔接培养等。报名流程为先报名，根据高考入围线获得名额，再进行考核。考核通常包括笔试和面试，可能还会有体测。

本科毕业后的发展路径规划与准备

进入大学后，我的建议是尽早规划，这样才能掌握更多主动权。本科毕业后主要有四条发展路径——找工作、考研、出国、保研。

找工作，如果本科阶段有丰富的实习经历，对毕业后直接找工作会有很大助力，工作一段时间后，再考虑读研也是可以的。

考研，最晚从大三开始，要认真学习考研目标院校的专业书，政治、英语等科目也要尽早准备。

出国，有留学打算的学生，本科阶段的绩点越高越好，同时有实习经历或其他优势项目会更有竞争力。此外，需要主动了解如何申请到更好的院校。

重点讲一下保研，每个院校都有不同的保研加分方案，可以提前了解。成绩是最重要的，专业排名一定要名列前茅才有机会。此外，学生还可以通过参与社工、竞赛、科研、学生活动等方式加分。举例说明，我的本科学院当时还鼓励辅修其他专业的核心课程。

在保研过程中，学习方式也很重要。可以了解学校的奖学金评定机制，以我的本科学院为例，除了成绩，社工、竞赛、科研、学生活动等都可以加分。最后，建议大家提前联系直系师兄师姐和辅导员，咨询相关信息，多听讲座和经验分享。

时间管理与目标设定

在此分享一些我的学习方法。

首先是时间管理。我会给自己制订一些时间管理和目标管理的小计划。每学期开学前，我都会制订一个学习计划表，安排每周、每月的任务和完成进度，设置自评，并让家长参与监督，最后做好一周总结。具体到每一天，我会用便利贴贴在桌角，写上当天要完成的任务。比如，数学课上老师讲的一道题，有一个知识点我掌握得不是很好，我就会及时写在便利贴上，提醒自己不要忘记去巩固。

在时间和目标管理方面，有两个误区需要注意。第一个误区是只关注结果，不注重过程。虽然我们的终极目标是提高分数和排名，但不能只盯着结果而忽视过程，过程尤为重要。我们的目标不应该只有分数和排名，而是学到更多知识，把课程内容内化吸收好。如果只盯着分数和排名，容易在中途放弃，所以我们要给自己一定的弹性空间。

第二个误区是目标定得过于严苛。目标一定要可实现、容易坚持，不能定得太死板，否则容易因为完不成而给自己贴上执行失败的标签，积极性也会因此大大降低。

善用便利贴，助力课后复盘

除此以外，我还想给大家分享利用便利贴整理错题的好方法，我们可以利用好便利贴的不同颜色，比如红色代表不懂的题，橙色代表错题，黄色代表易错题，绿色代表已掌握的重难点，蓝色代表需要记忆和背诵的内容。

每天做题的时候，我会先对题目进行初步分类，一般来说，我会在自己掌握不充分、易错或觉得有争议的题上做个标记，等老师改完卷子发下来，如果这道题我做错了，我就给它贴上黄色标签；如果碰巧蒙对了，我也会给它贴上红色标签，以防漏掉。

如果一道题我做错了，我就会给它贴上红色标签：在当天放学之前，我一定会问老师或同学这道题的解法，直到弄懂。橙色标签的题，我也会自己弄明白怎么做对，然后在当晚睡前再复盘一遍。如果我完全掌握了这道题，就会改成绿色标签，也就是我的重难点。如果我觉得这道题很容易错，那么，即使我已经掌握了，还是会给它贴上黄色标签。

考试前，我会再巩固一遍绿色标签和蓝色标签的内容，也就是我掌握的重难点和需要记忆、背诵的部分。在这样的反复学习中，一道题往往会巩固三到四遍，虽然没有整理错题，但也很好地复盘了错题，这就足够了。

提升语文成绩：“框架加积累”

要想提高语文分数，需要掌握有效的应试技巧。对我来说，最行之有效的方法是“框架加积累”。

具体来说，就是要认真对待语文课和每一份作业和试卷，从中发现自己的不足，提炼出答题的框架和逻辑体系，并不断填补和完善知识点。

在这个过程中，需要我们学会复盘所学内容，总结自己的错误和不足，以便在下一次做题时，避免再犯同样的错误。

以一道阅读理解题为例，题目是“分析标题《谢谢你，我人生中的第一场暴击》的含义”。我们可以先拆解标题，找到关键词“谢谢”“人生中的第一场”“暴击”，然后逐个解释。“暴击”指的是“我”没被选中参加作文比赛而受到的打击，强调了打击对“我”的冲击之大；“人生中的第一场”则突出了这次经历的特殊性；“谢谢”表达了“我”对这次成长经历的珍视。

最后，我们需要提取核心事件、全文中心和独特情感。通过这样的方法，我们可以更好地理解题目，找到解题的思路和方法，提高答题的准确性和效率。同时，我们也需要不断积累和总结，以便在考试中应对不同类型的题目。

走出自己的路——北大古文字学强基计划

许晋懿

学习履历：
- 初中：东华初级中学
- 高中：东华高级中学
- 本科：北京大学中文系古文字专业

个人荣誉 / 工作经历：
- 2022 年高考全省文科第 47 名

我将分几个部分分享我的成长和受教育经历，包括我考入北大的过程、与古文字结缘的经历和关于强基计划的一些建议，希望能对诸位读者有所帮助。

稳扎稳打考入北大

我在小学时期就读于普通的公立小学，家庭教育主要由我母亲负责。初中和高中，我就读于东华中学，那是当地最好的中学，在广东省内排名靠前。我的高考成绩排全省历史类第 47 名，最终通过强基计划，入读北京大学中文系古文字学。

回顾这段教育历程，我将成功原因归纳为两个方面：一是家庭教育的支持，二是个人的学习能力。

在家庭教育方面，尽管我家经济条件有限，没有条件报各种早教班和昂贵的双语幼儿园，小学也只是普通的公立学校，但是，我的父母从来没有放松过对我的家庭教育。

在我上幼儿园的时候，他们就经常带我出去玩，去亲近自然，把周边对儿童充满吸引力的景点都走了个遍。父母都是本科学历，尤其我妈妈当年的学业很优秀。

在我小学阶段，妈妈紧跟学校进度，每天辅导、检查我的作业，假期里，她都精心规划我的复习和预习计划。因此，我小学阶段的成绩就一直名列前茅，并在小升初时，成功考取了东华初中公费生。

步入初中，随着住校生活的开始与学业难度的升级，妈妈不能再给予我直接辅导，于是转为精神支持和心灵鼓舞。

因为我本身比较自律，学校也抓得很紧，我的成绩始终保持在前列。所以，父母在与我交流时，都是以鼓励支持为主，进步了不吝惜夸奖，退步了也不过分责备，而是宽慰、包容我的沮丧情绪，陪我一起反思不足，制订下一步计划。

来自父母的言传身教

在此，我尤其想要强调家庭成员的模范作用。从小到大，妈妈始终是我心中指点方向的灯塔，她以超乎常人的理智和自律，把工作和生活都安排得井井有条，而且从不沉迷于网络小说、短视频等，每晚睡前都会看 1 小时书。

这些好习惯在潜移默化中对我产生了很大的影响，使我逐渐成长为一个有条理、有自控力的人。

中学时代，我坚持制订并执行学习计划，努力把握学习节奏。上了大学之后，我也没有放纵自己吃喝玩乐、沉迷游戏、荒废学业，依然保持宿舍生活的整洁有序，专注于课业学习。

因此，我相信，家庭教育最高的境界，莫过于家长的以身作则。父母如果想培养孩子某种习惯和品质，既可以亲自示范，也可以与孩子一起努力变好。

如果希望孩子不要沉迷于手机，就应该减少自己对葛优躺和短视频的依赖；如果希望孩子多看书，不妨每晚入睡前与孩子一起坐在书桌前阅读。

这并不是强求家长必须自己做到完美，才能向孩子提出期望，而是要家长通过自己的实际行动，让孩子深切感受到好习惯的可行性和重要性。否则，如果只是单方面强迫孩子做一些家长自己都没做到的事情，这就如同要求孩子仿效“别人家的孩子”一样，只会激起孩子的逆反心理，让他们在潜意识里感到抗拒，对这些好习惯和好品质产生距离感，认为它们与自己无关。

关于个人的学习能力，回顾我的求学之路，我深感绝大多数的教育机会，都是凭借自己的成绩争取到的。

中学时期，面对家里的经济压力与私立中学高昂的学费，我通过不懈努力，获得了初中阶段的学费全免资格。之后，我又以连续 3 年的优异成绩，直接保送进了高中免学费精英班。

进入高三后，我在校内多次大型考试中综合排名第二，争取到了清华、北大招生办的多次见面机会，并有幸入选北大优秀中学生夏令营与冬令营，考取优秀营员资格，这些为我之后通过北大的强基计划奠定了坚实的基础。

入学面试的宝贵经验

在此，我还想分享关于参与招生办面谈活动的宝贵经验。东华中学作为广东省赫赫有名的超级中学，与清华大学、北京大学的招生办保持紧密联系。这些招生办自高二起，就开始密切关注校内尖子生的历次大型考试成绩，尤其是那些由省市多校联考和清北自主命题的联考成绩。

经过严格的筛选流程，高三时招生办就会建立尖子生档案，并组织学生和招生老师面谈，参加学兄学姐的宣讲会等。在筛选的过程中，招生办看重的不仅是优秀的成绩，还有成绩的稳定性。

这不仅出于对学生高考成功率的考虑，还出于对学生知识储备、学科素养、心态调整等综合素质的考量。只有通过全方面考查，才能在选拔中最大限度排除运气等非实力因素的干扰。

寒假学堂与暑期学堂

在选拔过程中，北京大学备受瞩目的当数寒假学堂和暑期学堂，二者分别在高二升高三的暑假和高三寒假期间举办，面向全国中学生开放报名。

一般来说，活动流程大多会交给有经验的学校老师去操心，学生只要把学习成绩提升上去，就是最大的底气。

当时，广东省是全国唯一一个线下举办暑期学堂的，我们在深圳实地探访了多家企业机构，聆听了学兄学姐的经验分享，并参与了富有挑战性的企业沙盘模拟活动。

而结营考试作为核心环节，覆盖了高考的全部科目，题目综合性强，难度比较大，并不受考纲限制。成绩优秀者会得到优秀营员资格，作为强基计划录取考试综合材料的组成部分，为面试成绩加分。

清华大学的夏令营与冬令营则会给予学生等级评定，较高的评级也会对强基计划录取有所帮助。

我凭借出色的高考成绩，以及在寒假学堂、暑期学堂中获得的优秀营员资格，终于在强基计划录取考试中脱颖而出，成功进入北京大学古文字学专业学习。

大家可能会对这个学科感到陌生，下面我就把自己与古文字结缘的经过一一道来。

我与古文字如何结缘

顾名思义，古文字学就是古代文字的研究，包括大家熟知的甲骨文、金文、小篆，以及散落于各种古籍与考古出土材料上面的文字遗存。

这门学科不仅要解读这些文字背后的意思，还要探究古人造字的缘起，探寻古文字演变的规律，以及它们与当代汉字之间千丝万缕的联系。

古文字研究要求研究者具备扎实的古典文献储备、古代汉语功底，还需要与考古学、历史学等多学科交叉合作，可以说是中文系中门槛颇高，需长期坐冷板凳的学科之一。我之所以决心走上这条道路，缘于我自幼对文字、文学和古典文化的热爱。

事实上，相较于书香家庭浓厚的古典文化氛围，我的成长环境截然不同。小学时期，我和很多小孩一样，对古诗文抱有抵触情绪，觉得它们晦涩难懂。

这其实很正常，毕竟儿童的语言文字能力尚不足以轻松驾驭古典文学，他们的理解能力和生活经验也有限，很难与千年前的古人产生深切的共鸣。

因此，对于这一阶段的孩子，不必强求他们喜欢古典文化，而应该引导他们广泛阅读适合他们的书籍，包括儿童文学、图画杂志、科普书籍、连环画册等。首要任务是培养孩子的阅读爱好与习惯。随着年龄增长，热爱阅读的孩子自然会在兴趣的引领下，主动深入阅读自己喜欢的知识领域的书籍。

我是在初中时慢慢喜欢上古诗文的，于是，我一方面在课堂上刻苦训练古诗文阅读的能力，另一方面，在兴趣的驱动下，利用课余时间大量阅读各类诗选，背诵唐诗宋词，细品《古文观止》，还如饥似渴地阅读四大名著等明清小说……

进入高中后，凭借先前积累的经典篇目背诵量和对古人生活与创作状态的深入了解，以及对古人思想情感与道德精神的领悟，我在面对新高考古诗文阅读时，就展现出了显著优势。

随着知识水平的提升，我不再只是简单背诵，而是开始阅读一些高水平的鉴赏书籍、研究论文等。因此，当强基计划这一机遇来临时，我毫不犹豫地把握住了它。

因为在自主阅读的过程中我已经充分认识到自己对古典文化的热情，也具备坐冷板凳的坚忍耐性，并且古文字与古代文学、历史、文化都是相通的，所以，我坚信强基计划中的古文字学专业是契合我兴趣与志向的选择。

步入大学后，我接触到了广阔的学术天地，更加坚定了当初的选择。我充分利用北大提供的丰富优质资源，同时广泛涉猎古代典籍，而之前的所有积累与锻炼，都为我研读这些跨越千年的艰涩古文奠定了坚实的基础。

尽早谋划未来学业方向

一直以来，未来方向的选择和规划常令大家头疼不已。尤其是在高考报名之际，常常会有高中生因为两耳不闻窗外事而陷入迷茫，问什么就是“都行”“差不多”，结果到了大学才发现所选的专业不喜欢或不适合自己，不得不面临转专业甚至复读的沉重代价。

这就是因为早期缺乏对自我兴趣和能力的认知，缺少对不同领域的自主探索。因此，当孩子向父母、师长表达其对某个学科的喜恶时，请不要粗暴地回复他们“不要瞎想，你现在读好书就行了”“你还小，想这些没有意义”。

这类回应的弊端有三：一是束缚了他们的自我认知，使他们难以辨识内心真正的喜好与擅长点，只是机械地完成任务；二是限制了他们自由探索的空间，所思所想只能局限于课本知识，忽视了其他领域的体验，难以发掘自己的兴趣所在；三是容易导致他们的思维僵化，习惯于在别人框定的范围里做事，被动接受安排，难以跳出框架走自己的路。

对此，我建议家长朋友们采取更为耐心与积极的态度，引导孩子思考自己的兴趣点和擅长点，从而在内心深处开启一扇认识自我的大门。

接下来，我想以过来人的身份，与大家分享我在强基计划方面的经验，希望为即将面临选择的学生们提供一些有价值的参考。

保研注意事项

关于强基计划的最新官方政策信息，建议大家直接访问学校官网，此处就不再赘述了。关于其中最受关注的“保研优惠”，我要提醒大家的是，尽管截至 2024 年暑假，第一届强基计划学生已经基本完成保研，但是强基计划尚处于开展初期，仍会有较大的政策调整。

尤其值得注意的是，不同学校、不同专业在实际执行层面，可能会呈现出较大的差异性。比如北京大学理工科的保研名额会比文科充裕很多，在保研时，学生满足基本的学业水平就更容易实现“应保尽保”；但文科强基生就很难实现“应保尽保”，不少学生会考虑其他发展路径。

此外，强基生如果想“跨保”至其他专业，同样会受到不少政策环境的限制，不仅各校具体政策不同，每年变动也比较大。正如北大强基生自己调侃的那样：“暂时不能给你明确的答复，这个需要你自己衡量。”

这恰恰反映了当前的情况：大家都处在一个“摸着石头过河”的状态。这里面既有政策带来的保障，也有政策变动的潜在风险。

全面了解政策与专业信息

面对复杂多变的政策，我们该如何抉择呢？我想，关键在于深入了解强基计划专业的特性。

无论是文科的古文字学、考古学、哲学、历史学，还是理科的数学、物理、力学、化学、生物学等，都是基础学科，具有四个特点：难度高、基础性强、非功利性和耐性。这就意味着报考者不仅要考虑意愿、兴趣和能力，还要考虑家庭条件、人生目标和个人意志力等。

此外，不容忽视的是，有些大学专业与高中学科看似名称相同，内涵实则天差地别，不能混为一谈。以北大为例，每年都有因为高中某科成绩优秀，对专业抱有理想化期待，或低估了专业学习的难度而选择强基计划专业的学子，结果发现与预期相去甚远，悔不当初。

在这个信息爆炸的时代，家长和同学们在报考前，一定要尽可能多地搜索意向学校和专业信息，尝试联系该专业的学兄学姐，并充分利用好知乎等信息平台，筛选可信信息，审慎对待招生办的宣传材料，多方了解后再做打算。

价值实现与生涯规划

最后，围绕人生价值实现与生涯规划，我想分享一些建议，这些建议不再局限于升学就业，还涉及实现人生价值。

我自己也经历了一个比较曲折的过程，然后才慢慢认识到自己喜欢怎样的生活，想要怎样的未来，并最终确定了未来的职业发展规划。

在儿童时期，我就养成了安静内敛的性格，偏好稳定有序的生活节奏，不喜欢处理突发性事件。

这样的性格特质，或许是我家庭环境潜移默化的结果。中学时代，6 年高度紧张的学习生活如同一场马拉松，尤其是到了高三，我逐渐厌倦“唯分数论”的价值观，进而开始质疑成绩的意义、学习的目的。

那段时期，我陷入了一场精神危机，幸好有同学的陪伴、父母师长的引导，我才得以拨开迷雾，取得了满意的高考成绩。

那段经历让我意识到，所谓“做题家”的思维模式已经深深影响了我，“分数至上”“学习第一”深入人心，以至于放松娱乐都会让我有羞耻感，我不知道闲暇时间如何打发，只看得到升学这一条出路……

直到大一上学期，我依然被焦虑情绪主宰着。那段时间，我一遍遍在心里确认古文字学专业本硕博连读的路径是否正确，却没能从读书学习中获得快乐。看着同窗们丰富多彩的大学生活，我越来越焦虑、迷茫、忧郁、沮丧。

后来，我发现在北大还有很多像我一样的人，他们同样在纠结挣扎中寻找出路。在身边人的帮助下，我开始走出舒适区，勇敢尝试过去不在考虑范围内的事情：加入社团、参加学生工作、投身志愿服务、远行旅游，我还成了中文系本科学术小班的一员。

这些经历点亮了我的大学生活，让我亲身体验了那些曾经只能远望的多彩人生。这段经历中，我有三点宝贵收获：

一是破除过去的学术滤镜，结识了那些没有走上学术道路，却在其他赛道实现人生目标的学兄学姐，北大的头衔不再是我的束缚，活出自我才是人生的价值所在，要为自己而活，不能被他人的眼光束缚。

二是缓解了我的焦虑情绪。与来自五湖四海、背景各异的师生交流，我见证了他们不同的生活方式和喜怒哀乐，慢慢体悟到“人生是旷野，不是轨道”的真谛，也不再盲目追求所谓的“成功人生”。

三是我重新审视了自己的人生规划。我依然向往稳定的生活、有序的工作，但曾经的我只是因为害怕变化，想要逃避风险而选择稳定，自然无法从这样的稳定中得到满足。现在我可以告诉自己：这样选择是因为我想、我喜欢，我也随时可以投身到紧张刺激的生活中去。虽然最终的选择并未变化，但我的自我认知和满足感已经达到了一个新的高度。

勇敢走出自己的道路

我的丰富经历，可以凝练为以下四条最为珍贵的建议，在此分享给大家：

第一，向内观察，洞悉自己的性格、爱好，只有先了解自己，才能做到爱自己、为自己而活。

第二，勇于探索未知，体验新兴事物，很多事情只有试过才知道喜不喜欢，躲在舒适圈里，只会错过更多精彩。

第三，不要过早把自己限定在某条道路上，也不要让沉没成本束缚自己。在职业与人生规划上，要保持灵活性与开放性，多了解信息，精心铺设退路，勇于探索多种可能性。如此，方能在人生的旷野中自由驰骋，活出真正的自己。

第四，总而言之，切莫被世俗的标尺与旁人的目光所左右，为不喜欢的事物疲于奔命，无论是光鲜的学历、体面的工作还是精致的生活，都没有自己的幸福感来得重要和真实。只有勇敢地走出自己的道路，活出自己的人生，方可谓不枉此生、此行无悔。

竞赛与强基：一名北大强基计划学生的成长之路

王日轩

学习履历：
- 高中：大庆实验中学
- 本科：北京大学理论与应用力学专业

个人荣誉 / 工作经历：
- 2019 年获得第 33 届中国化学奥林匹克竞赛铜牌
- 2022 年北京大学年度优秀招生志愿者

参加竞赛助益良多

自幼年起，我的父母就非常注重对我的教育。他们深信，启蒙阶段的教育至关重要，因为它将直接影响我日后的学习兴趣和能力。

因此，他们在我很小的时候，就开始给我讲故事，教我认字，让我接触各种知识，从图文并茂的幽默笑话讲起，培养我的阅读和理解能力。

小学至初中阶段，我逐渐培养起了自己的学习能力。在这个过程中，家庭和学校教育起到了关键作用。我的父母非常注重培养我的学习习惯，他们要求我认真完成作业，然后他们会仔细检查。

同时，来自老师和家长的鼓励也很重要。孩子在小的时候，非常容易受到外部环境的影响，这时候，长辈们的鼓励有助于孩子树立自信心，充足的信心能激发孩子自主学习的动力，进而提高学习能力。

我在小学时，经常受到数学老师的鼓励，这让我对数学产生了浓厚的兴趣，后来，我还参加了奥数竞赛，在备赛过程中，我经常和同学在一起讨论问题，在大家共同解决问题的过程中，我对数学的兴趣日益浓厚。

这段竞赛经历对我的成长产生了深远影响。

首先，它锻炼了我的思维能力，让我在面对问题时能够迅速找到解决办法。

其次，在解决一道又一道难题的过程中，我的自信心得以增强，我逐渐敢于迎接挑战。

最后，它培养了我的合作能力，在与同学共同分析、解决问题的过程中，我深刻感受到团队合作的重要性。

我想对家长朋友们说的是，我们应该鼓励孩子参加竞赛，这是非常有益的活动。但是，家长同时也要尊重孩子的意愿，不要强迫他们参加自己不感兴趣的竞赛。

同时，家长要关注孩子的心理健康，让他们在竞赛中保持良好的心态，让他们知道积极应对问题的心态比竞赛的结果更为重要。

到了高中阶段，大家普遍面临更大的学习压力，同学之间的竞争也更加激烈。高一上学期，因为班级学习氛围很好，同时我正处于学习热情高涨的阶段，因此在期末考试中，我取得了全年级综合排名第 7 的成绩。

高一下学期分班后，由于不太适应新班级的氛围，导致学习动力不足，我的成绩掉到了全年级 30 名左右，这对我是一个很大的打击。经历了这次挫折，我开始设定每日目标，并在一次次达成目标后，逐渐重拾学习的信心。

在学习过程中，正向反馈尤为重要，这种正向激励可以是一次考试的优秀成绩、解出一道难题等，充分利用好这种正向激励，对于我们未来的独立学习非常重要。

与化学结缘的初中时光

初二时，我首次接触到了化学这门学科，并在初二下学期自学完了初中化学。然后，我又在初三和初四[1]阶段自学了高中化学的内容。

当时，我几乎完全沉浸在化学的世界里了，每天走在上学和放学的路上，满脑子想的都是化学，经常因为学会了一点化学知识而兴奋不已。

高中阶段，我参加了校内化学竞赛。最令我难忘的是高三停课备考竞赛的时光，在当时一轮复习的背景下，停课准备竞赛需要承受很大的压力，但是我还是决定拼一把，只为了我喜爱了 5 年的化学。

为此，我申请了停课，去天津参加化学竞赛培训。每天和竞赛“大佬”们吃住在一起，讨论化学问题，那也是我最快乐的一段学习时光。

那段经历还惠及我的大学学习，在我攻读计算机双学位期间，高中竞赛中习得的学习方法，帮助我啃下了计算机系统导论（ICS）这个硬骨头。

强基计划解读与建议

强基计划是 2020 年提出的，旨在培养拔尖的基础学科人才，但是就我目前了解的同学情况，再结合我自身感受而言，强基计划并不意味着把学生和基础学科捆绑在一起，而是带有一定的筛选目的。

我们这届学校里总共有 140 名强基计划的同学，其中实际搞理论力学研究的只有“周培源力学班”那 10 多名同学，其他大多数同学的研究方向是应用力学，比如航空航天、能源、材料等，这些同学的就业方向包括但不限于各个研究所、设计院以及大型国企。

也就是说，强基计划并不要求所有人都去搞理论研究，而是从中筛选出适合搞理论研究的人才，其余学生则完全可以自主选择学科方向。

1 不同地区九年义务教育划分有所不同，个别地区实行小学五年、初中四年的教育制度，因此初四相当于其他地区所说的初三，也就是九年级。

在强基计划的录取方面，首先由清北等各大高校招生办提供给学校强基计划优秀认定人数，然后，按照大家在学校的综合排名顺序，依次筛选出符合高校认定资格的优秀学生。

其中，学校综合排名是由从高一到高三历次大考（比如期中、期末、一模等）排名的加权决定的，这样的排名更能反映出学生在高中 3 年学习的平均状态，从而尽可能保持相对公平。

除了通过学校综合排名获得强基计划的优秀认定外，学生还可以通过竞赛增加机会，比如在全国类竞赛决赛中获得银牌及以上的奖项，就可以得到强基计划专项优秀认定，但是，通过这种方式得到的优秀认定在当时只能报考对应学科的强基计划。

无论是哪种强基计划，在高考出分后，学生都需要按高考分数从高到低排序。高校招生办在已报考本高校强基计划的考生中，按照一定比例（一般不超过 6∶1）划定入围人数，入围即代表可以参加强基计划笔试与面试，其中笔试与面试科目由各个大学自行确定。

在笔试和面试结束后，通常依照 85% 高考成绩 +15% 高校综合考核结果及综合素质评价进行排名，择优录取。强基计划独立于提前批和一本报考，录取也在提前批之前，因此，学生要慎重选择参加强基计划考试，因为一旦被强基计划录取，就意味着提前批和一本所报的志愿就都作废了。

对于想参加强基计划的学弟学妹而言，首先应该明确自己的意向大学，因为强基计划只允许报考一所学校，做好选择是第一步，可以通过学校官网，查询可以报考的强基计划专业，结合自己的专业兴趣，综合考量后再做出选择。然后，提前了解报考学校的强基计划考核内容和难易程度，有针对性地提前备考。

最后，也是最重要的，就是不要轻言放弃，即使在面对6∶1的低录取率时，也要勇于尝试。由于强基计划是在高考出分后再考试的，很多同学在高考结束后，那股拼劲就散了，每年都有不少同学出于这种原因弃考，而我那一届的文科生，实际考试的同学甚至达到了 2∶1 的录取率，所以，坚持有时候会带来意外的惊喜和回报。

高中各科学习技巧分享

语文 阅读理解选择题：根据答案调整思路，不要钻牛角尖，顺着答案去推想。阅读理解简答题：整理归纳同类问法可能对应的答题方向，最难的部分是找准方向，有的时候学生面对语文简答题不是不理解题目，而是不理解答题思路。多找些类似题目，理解总结答题角度和思路，再做简答题就能游刃有余了。

数学 多练弱项，最好做专项练习，比如高中数学导数大题是我的短板，为此我做了 500 道导数大题，之后再碰到导数大题的时候，思路就灵活多了。

英语 选择题和语文一样，要根据答案调整思路，理解出题人意图。作文多背句型结构，有了骨架就不难写好一篇作文。

物理 高三时做好题型分类，把几十套卷子的各类题型按类别归类，然后按专题集中做完，这样更方便归纳解题思路。复习的时候，可以考虑横向复习和纵向复习，有时候换一条路可能更顺利。

化学 因为我参加化学竞赛，老师一直默许我不写化学作业，但是，到了高三，我发现自己的化学考试发挥得很不稳定，因为练习过少，有些本来可以做对的题，不仅解题速度慢，还经常出错；此外，在化学的简答题上，有些原因解释题答得也不够准确。因此，我选择对照几十套卷子的答案，总结这类题型的答案，然后多看记熟。之后考试的时候，只要回忆起关键词就不难答对了。

生物 生物的核心在于教材，首先要做到的就是理解并背诵教材中的关键定义。我认为生物的难点是长填空（比如原因分析），出题人一定是对照着教材中的知识点出题的，前期可以对照教材，尽量用教材原句解释原因；逐渐熟悉后，后期就要学会独立分析。这样的练习过程，也是加强对教材熟悉程度的过程。

聚焦竞赛，保送西安交通大学

罗思聪

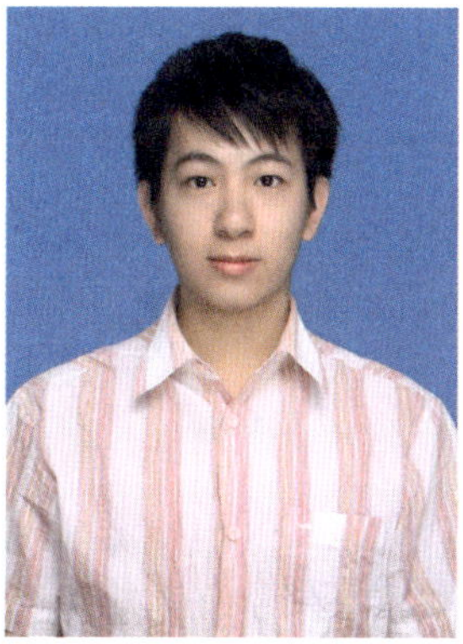

学习履历：

- 高中：普宁新世界中英文学校
- 本科：华南师范大学计算机科学与技术专业
- 硕士：西安交通大学大数据管理与应用专业

个人荣誉 / 工作经历：

- 2018—2020 年获得国家励志奖学金、优秀学生奖学金
- 2019—2020 年获得校创新奖学金、揭阳市大学生发展基金会奖学金
- 2019 年获得全国大学生数学竞赛（非数学类）广东省赛区一等奖
- 2020 年获得美国大学生数学建模竞赛国际级 M 奖（一等奖）
- 2020 年获得“蓝桥杯”全国软件和信息技术专业人才大赛软件类 C++ 程序设计广东省赛区一等奖、国家二等奖（全校第六名）
- 2021 年获得研究生新生一等奖学金

在追求卓越的征途上，竞赛成了我通往西安交通大学的金色桥梁。我是一名计算机科学领域的探索者，愿与你分享如何通过聚焦竞赛，成功保送至顶尖学府的故事。

典型的“小镇做题家”

如果要形容我从小学到高中的生活，那就是按部就班、兢兢业业、脚踏实地。我没有接受过任何校外的培训，家里也无法提供专门指导，求学路只能靠自己一步步探索。我从小就读于家乡所在城镇的当地学校，学习排名始终保持全班前三，初中、高中都获得全额奖学金免学费入学。

我的大学生活概括起来就是疯狂参加竞赛、升入名校。

我本科就读于华南师范大学计算机学院计算机科学与技术专业。我连续 3 年获得国家励志奖学金、优秀学生奖学金，连续两年获得校创新奖学金。

我还热衷于参加各种与专业相关的学科竞赛，取得了一定的成绩。研一获新生一等奖学金和优秀学生一等奖学金，并且连续两年获得揭阳市大学生发展基金会奖学金等。

我习惯听音乐、看电视，不太爱运动，也没什么兴趣爱好。我经常宅在宿舍，泡图书馆，或者在网站上看自己喜欢的视频课程。在学习新知识和新技能上，我愿意投入时间和精力，而且都能学好。

张雪峰说“怎么上大学比上什么大学更重要”，我认为：怎么学习比去哪个平台学习更重要。不管是小学、中学还是大学，都要求我们自律、专注和坚持，这样才能取得成功，正所谓“越努力越幸运”。

我的四次成长转变

第一次转变：遇见想让自己更优秀的人

我出生在广东一座三线小城市，小学就读于公立学校，这所学校的在校生人数有六七千,一个班级 70 ~ 100 人，整体学习氛围并不理想。当时在当地排名靠前、教学质量较好的都是民办学校，虽然学费高，但是学生也可以争取到学费全免的机会。

当时，我们当地最好的民办小学有一个政策：期末考试成绩年级前二十或者班级前三的学生可以减免学费，而我刚好符合条件，获得了公转私的机会。所以，六年级下学期开始，我就转学到了民办小学。

在那里，我遇见了一群更优秀的人，我也想让自己更优秀，后来我又成功升入重点中学。

当时在民办学校里，学生需要投入更多时间学习。我在公立小学的时候，每天 4—5 点放学，6—7 点做完作业，9 点睡觉。然而，到了民办小学后，每天晚上 7 点才放学，10—12 点做完作业。当时民办初中的放学时间更晚，7—9 点放学，11—12 点才能完成作业。

在民办高中时，高三上学期，学校规定宿舍 10 点就熄灯，可是那时候我的作业往往还没写完。

转学的经历让我深刻体会到主动把握机遇的重要性，而好的学习环境对于一个人的成长至关重要。我建议家长们因材施教，帮助孩子主动择校，让孩子在合适的学习氛围中学习，以此获得更好的成长机会。

第二次转变：青春期的内在成长

高中时，家里氛围不太好，加上高三每周都要考试 1 ~ 2 场，两周才放假一次，遇到成绩不好的时候，我总是很崩溃。所以，高三下学期时，我出现了比较严重的厌学情绪，请假了好几次。

我总觉得住校限制太多，晚上 10 点就熄灯，但是 8 点才下课，导致我没有足够的时间完成作业。家庭和学业的双重压力让我不堪重负。所以，从高三下学期开始，我改为走读，不再住校，这样我就可以自由学习，心情也放松很多。但缺点是早上起床比较困难。

最终，我在高考时发挥不太理想，没有进入理想的大学，好在专业还不错。

第三次转变：找到热爱后的自我成就

大一初期，我还沉溺于高考的失利中，情绪很低落。后来，时间平复了一切，我也慢慢走出内心的阴霾，不再自怨自艾。因为我发现，并不只有我高考失利，对于普通学子来说，高考能正常发挥就属于超常发挥了。

大二在稳住绩点的基础上，我将专业方向调整到了人工智能，同时，我积极参加各种学科竞赛，包括程序设计、数学、数学建模类等，有时会遭遇失败，但也积攒了一些宝贵的经验。

大三时，我决定保研，开始积极参加各种学科竞赛，最终在保研竞赛加分中排名第一，成功保送到西安交通大学大数据管理与应用专业，因此也获得了更多实习的机会。

我想对大家说：要勇于尝试，才能找到热爱的领域，进而突破自己，激发内在力量，提升自我效能感。

第四次转变：重压之下的责任承担与自我突破

研一是我最艰难的一段时期，期末前，母亲突然重病入院，家里花光了储蓄，我请了两个月的假，和姐姐弟弟一起照顾母亲。

研二暑假实习快结束前，弟弟又生病住院，需要做手术，我放弃了实习的机会，辞职照顾他。我靠着助学金和兼职赚的钱，最后完成了学业。

2022 年后，根据就业形势，研三秋招时，我对自己的工作要求是务求稳定、薪资较高、平台较好、离家近，费尽一番波折后，我成了一名华为软件工程师。

生活的经历让我明白：每个人都要勇敢面对生活的苦难，承担应负的责任，不要也不能逃避，但也不必苛责自己，只要无愧于心。

我的竞赛心得：目标驱动和全心投入

大二时，我参加过不少学科竞赛，有成功也有失败，参加竞赛的动力主要是保研的需要。

因为有了这个目标驱动，我开启了 50 场竞赛的疯狂之旅。先后获得了美国大学生数学建模竞赛国际级 M 奖，全国大学生数学竞赛（非数学类）广东省赛区一等奖，“蓝桥杯”全国软件和信息技术专业人才大赛（简称“蓝桥杯”）软件类 C++ 程序设计广东省赛区一等奖和国家二等奖等荣誉。总的来说，我参加过程序设计类、数学类和人工智能类的三类竞赛。

这当中，最重要的是程序设计类的竞赛，对互联网求职的笔试和面试很有帮助。

1. ICPC（International Collegiate Programming Contest，ACM 国际大学生程序设计竞赛）：这是行业内含金量和认可度最高的竞赛，一般需要报名校队，参加系统培训，从校赛打到国赛，甚至世界决赛。

2. “蓝桥杯”和“天梯赛”（团体程序设计天梯赛）：“蓝桥杯”初赛获奖比较容易，但想要拿到决赛一等奖很难，竞赛考查范围广，需要多做题，参加系统性训练。天梯赛是个人和团队的竞赛，官网上有试题供学生参考，还有专门的比赛书籍，整体难度和校招笔试差不多。

3. 数学建模类竞赛：认可度最高的通常是国赛（高教社杯）和美赛（美国大学生数学建模竞赛），这两个比赛的含金量很高，获奖者在保研和奖学金评选时可以得到一定的加分。数学建模类竞赛通常需要三个人组队，所以要提前找好队友，合作完成建模、编程、论文三个任务。赛前需提前了解常见的模型和代码，比赛时多借助网络平台助力。但是，以我个人的经验来说，数模竞赛的结果有时比较靠运气，重在锻炼团队沟通和协作能力。

然后是数学类的竞赛。我们能参加的主要是全国大学生数学竞赛（非数学类），这个竞赛获奖难度较大，初赛考查高等数学，决赛再加上线性代数，获奖者需要基础扎实，同时还要大量做题，对考研有一定帮助。丘成桐大学生数学竞赛和阿里巴巴全球数学竞赛难度较大，有兴趣也可以试试。

最后是人工智能类的竞赛，主要包括百度之星、科大讯飞举办的开发类竞赛、kaggle[1]等。这些竞赛可以提升参赛者深度学习、机器学习解决业务的能力，参赛者还有机会获得奖金，同时，还可以提升算法岗的就业竞争力。比赛形式一般是“打榜单”。参赛者还可以借机学习各大平台上面的开源方案。

两年时间里，我参加了50场竞赛，获得了70个奖项，这主要得益于我的目标驱动和全心投入。现代社会竞争无处不在，考试、秋招、面试中高手如云，只有真正优秀的人才能脱颖而出，而对我来说，免学费的保研是最好的路径。

我制订好学习和参赛计划，剩下的就是脚踏实地、静心专注、勇于实践和赛后总结。骨子里的竞争意识时时激励着我，有竞争才有积极性，才能得到更好的自我提升。

1　由联合创始人、首席执行官安东尼·高德布卢姆（Anthony Goldbloom）于2010年在墨尔本创立，主要为开发商和数据科学家提供举办机器学习竞赛、托管数据库、编写和分享代码的平台。

两年中，我就是在项目主题讨论、修改，模型建立、推翻迭代，敲代码，反复解决 bug 的过程中成长的，也经历了一次次的自我怀疑与肯定。

比赛中，既有自己的默默耕耘，也有与队友的并肩协作。很多事情靠一个人单打独斗是完不成的，善于合作方能取长补短、事半功倍。

赛后的及时总结和反思也很重要，每当经历一件有意义的事情，我都会记录下来，加以总结和反思，复盘是否还有可以改进的地方，下次如果再遇到类似问题，该如何更好地处理。这样的过程让我不断积累经验，拥有越来越稳定的内核。

我与原生家庭的和解

我的原生家庭氛围很不好，父母经常吵架，母亲脾气很暴躁，父亲缺乏责任心，再加上进入高中后，我的学习压力增大，以至于整个人变得很压抑。

很多时候，我得不到家人的理解和支持，比如中考时要考体育，但我体育成绩不好，只能每晚放学都去离家不远的公园练习 1 小时，我父母却觉得没有必要，所幸我当时坚持了下来。

高三时，偶尔会感觉太累了，想请假在家休息一天，妈妈就会很生气，坚决不同意。

高考填报志愿的时候，妈妈会在我旁边唠叨个不停，甚至发脾气谩骂我，却不能给我任何有用的指导。

读研后，我的家庭遭遇意外变故，导致经济压力陡增。这些事情不可避免地给我带来了负面影响，我变得自卑，想要逃避这一切，我的内心孤独而迷茫，羡慕同学们不必经历这些。

但是，这一切也给我带来了不一样的历练，我学会了反思，勇敢面对困境，通过努力学习，减轻经济压力。面对家庭带来的挑战，我学会了独立与坚忍，这也成为我性格中宝贵的财富。

对于正在经历相似困扰的朋友们，我想说，无论外界如何，内心的成长与自我提升永远是我们最强大的武器。

最后，我想站在一名小镇少年的视角，给家长们提一些建议。

第一，小镇孩子的天赋启蒙和培养力度普遍不够，父母应早启蒙、早培养，引导孩子多参与社会活动和各类竞赛，让孩子能不断得到正向反馈，不断积累学习经验。在兴趣引导方面，如果孩子偏理工科方向，可以让他们在业余时间学习编程，以便在未来获得更多跨界的可能。

第二，父母自身要保持学习。现在的社会变化迅速，只有不断学习才能与社会发展保持同步。尽早了解和制订孩子的教育规划，才能更好地引导孩子，为他们提供必要的教育资源。

第三，保持良好的亲子关系十分重要，家长须营造尊重、平等、理解的家庭氛围。父母与子女沟通时，应尽可能保持耐心，不要太暴躁，控制好自己的脾气，同时注意沟通方式。

当孩子需要做决定的时候，父母应该与孩子共同协商，而不是一味地批评和打压，这样才有利于培养孩子的自信心和独立性。

“追风赶月莫停留，平芜尽处是春山。”在追梦的路上，请以无畏之心跨越重重挑战，因为每一步的坚持，都铺就了通往春天的坦途。正如那不息的流水，不在于一时之快，而在于持续不绝的奔腾。

外语保送生的清华升学之路

王续颖

学习履历：

- 高中：郑州外国语学校
- 本科：对外经济贸易大学商务英语专业
- 硕士：清华大学教育学专业

个人荣誉 / 工作经历：

- 2023 年获得清华大学优秀共青团员荣誉称号

我想和大家分享一下我作为外语保送生的清华升学之路，以及我的个人成长经历、学习方法、家庭支持等方面的内容，希望能对大家有所启发。

我的成长故事

我的小学时光无忧无虑，每天做完功课，就和小伙伴们一起玩耍。由于我是女孩子，父母注重培养我的表达能力和外在形象，鼓励我参加各种英语口语演讲比赛和主持人比赛，还让我参加舞蹈培训班。

除了综合素质的培养，小升初时，为了考进理想的初中，我主动提出上辅导班提升成绩，母亲给予了大力支持。此外，我还参加了很多学校的选拔考试，最终，我考上了郑州枫杨外国语学校（前身是郑州外国语学校初中部）。

郑州外国语学校是被称为“哈佛红”的优质学校，一本上线率96% ~ 98%。每年，有100 ~ 200名学生在通过了学校的外语类保送之后，直接升入理想的高校。

学校还开设一些国际班，比如澳大利亚、英国、美国留学班；竞赛班包括数学、物理、化学、生物竞赛班。中考时，我因为享受到了降分政策，顺利进入了郑州外国语学校高中部。高中阶段，我获得了英语保送生资格，来到了梦寐以求的对外经济贸易大学。

外语保送名额缩减下的升学策略

本科阶段，我所理解的英语只是一个交流的工具，因此不满足于商务英语专业的学习，我还辅修了工商管理专业。毕业时，我拿到了一个毕业证和两个学位证。研究生阶段，我在清华大学攻读教育学专业，该专业是教育经济与管理的新方向，希望以后能有更好的发展。

我想和大家探讨一下未来的升学和职业规划，特别是高考选择中的外语类保送机制。

以郑州外国语学校为例，2020年，该校有142名同学被保送名牌大学，其中19人进入清华大学，15人进入北京大学，还有很多人进入其他“985”和“211”高校。到了2021年，虽然保送人数略有减少，但仍有129名学生获得保送资格，其中北大、清华的保送生总数达到28人，包含6名竞赛类保送生。我是2017年毕业的，当时我们那一届有近200名保送生，但随着国家政策的调整，外语类院校的保送生名额逐步减少。

特殊升学途径之外语类保送

外语类保送是专为各省市外语类学校学生设立的一种特殊升学途径，选拔过程分为校内选拔和高校选拔两部分。校内选拔是加权平均分制，高三上学期的保送生考试成绩占 60% 的权重，平时成绩占 40%，包括高一上下学期、高二上下学期的期末考试成绩，每个学期的成绩各占 10%。

比如我高考那一年，学校会根据综合成绩排名，通知前 200 名同学参加保送生选拔考试，如果有人放弃，则按排名依次递补。

获得校内推荐资格后，学生还需参加高校的内部选拔考试，考试科目为语文、数学和外语，比如英语专业的考试，难度可能会参照北京市高考、英语专业四级考试或大学英语六级考试标准。

外语类保送生只能选择外语类专业，如英语、西班牙语、阿拉伯语、葡萄牙语等，所以在专业选择上会存在限制，需要谨慎考虑。

外语类保送生的优劣分析

作为一名外语类保送生，我想分享一下自己的心路历程。

身为河南考生，高考压力大，所以我选择了外语类保送路径，以此规避这一压力和不确定性。我英语成绩一直很好，又是文科生，在语言学习上有一定优势，也不排斥深入学习语言，所以，保送生考试很适合我。

从客观角度来看，外语类保送生具有诸多优势。

首先，保送生考试可以规避高考的不确定性，获得通过擅长的科目进入高校的途径。

其次，随着国家对外语人才的需求日益增长，特别是小语种专业人才，就业前景广阔。

最后，学习外语还能拓宽我们的视野，让我们有机会深入了解不同的文化。

保送生考试也有缺点。

首先，外语类考生虽然可以报考一些知名的“985”“211”学校，但相对于高考来说，可选择的学校数量较少。

其次，专业选择受限，就读高校期间也无法转专业。比如我学习商务英语专业，就无法转到金融学、经济学或工商管理专业，只能修读第二专业或双学位。

最后，如果未来想从事与专业对口的工作，就业面相对较窄，主要集中在传媒、外交部或一些公司的小语种专业人才招聘上。

“没有专业”的外语专业

关于外语类保送，我引用了同学们和网上的观点，希望能为大家提供更全面的参考。

一种观点是，只有顶尖的外语专业学生才能从事翻译工作，而大部分毕业生可能需要改行，如选择成为外语教师。事实上，在我本科毕业的同学中，有很大一部分选择出国深造，或在国内攻读其他专业的硕士研究生。另一种观点认为，外语专业在某种程度上被视为“没有专业”，因为语言学习更多被视为一种工具性的辅助，许多单位更愿意聘用有专业特长的应聘者。还有人指出，在就业市场上，一个好的学校可能比专业本身更为重要。另外，我们必须面对的现实是，人工智能翻译软件对外语专业毕业生构成了不小的冲击。

哪类学生适合外语类保送

我认为适合走外语类保送道路的学生，首要条件是成为外语类院校的学生，且平时成绩优异，展现出一定的语言天赋。这类学生通常对语言专业持有积极态度，或已有明确的出国计划。普通的高考生就需要尽全力备战高考了。也有部分外语类考生或许有特别心仪的专业，或对语言学习并无特别兴趣，这类考生通常不太会选择走外语类保送的道路。这是我结合自身经历和对外语类保送的理解产生的看法，希望能为大家提供有价值的参考。

职场初探与学术抉择

在本科阶段，我不仅专注于专业课学习，还利用北京的就业实习机会，在知名广告公司和百度、网易这类互联网公司实习，深入感受职场氛围，拓宽了视野。

此外，我还加入了学校的大学生创新创业中心，通过各类实践活动，锻炼了自己的综合能力，收获颇丰。当面临研究生专业选择时，我权衡继续深造英语专业和跨考其他专业的利弊后，最终决定放弃英语专业，转向金融领域。

然而，在备考过程中，我发现自己在数学方面面对不小的挑战，这使我重新评估了自己的选择。经过深思熟虑，我决定选择不考数学的教育学专业，并将目标瞄准了北京大学和清华大学。最终，我进入了清华大学教育研究院。

提分攻略：从心态到方法

在多年的学习和考试经历中，我总结出了以下提高学习成绩的有效方法和技巧。

首先，心态至关重要。要拥有昂扬的斗志，树立合理的目标，给自己积极的心理暗示。同时，注重体育锻炼和劳逸结合。

其次，掌握正确的学习方法。例如，在早读时，应大声朗读以加深记忆；合理利用零碎时间，遇到问题时，要多向老师和同学请教。

最后，正确对待考试，应保持实事求是的态度，感谢每一次考试带来的挑战和机遇，充分利用好每一次考试的机会，善用纠错本，及时纠正错误，总结经验教训。

如何面对学习困境

人生并不是一帆风顺的，我也曾在人生的十字路口感到迷茫。小升初时，我找不到前进的目标，当时，我的成绩一般，原本打算就近入学，但看到同学们都在为考入名校而努力，我心中的好奇与渴望被点燃。

于是，我参观了郑州枫杨外国语学校，那里的氛围和环境深深吸引了我，想在这所学校学习的渴望让我有了奋斗的动力。

在学习的道路上，我也曾深陷低谷，遭遇过成绩不理想、对未来迷茫和解题困难等问题。尤其是那段在数学辅导班度过的时光，让我记忆犹新。每次考试，满分五分的试题，同学们都能考四分、五分，而我却只能在两分甚至零分徘徊。我曾有放弃的念头，但在母亲带我去参观郑州外国语学校后，对学校的喜爱再次让我获得了奋斗的动力，我对她说："虽然我现在成绩比较差，但我相信，只要坚持努力，我一定可以突破自己。"

于是，我毅然决定加大学习强度。在同学们享受课余娱乐的时光里，我选择回家去做题，参加辅导班。我想对大家说，面对困难，再多坚持一下，往往就能迎来黎明前的曙光，照亮前行的道路。

面对挫折与困难，首先要学会放平心态，正视压力，将其转化为前行的动力，或通过运动来释放压力。同时，提高效率是时间管理的精髓，我们应该通过制订明确的计划，根据待办事项来合理规划和分配时间。

母亲的独特激励法

母亲的教育方式为我奠定了良好的学习基础，她注重培养我的问题意识，并采用鼓励式教育。她的鼓励和支持，使我坚信自己有能力克服一切困难，也提升了我的受挫和抗压能力。

同时，她还注重培养我的自我内驱力，让我发自内心地喜欢学习。她不会给我施加过多的学习压力，而是带我去看更大的世界，让我在实践中学习。她还鼓励我多问"为什么"，这不仅锻炼了我的问题意识，也强化了我的思考能力。

我的家庭，特别是母亲，始终是我的坚实后盾，他们在学习资源方面给予了我很大的支持。我从小学习拉丁舞，一直坚持到现在，这让我变得更加自信，也磨炼了我的毅力，提升了我的能力。

母亲的激励方式别具一格，比如带我去看理想的学校、给我买好吃的、送我喜欢的玩具等。每次考试后，她都会兑现考前对我的承诺，这让我更加努力地学习。我的父亲也同样会给予我奖励，这对我来说是巨大的鼓舞。

向何处努力

我们普遍认同努力的价值，但关键在于如何努力和向何处努力。我们可以通过选择适合自己的道路来规避风险，比如我选择的外语类保送。同样，努力的方向也很重要，若误入歧途，只会离目标越来越远。

此外，努力的动力也不容忽视，内在动力比外在推动力更能激励人前行，对于孩子的培养尤其重要。家长和老师要激发孩子的内驱力，让他们从学习中获得成就感和快乐。综上所述，我认为一个人只有在适合自己的道路上发挥优势，才能让未来的道路通畅顺达。

在爱与智慧中引领孩子成长

第一，“扣好第一粒扣子”。家庭教育对孩子的成长至关重要，父母是孩子的第一任老师，其教育方法和态度对孩子未来人生观、事业观、价值观的形成，具有极大的影响。

第二，脚踏实地，仰望星空，选择比努力更重要。

第三，为自己负责，家长应当激励孩子的内驱力和学习热情，让他们明白，学习不仅是为了考试和分数，还是为了自己的未来和人生。

最后，希望我的经验分享能对家长和孩子们有所帮助。

2

小镇逆袭

贫困县里走出清华学子

王　璐

学习履历：

· 本科：清华大学管理科学与工程专业

· 硕士：清华大学管理科学与工程专业

个人荣誉 / 工作经历：

· 2017 年高考语文成绩全省第一的理科生

父母在学习上要及时放手

和很多来自一线城市著名中学的大学同学不一样，我在大学之前都在西南某国家级贫困县的普通县中就读，幼儿园、小学甚至有在乡下求学的经历。

当时的很多乡下幼儿园只能保证孩子基本的教育，并不能提供高质量的教育资源，因此在那一阶段，我的学习主要靠家庭教育，最后完成了拼音、汉字、英语的基本启蒙，并养成了爱看书的良好习惯。

还记得幼时，但凡我在家，父母都会带领我看书认字，即使看电视，电视频道也只会停留在《百家讲坛》《动物世界》这样的栏目，尽管那时琼瑶剧、偶像剧风靡，我也没有被这股流行风气辐射到。

上小学时，我的学习成绩一直名列前茅，也一直担任班长。与幼儿园时父母手把手带领我学习不同，从小学低年级起父母就很少干涉我的学习，我的作业何时完成全靠自己安排，他们也从不给我布置额外的家庭作业。因此，我从小就养成了为自己的学习负责的习惯。

初中，我的成绩依然名列前茅，但优势学科和弱势学科也逐渐明显。这一阶段，父母依然完全不参与我任何学习过程，并没有说一定要我去额外上补习班把弱势学科补起来，而是尊重我，让我自己安排自己的学习。

初三毕业也没有强迫我去考省会城市的超级中学，任由我继续在县中学学习。父母并没有把他们望子成龙的期待强加在我身上，而是一直尊重我的选择，他们教会了我为自己的选择负责。

到了高中，因为不擅长理科，我的成绩有所滑落。在选择文理分科时，我坚持选择了相对不擅长的理科，父母虽然反对，但是我凭借自己在网络上搜集到的信息和与学兄学姐的交流，还是坚持选择了理科。父母充分了解我的想法后，决定尊重我的选择。

第一次高考失利后，父母因为担心我压力过大其实并不支持我复读，但我综合自己的情况以及搜集到的信息，认为第一学历更重要，父母也没有继续阻拦，最终我在第二次高考中大获成功。

到了大学，父母更加不参与我的决策，只做我的倾听者和情绪疏导者，我自行换了专业，开始自己赚钱，独自旅行了 30 多个城市……父母给了我足够多的自由，我也越来越独立。

回顾我的成长经历，我的总结是：父母参与程度随时间递减，逐渐让我自行寻找解法。

语文如何把握好日常积累和应试技巧

我在第二次高考中取得了语文全省第一的好成绩，回顾我的语文学习生涯，我认为取得这个成绩既有日常学习日积月累的厚积薄发，也有精心研究高考命题后总结的应试技巧。

日常学习主要有：

启蒙：主要是学龄前父母进行的陪伴阅读，我非常推荐家长在幼时陪孩子一起多阅读古诗词、故事类读物。

积累：积累分为作文积累和语感积累，作文积累就是多看作文范文，三、四年级勤写周记；语感积累建议大家多多阅读，并养成摘抄的好习惯。

模仿：语言的学习本身就是模仿，早期的模仿可以是单纯的仿写段落或者文章，我非常推荐大家在小学阶段进行古诗词的扩写训练，既能锻炼文笔，还能启发想象力。

应试技巧方面，我主要想更新大家的一个观念：语文考试也是要刷题的！刷题可以提高考试时的答题速度，扩充答题的思路，还能积累写作素材。刷题可以只“刷”高考题，因为语文和其他学科不一样——并不是练得越多越好，有时候练得越多思路可能反而越杂，语文刷题贵精不贵多。

仔细分析高考语文试题的标准答案，我们会发现很多标准答案非常简略，这其实是出题人在故意增加语文试题的难度，我们需要做的是总结出一套答题模板，方便阅卷老师按点给分。我推荐的模板关键词是情景 / 环境 + 人物 + 中心思想 + 结构 / 线索，主观题答案万变不离其宗，大家一定要多多实战演练。

学习的本质是记忆和联想

我认为自己还算是一个擅长考试的人，这并不是夸夸其谈，在我的方法论里，学习的本质就是记忆和联想，考试的本质就是懂得出题人的目的。

其实从小学到高中的学习，90% 本质上都需要记忆。小学记忆基本常识，中学记忆已经得出结论的各个领域的基础知识，高考考查的就是考生对这些基础知识的掌握程度。任何学习和知识的掌握都是以记住为前提展开的，所谓理解只是为了便于记忆。

联想就是举一反三，从画一个圆到画出鸡蛋的过程。小学主要需要训练举一反三的思维模式；中学需要自我总结如何举一反三，建立自己的思维导图和学习框架，知道自己该学什么、该怎么学。学会联想也能让记忆保持得更长久。

考试取得高分的前提是明确考点和了解自己。明确考点能帮你合理安排复习和考试时的精力，以便于在最短的时间里拿到尽可能多的分数。

想要明确考点，可以先跟随老师的教学内容，但一定要进行自我总结，因为老师的方法不一定是最适合自己的方法。

了解自己是指了解自己的学习情况，因为老师要针对全班所有同学进行基本覆盖式的培训，而作为个体的我们，一定跟平均水平有所偏差，因此我们需要自己"对症下药"，有目的地进行专项提升，而不是盲目跟从老师。

我一直认为，学习很难，但考试很简单，正如巴菲特所说："学习不是一时半会儿的任务，而是贯穿一生的事业。"智者终身成长，希望大家都能保持终身学习的动力。

此外，学习和考试都是自己的事情，家长和老师只能起到引导作用，没有人比自己更了解自己，因此我们都要对自己负责，独立而自强。

把自己分析透彻

事实上，尽管我形容自己"独立而坚强"，但我的成长之路并非一帆风顺，而正是成长路上的那些挫折塑造了现在的我。

在所有科目中，我最不擅长的是物理，第一次高考时物理甚至不及格。但我通过分析自己的学习和考试过程，最终克服了这个难关。

从一张白纸开始——我在复读时扔掉了之前所有的习题，决心从零开始。

从最简单的题目开始——考试时战略性放弃最后一道大题，保证基础题都能得分。

勤能补拙——高考的内容 90% 均是记忆，做的题够多就能记住，因此我不断刷题、总结错题。

合理安排考试时间——旧高考的理综是几门理科一起考试，我选择先做所有选择题，再按生物、化学、物理大题的顺序（擅长程度递减）依次做题，保证最高的得分效率。

决不放弃自己

在两次高三中，我都存在严重的失眠问题，有长达4个月的时间每天只能在凌晨三四点入睡，非常焦虑。但我从未放弃自己，以下是我采取的应对策略。

寻求专业帮助——吃药，身体出现问题时不必讳疾忌医，应当向专业人士寻求帮助。

寻求朋友帮助——拜托我的朋友从全国各地的大学给我寄来了明信片，激励自己不放弃希望。

自我不放弃——睡不着就不睡，困了再睡就行，并且坚持上学、坚持考试，当我发现即使失眠也并不影响考试发挥后，我的焦虑情绪也就慢慢平复了。

最后我想说的是：每个人都需要自行定义自己的人生路径，“授人以鱼不如授人以渔”，也希望各位家长都能培养出能“养活自己的渔夫”，而非只能接受嗟来之食的“小皇帝”“小公主”。

愿每一个人，独立而坚强，强大又自由！

有限的生命创造
无限的人生

张　琦

学习履历：

- 高中：任弼时中学（永新中学）
- 本科：南昌大学英语语言文学专业
- 硕士：北京大学法律专业

个人荣誉 / 工作经历：

- 2018 年获得“创青春”挑战杯南昌大学校二等奖
- 2018 年获得南京国际辩论学术联盟辩论赛二等奖
- 2018 年获得华中英语辩论公开赛一等奖
- 2024 年获得第三届“一带一路”实务模拟谈判国际大赛铜奖

自由选择培养阅读兴趣

我出生在小镇，那里没有遍地的名师，没有排名前列的学校，但是有引领我找到学习真谛的父母。

我的父母总是给予我自由选择的权利，好奇心又指引着我探索书籍。小时候的我喜欢看各种各样的书，但我从没有被教辅书包围。父母会带我去书店，让我选择自己想看的书，有时是《哆啦 A 梦》漫画书，有时是插画版的《小王子》。

他们对我唯一的要求是：一旦挑选好了书，就不能让它在角落吃灰，因为是我自己的选择，我就得对这些书负责，让它们发挥作用。从此，各种各样的书籍、杂志让我认识的字日渐增多，我的知识储备也在日积月累中不断增加。

父母引导抓住重要节点

父母是我的引导者，他们帮助我抓住了重要的升学节点。小升初是第一个关键节点，虽然在小学时，我并不太在意成绩，然而，各种兴趣爱好让我对探求知识有了渴望，所以，尽管我的小学成绩并不拔尖，但也足以让人满意。

不过，不刻意追求成绩的状态不可能长久，父母希望我能够考上县里最好初中的尖子班，让我参加了初中的分班考试，最终，我如愿考进最好的班，初中 3 年里，我都努力保持在尖子班里。第二个重要节点得益于初中，因为 3 年都在尖子班，初升高时，我通过了县高中的招生考试，进入了县里最好高中的尖子班。父母的督促让我在资源有限的小县城里，获得了当地最好的教育，这也为我日后的学习奠定了基础。

父母教给我的学习方法朴实而有效，那就是“重复”，从中我领悟到了学习的真谛。从初中开始，父母常常对我说：“学习是为自己而学。”这句话深深地印刻在我的脑海中。不过，在很长一段时间里，我也只理解了这句话的字面意思，那就是只有我自己能为学习结果负责。

挫败和觉醒

初中和高中时，我的心智尚未成熟，很容易受到外界影响。初中刚开始时，我的成绩还不错，这种正反馈激励着我不断努力。

然而，上了高中之后，学习难度增加，身边也不再是熟悉的同学，我的整体成绩逐步下滑，整个人越来越自暴自弃，不懂的知识堆积如山，形成了恶性循环。年级排名也从原来的名列前茅慢慢跌到了几百名开外，总分甚至无法达到历年一本线。

那时候的我不知该如何走出困境，好在父母发现了我的异常。

我至今记得，每次家长会，父母总是会耐心向老师询问我的近况，毕竟那时候的高中生，大部分时间都是在学校里度过的。他们察觉到我状态不好，每次成绩出来后，都不会苛责我，反而鼓励我说没有关系，下次继续努力，从未说过任何打击我的话。

同时，他们会尽量尊重并支持我的选择，放手让我去尝试想做的事情。慢慢地，我的成绩有了起色，但我一直不满意自己的成绩，觉得做什么都已经晚了。

好在父母始终如一的陪伴最终让我幡然醒悟，到了高三上学期，我突然意识到，自己不能在低迷情绪中沉溺，我终于明白了“学习是为自己而学”这句话的深意。

我需要为自己的学习结果负责，同时，在学习的过程中，也不能消沉于某次结果带来的负面影响，不能放纵自己享受“躺平”带来的轻松。学习总是会有压力的，而放弃虽然可以减轻心理压力，却也会让我失去希望，自我洗脑“做什么都晚了”只会让自己成为鸵鸟。

我意识到，父母希望我不带心理压力地学习，不希望我因压力而自暴自弃。

当时已经是高三上学期，时间紧迫，但我不能让自己后悔。我带着搏一把的决心，重新拿出曾经很抗拒的各科目的卷子，疯狂地做题。我的分数曾经连一本线都勉强，结果我却靠最后冲刺，考入了南昌大学。现在想来，一时的挫败其实并不可怕，可怕的是沉溺于挫败不愿意走出来。

勇于打破舒适圈

出于对英语的喜爱，我选择了英语专业。本科时，我在保证学业的前提下，尽量尝试各种事情，以此寻找自己擅长的方向。我参加了各种比赛，经过不断的训练，我从最开始经常紧张怯场，到最后能站在场上从容地进行演讲、辩论。

我还曾尝试创业，与志同道合的同伴们一起，在政策支持的背景下，积极推广垃圾分类。我们到几百人的大教室做宣传，到校园的各个角落路演。这些经历让我发现，自己喜欢交流与思辨并存的工作。

通过几年的英语学习，我充分认识到，英语是一个很好的工具，它可以让我与不同国家的人交流，进行业务往来，拓宽选择范围。

然而，只有英语是不够的，于是，我产生了以英语作为工具，辅助我从事其他行业的想法。考虑到我的自身优势、专业的适配性，以及各行业的发展前景，我在跨界专业中选定了法律。

法律需要从业者能够抓住细节，而我从小喜欢阅读各种故事性书籍，能以小见大，通过细节把握整体故事脉络，大学经历又锻炼了我的沟通交流的能力，所以，于我而言，法律是个不错的选择。

英语到法律：多样生活重心和时间管理

法律行业有着准入门槛，需要具备扎实的法律基础和相关证书，如果想要从事相关行业，本科不是学法律专业的同学最好去攻读法律研究生。

我毕业时，由于无法直接进入法律行业，便做了两年全职工作，一边工作一边备考研究生。从中，我找到了生活的最佳状态。

就个人而言，我认为生活的重心不能只有一个。我把生活分成四个模块：工作、备考、放松、睡觉。时间管理在我的备考期间发挥了极大的作用，工作占用的时间基本固定，备考、放松、睡觉的时间有时会适当调整。

备考法律研究生的学习内容是固定的，于是，我每周制订学习计划和目标，比如听多少节课、做多少题目、背多少内容，如果提前完成这些目标，就意味着我的放松时间可以增加；或者设定不同阶段的做题正确率，没有达到就要增加练习时间。

备考计划不需要细化到每分每秒，也不一定要完全按照特定顺序来做，但我们心里一定要有一个大框架，并在备考过程中不断回顾这个框架，从而形成肌肉记忆，使其深深烙印在脑海中。

如此一来，我们会慢慢发现，备考不是被迫行为，而会变成一种自发的行为。此外，对我来说，高中时只专注于高考内容的学习并不能提高效率，就像职场中人不能只有工作一样，我必须发掘其他生活重心，让自己能够经常切换状态。如果我的生活中只有备考，那么，当我陷入负面情绪时，就很难从这个单一世界里走出来。

备考期间要学会劳逸结合。我的备考时长有整整 6 个月，但这 6 个月里，我并没有一头扎在工作和备考中不出来。

假期时，我会约上朋友一起去西北自驾游，领略从未见过的独特风景。在每周的放松时间里，我会去打球，通过锻炼保持一个好身体；我也会和朋友一起寻找美食，享受美食给味蕾带来的满足感。

在放松期间，我会把学习和工作抛在脑后，让大脑从压力中释放出来，享受轻松时刻，第二天让自己能量满满地回到工作和学习中去。

英语学习建议

不同阶段的英语学习，侧重点各有不同。对于初学者来说，英语学习需要细水长流，很难一蹴而就，重要的是坚持不懈，切勿被最初的困难打击了积极性。

词汇是英语学习的地基，初学者学习词汇时，总会出现反复学、反复忘的情况。词汇学习的关键是重复，每天所看、所记的词汇，需要经常复习才能够留在大脑中。

利用语境学习词汇也很重要，死记硬背但不会用，就很容易再次忘记。想要学好如何运用所学单词，需要结合具体语境。所以，建议初学者适当去看一些英语文章，从最简单的开始，一步步增加阅读的难度。

同时，学习英语也要勇于张口，不需要追求多么完美的表达，要允许自己犯错，在这个过程中慢慢提升水平。无论自己掌握多少，先开口说，如果遇到不知该如何表达的内容，可以尝试描述一个场景，从而让对方理解自己想要说的内容。大部分人都能通过这样的方式与你交流，相信你也能在大家的鼓励下，不断提高英语水平。

在成长过程中，我很感恩家人和朋友的支持，他们是我敢于挑战自己的强大后盾。我的成长经历并非一帆风顺，我也常常反思，或许当初换换心态，再努力一些，我会拥有更好的未来。但往事不可忆，来者犹可追，我所希望的是，经历了这么多的自己，能够在当下不惧困难，在有限的生命里，给自己带来无限可能。

从小镇到人大——不断拓展的人生

蔡君溥

学习履历：

· 高中：浙江工业大学附属德清高级中学
· 本科：北京师范大学哲学专业
· 硕士：中国人民大学哲学专业

个人荣誉 / 工作经历：

· 2019 年获得北京师范大学优秀团员荣誉称号
· 2020 年获得北京市大学生女子板球比赛一等奖
· 2023 年获得中国人民大学校长特别奖学金

很荣幸与大家分享我的人生，希望你们的阅读能有收获。

我想从我的名字开始讲起。

大多数人看到我的名字都会疑惑是什么意思。“溥”这个字取自“溥天之下，莫非王土”，通“普”，取广大之意；“君”则是因为我出生在一个君子兰开花的季节。给我取名的人希望我能够成为一名心怀宽广的君子。

不知是不是命运的安排，带着这样的期望，我确实走向了一条不断拓展自我的道路。从我出生的地方——浙江省的某十八线小乡镇，一步步走到了北京这座大城市，甚至出国交换、去非洲旅游，我越走越远，路也越走越宽。

优秀会成为一种习惯

小学的时候，学习对我来说很容易，即便二年级才从乡镇小学转到城镇小学，但我依然是全年级为数不多能够在期末考试考“双百”的同学，班主任在期末结束骑着自行车来我家家访时，总是远远地就笑开了怀。

在这样良好的开局下，我很早就形成了一种“好学生”的身份认同，并且习惯于这种身份认同带给我的一切便利。

在家里，妈妈总是陪伴我写作业，她会在一旁看她自己的书，多数时候是有关教育的书。外公是初中数学老师，因此周末时会教我奥数。另外，我还参加了许多丰富的课外活动，十字绣、素描、游泳、钢琴、打球等。现在回看，这种丰富的生活多少对我未来的生活选择产生了影响。

尽早面对失败其实是好事

人生是起起伏伏的过程，或早或晚，我们总会在一些地方跌倒。

我的第一次跌倒来得很快，就在小升初的升学考试上。当时我准备考全县最好的初中，需要参加这所学校自己组织的考试。

我所就读的小学当时并不给学生的考试成绩排名，所以，虽然小升初时我已经很久没有考 100 分，成绩大不如前了，但是在固定不变的人际环境下，我仍然保持着曾经那种“双百学生”的自我认知，飘飘然地认为考初中对我来说不是什么难事。

骄兵必败，此乃至理名言。我出于某种幼稚的自负感，几乎没有准备升学考试，连背古诗词这样基础的事情也不愿意做，认为自己不缺那几分。

得到的结果是，我以倒数第三名的成绩进入了当时的初中班级。对一个小学六年级的“好学生”来说，这一事件足以作为“奇耻大辱”载入我的人生史册。

然而，塞翁失马，焉知非福。正所谓失败是成功之母，如果能够正确地对待失败，我们所获得的将比简单的成功更多。

很庆幸，在我人生遭遇的第一次“重大失败”面前，我做出了至今让我受益的反应——我不服。

在根深蒂固的“好学生”自我认同和好胜心的作用下，我完全不愿意接受自己在班级里的名次，于是一改以往散漫的学习态度，对学习前所未有地认真起来。

半个学期，我从倒数第三名一跃进入班级中游；到第一学期期末的时候，我已剑指前十。

基于这段经历，我从来都认为，学习最关键的要素在于“想学”。一个人一旦拥有了学习的自驱力，全身心地投入进去，取得进步是自然而然的。在自尊心的激发下，我获得了自驱力，从此以后开始对自己的学习负责，而不再需要家长的严格监管。

越谨慎，走得越稳

谨慎是一种好品质。我并未因为这一次逆袭的成功而自满，之后非常慎重地面对初升高的考试，生怕之前的失败再次重演。

事实上，由于小升初的那次阴影，一直到从本科升学到硕士研究生，每一次升学前我都会敲打自己，幸运地没有再遭遇同样的事情。

后来我顺利地从全县最好的初中考上了全县最好的高中。那一年恰逢高考改革，从考试时间、策略到报考方式，一切都是全新的挑战。我仍然保持了刚上初中时的那种好胜心，在刚进入高中时依然紧张地学习，想要超过前面的人。因此，在高中，我仍然不断进步。

面对当地每年两次的高考[1]，我们不得不采取持久战的策略，上演集中备考与休息的转换。

凭借着稳定的心态与正确的考试策略，我在高中最后一个月一路从年级前

1　浙江考生高考除了语文和数学外，其他科目一年有两次考试机会，分别在每年的 1 月和 6 月，成绩当年有效，分数取最好的那次。

几十名冲到了年级前十，最后以年级第九的成绩毕业。

与此同时，我还参加了浙江省内的“三位一体”[1]和全国范围内的自主招生，最后通过自主招生的渠道进入了北京师范大学哲学学院学习。

大学期间，我秉持着好奇的态度广泛地尝试，除了学习以外，参加了各种活动，如社团、院学生会、校学生会等，搞课题，搞实践。

这些经历有成功也有失败，还有失败一次重新来过的。最后我凭借着学习成绩和种种活动的加分成功获得了保研名额，来到中国人民大学哲学院读研。在人大就读期间，我又获得了“校长特别奖学金”资助的出国交换的机会，前往爱尔兰都柏林大学学习。

回顾我的学生时代，我会说，我的成功是一种幸运，但也不只是一种幸运。它是由我的努力、我的野心，以及好心态三者组合而成的。

我并没有一招制胜的学习秘诀，只是努力地上课认真听讲，下课完成所有作业，积极解决生活中的大多数疑惑。

而我的野心指的是，我永远不满足于现状，想要更好的排名，并且敢于去尝试我所不了解的新东西，我参加的竞赛、社团、自主招生等都是野心的体现。

好心态则在于我的野心以及它带来的自驱力，我给了自己一定压力，但是又把压力控制在很好的范围内。所以我的压力能够刚刚好促使我努力，使得我无论结果如何都能够保持平常心，能够埋头付出而不患得患失——这也是支撑我度过学习生涯中的成绩低迷期和起伏期的法宝。

经历才能带来改变

我在十八线小县城生活了 18 年，从出生一直到高三毕业，之后又来到北京度过了 7 年学生生涯，接下来我可能还要去一个新的城市开始我的职业生涯。

---

1 “三位一体”综合评价招生是部分省份在全国率先启动的高校招生改革重要举措，要求省内高校拿出一定比例的招生名额，以考生的学业水平考试成绩、高考成绩和学校综合测试成绩三种成绩，并按一定比例计算出综合成绩后，择优录取考生的一种录取形式。

总之，我一直在不断地离开舒适圈，走向更大的世界。

从不敢面对全新的语言环境，到主动选择出国交流，甚至开始学习新的语言……

从第一次离开大人的陪伴和朋友一起去扬州旅行，到一个人在国内旅行，再到去爱尔兰，去非洲，去东南亚……

从内向、自我封闭、不敢踏错一步所以干脆不踏，到开放、大胆求教、不断试错和自我挑战……

有的东西就是要见到了、经历过，人才能够明白。从概率上来说，经历的事情够多，我们的人生自然而然会发生改变。

乔布斯说过“人生中的每一个小点终有一天会串联成一条线”，因此要尽情地去追逐自己喜欢的东西，无论它们在当下看来是否有用。

我仍然是个什么都想要的人，对自己的人生没有严格、理智的规划，而是跟随着心走。我永远对世界感到好奇，学习哲学、历史、考古、人类学，玩过板球、太极、轮滑、游泳、攀岩，学过英语、德语、拉丁语，现在在自学意大利语。

我永远不感到满足，还想去尝试更多的东西，想学文学，想尝试潜水、跳伞、滑翔、登山，想学西班牙语，小目标是周游全中国，大目标是周游全世界。这些东西——在帮助我过上更好的生活的意义上——有用吗？我不知道，但这恰恰是我之为我的原因。

相信自己终将创造自己

保持优秀或许就是保持野心和向外看的欲望。怀着这样的态度，永远跟随着最优秀的人，自然而然就会成为在一个群体中位于头部的人。

在这个飞速发展的世界里，可靠的不再是经验，而是能力——可迁移的能力，快速学习、自我批判、不断更新迭代，而这只有保持开放的心态才能够做到。和优秀的人在一起，不掉队，就能走向更大的世界。我们人生的路应该越走越宽，而不是越走越窄。因此，不断地拓宽自己的边界，在这个过程中寻我，或者说创造自我，是一生的事业。

我的初中校门口贴着雅斯贝尔斯的名言：“教育的本质，是一棵树摇动另一棵树，一朵云推动另一朵云，一个灵魂唤醒另一个灵魂。”这句话对我影响颇深。因此，当我分享自己的经历时，我会更多地分享我的动机、我的特质，以及我的自我探索。

在这些信息里，我真正想传达的是，世界有它运作的方式，社会有它的规则。一个人成长的过程也是社会化的过程，是在社会中找到自己最舒服的位置的过程。这个过程对有的人来说容易，对有的人来说难；也有的人快，有的人慢。但核心在于，相信自己、尊重自己、了解自己、创造自己。与各位共勉。

从云南普通小学到香港大学研究生

罗浚瑞

学习履历：

- 高中：云南师范大学附属中学
- 本科：华东政法大学新闻学专业
- 硕士：香港大学中国历史专业

个人荣誉 / 工作经历：

- 2020 年华东政法大学校级优秀毕业生
- 2021 年获得上海市高校大学生“我与宪法”微视频大赛二等奖
- 2022 年获得华东政法大学“鸿元杯”社会实践二等奖

身份会给人带来自驱力

千禧之年，我出生在云南昆明。小学五年级以前，我的成绩在班里一直没有特别突出。成长手册里，班主任的评语中出现最多的词语大概是“安静”“认真”“默默无闻”。

五年级时，来自山东的一位教学有方的女老师突然来到了我们班交换 1 年，做了我们的班主任和语文老师。

在不知从何处来的勇气的驱使下，我举手自愿成为她的课代表。受人重视与此前默默无闻的体验相差甚远，自此以后，“优秀的成绩”成了我对自己的要求，在不想辜负别人期望的想法的驱使下，我最终在小学五、六年级的数次考试及最后的毕业考中，交出了一份令自己满意的答卷。

“凤尾”与“鸡头”的选择

“在课堂上表现自己”的勇敢到了初中又一次戛然而止。当时在父母的支持和自己的努力下，我参加了小升初的补习班，并通过了当时全市排名前二的云南师范大学实验中学的入学考试，进入了一个很好的班级。

班里高手如云，当时我报名参选语文课代表，却没能被老师选中。自此，我在班级里重新变回了以前的自己，那个安静、认真，却不怎么发言的“小透明”。

所幸初中的老师和同学都非常优秀，在他们的带动下，我养成了良好的学习习惯：课前预习；上课认真记录老师讲课的关键词，标注重点，比如用不同颜色的荧光笔标记课本中不同重要程度的知识点；课后按时完成作业；考前复习……

初中的班主任有一套自己的班级管理方法，每次考完大型考试，他会把班里的 60 个人按成绩分为四组，前 15 名的人从 15 ~ 30 名、30 ~ 45 名、45 ~ 60 名的人中各选一人再分别组成 15 个四人小组，四人小组的座位每天轮换，每个人都可以和不同名次的人做同桌。

在这种一对一的带动下，我们班每次考试的成绩都名列年级前列，班里的人最后基本升上了重点高中，60 个人里更是有 30 人进入了当时全省最好的高中，我也在其中。

进入高中后，我仍然是那个能跟上大部队，但不怎么发言的孩子。在优秀众人的对照下，我一直觉得我只能做闪闪发光的群星之间一颗不起眼的石头。

我曾经也不甘心我的默默无闻，后悔没有去稍微差一点的学校做尖子生，但当时的我好像在每一次学业上的抉择中，都选择了“凤尾”而没有选择“鸡头”。

高中的学习压力变得更大，跟上大部队变得更吃力，在聪明的同学面前，我通常需要比他们花费更长的时间完成作业。晚自习下课后，室友都回到寝室开始聊天，而我只能跑到较安静的隔壁宿舍继续做作业。

所幸我有一个成绩很好、愿意帮助别人的同桌。在她的带动和辅导之下，我的成绩才勉强回到了和初中同等的排名水平。那时高二文理分科，出于对高一学习理科吃力的畏惧，我毫不犹豫选了文科，遗憾地与高一成绩好的同桌分道扬镳。

本以为自己更擅长的是文科，但选择文科后，我的成绩也没有明显地好起来。

至此，学习的经历我想先暂放一边，由于我的家庭对我之后的求学生涯有较大的影响，接下来我想谈谈我的家庭。

尽可能为孩子的选择做投入

我生于一个宽松有爱的家庭。家族里父母辈的人基本都念过大学，因此从小就比较注重对我的教育。家庭对我教育的重视，主要体现在从我小时候起就愿意在教育方面为我花钱。从幼儿园到高中，我参加过的课外兴趣与补习班不计其数：舞蹈班、手风琴班、书法班、英语课外兴趣班、记忆训练营、小升初数学语文补习班、声乐班……除此之外，重点初中的学费比普通学校略贵，而我就读的初中和高中学校离家较远，在外租房共 5 年，也花了不少钱。但是，我的父亲一直都尊重我自己做出的选择，对其背后需要的经济支持毫无怨言。并且每当我取得优秀的成绩，或者升入理想学校，他总是力排众议，愿意给我很多物质上的奖励。对此，我心存感激，只能不断以“优秀的成绩”去回报我的家人。

综合素养应该从小培养

家庭对我教育的重视，还有一方面体现在给予我的各方面成长的引导。在我很小的时候，父亲用诗歌给我启蒙，使我 3 岁时不知不觉背会了《唐诗三百首》，即使我当时还不知道诗歌里的深意；母亲给我放迪士尼的英语学习动画光碟，引导我学习英语；6 岁时，为了让我有一个别人没有的技能并锻炼我的头脑灵活程度，爷爷送我去学了手风琴，5 年的坚持使我在小学五年级时拿到了云南赛区“星星火炬”中国青少年艺术英才推选活动的金奖；为了让我养成先做作业后玩乐的习惯，父母禁止我在完成作业之前使用电子产品，使我逐渐养成了高效率完成作业的好习惯；为了纠正我的坐姿保护视力，他们为我买了放置在书桌上的坐姿矫正器，使我成为在同龄人中为数不多直到现在都没有近视的人；为了让我练成一手好字，他们为我报了硬笔、软笔书法班；为了纠正形体，使我有一个良好的气质与形象，他们为我报了舞蹈班……

宽松要求，有力支撑

家庭对我教育的重视，还体现在总是给予我实际的陪伴和精神上的支持上。初中 3 年在外租房，我的母亲也将工作调动到了离租房地点更近的地区，亲自陪伴我学习，照顾我的生活。

高中时期，理解我不适应住校生活的压力，需要一个安静的私人学习环境，我的母亲仍然愿意远距离通勤上下班，在租房的地方陪伴我、照顾我。

需要说明的是，父母对我教育的重视，绝不是因为重视成绩与学历。虽然他们愿意为我的全面发展或者到更好的学校提供经济支持，但从没有要求我一定要考到多少分，一定要考上某类学校。相反，我父亲甚至觉得我可以上离家近些但不那么好的学校。考名校的选择是我自己做出的，他们从小到大对我的期望只有健康、快乐地成长。

父母的这种宽容、宽松又颇具支撑力的爱培养出了我独立的性格，使我形成了对自己各方面的严格要求，在这种要求中养成了自律、上进的人格，最终在学习和兴趣特长方面都得到了均衡发展。

进入大学自由的环境后，此前积累的长处逐渐得到了施展与继续发展的空间，使得我在同龄人面前的光芒似乎越来越闪耀。

做好准备，任何时候都有变好的机会

进入香港大学算是之前积累的成果，通过努力、执着，加上幸运与家庭支持。因为高考受挫，我考入了与之前预想差一个层次的学校。我的父母没有打击我，而是一直宽慰我，告诉我尽力就行，还可以读研。

他们积极帮我征询亲戚意见，直接对我的学校和专业选择造成了影响，由于最终进入的是喜欢的专业和相对宽松的校园环境，我上大学后很快就从失败的阴影中走了出来。

之后考研失败又一次把我拖入绝望的深渊。试图寻求他路时，我征询父亲关于留学的意见，之前一直不太同意的他做出了让步，愿意为我提供学费与生活费。

对名校的执念和高考失败的不甘，驱使我为自己设立了第一梯队学校的高目标，即使当时周围大多数人都认为这个高目标难以实现。

而这次，大学期间的积累（成绩、社团经历、实习的均衡发展及取得的较亮眼的成绩）与坚持不懈提升的语言成绩“救”了我，使得我在申请季的最后关头被香港大学“捞”上了岸。

然而，如果没有家庭的经济支持，我也根本不可能出现“山重水复疑无路”后的“柳暗花明又一村”。

最后，总结我一路以来的成长经历，我认为我求学之路的成功，首先离不开宽松、民主、友爱的家庭环境。在这样的家庭环境中，一方面，我养成了自我思考、自主决策的能力，即独立的人格；另一方面，父母对我经历的失败的宽容态度使我的抗挫能力极大增强，为后面取得的成功积攒了积极的心理动力。

在这样的家庭环境中，我感受到的是父母无束缚且具有支撑力的爱，这种爱无论是从经济物质上还是精神上，都成了我面对困难永不言败的强大底气。

生长于这样的家庭环境，我养成了认真、努力、上进的性格，这种性格使我从一所普通小学进入名校，又在名校环境的激励下，进一步变得优秀，最终走出了云南，走到上海读本科，又到了香港读硕士。

从小到大，我都是一个不论在什么环境，都看起来默默无闻的女孩，但当这种默默无闻转换成强烈地、执着地想要“发光”的动力，使我能够持之以恒地奋斗后，我自然能在别人面前变得闪闪发光，也能在不知不觉中超过很多中途停留或折返的人。

“小镇做题家”在北大

林佳怡

学习履历：

- 高中：莆田第一中学
- 本科：北京大学国际政治专业
- 博士（直博）：北京大学科学社会主义与国际共产主义运动专业

个人荣誉 / 工作经历：

- 2021 年获得校级“三好学生”荣誉称号
- 2021 年获得戴德梁行奖学金（校级奖学金）
- 2021 年获得国家励志奖学金
- 2023 年获得校级“三好学生”荣誉称号
- 2023 年获得章文晋奖学金（校级奖学金）
- 2023 年获得国家励志奖学金

理科转文科的逆袭

我出生在一个四面环山的沿海县城，在社会经济高速发展的年代，当地的教育水平逐渐与大城市拉开了差距，大家纷纷选择进入更好的学校接受教育。

我的小学时光是在家附近的一所县级公立小学度过的，有一年高考放榜，县城里传出了“一班四个北大”的新闻。但我们班是平行班，相较而言，平行班的老师并不那么重视学生的学习成绩，甚至在需要以分班考试分配初中的年代，我们成为最后一届没有以小升初成绩作为中学敲门砖的学生，大家只能靠着平时成绩各奔前程。

当时父母揣着我的成绩手册和奖状，让我进入了离家最近的县级公立初中，这并不是一个“完全中学”，也就是说这所学校没有初中升高中的培养机制，授课内容也仅限于课程大纲，没有任何拓展内容。由于小县城里初中生的学习竞争压力比较小，我的成绩基本可以稳定在年级前三。

不过与其他教育管理更严格的私立初中相比，我的成绩就不是那么突出了。根据历年经验，在我所在的初中学校，每年能够进入市里最好学校的名额屈指可数。

幸运的是，在全市教学质量检查的考试中，我在全县拔得头筹，得到了全市最好高中的青眼，但我的中考成绩平平无奇，仅高出该高中学校录取分数线两分。

一方面是因为我对于体育的忽视，我参加中考那年，体育被列入了中考总分，满分 30 分，我只取得了 14 分，几乎在及格的边缘，自然也就比其他同学落下了一大截。另一方面，则是由于我在中考理科上发挥得不是特别出色。

能进入以理科见长的市属高中预录理科实验班，是同龄人梦寐以求的。但或许是我的兴趣和所长并不在此，高一时，我并不像其他同学那般埋头做题，成绩也只能排名年级中游水平。

我至今还记得，那时候的我一写完作业就趴在桌子上睡觉，一觉醒来，晚自习都结束了，我就直接背起书包回宿舍休息。

学习压力并没有使我产生特别消极的情绪，真正让我感到挫败的，是一次同学拿我班级倒数第五的排名开玩笑，这让我对班级产生了一丝抵抗情绪。

彼时，同学们基本都有参加和备考五大学科竞赛的经历，我在自己选择的生物竞赛中也没有特别突出的成绩。因此，我便产生了转入文科班的想法。

在文理分科时，我和另外两位理科班的同学转入了文科实验班，在这个以理科成绩为关注点的学校里，文科班的教育资源肯定不如理科班，尤其是我们前几届的学兄学姐中，考进北大的人数几乎可以忽略不计。

不过，值得庆幸的是，我很快就适应了文科班的学习氛围，高考时，我们这一届的文科班也打破了学校高考的纪录，包括农村定向生在内，一共有 4 名同学成功考入北京大学深造。

提升学习效率的三大规律

关于如何提升学习效率，我主要以教育学家桑代克的三大定律为理论依据，同时结合我的切身体会做一些分享。

桑代克以准备率、练习率、效果率作为衡量效率的标准。

在个体准备学习的时候，存在一个预备的定式，我们将其称为准备律，正如人通常先有一个动机，然后才会去执行某项任务。因此，我们在学习的过程中，首先要有目标意识，家长要善于激发孩子的学习兴趣，使之完成更高的学习目标。

考上清华、北大这样的顶级学府，固然是十分令人欣喜的，但相较于这样的远大梦想，结合孩子的实际情况来确定未来的方向，我觉得才是比较切实可行的。

就我个人而言，根据自己的资质，当时我的高考目标是“冲保稳”，冲击复旦大学，保住华东师范大学的录取分数，而考上北大是我的意外之喜。

练习率可以概括为反复重复一件事情，会让我们变得得心应手。刷题之所以成为应试教育中行之有效的方法，原因正是在于重复。比如当时我们听说衡水中学有一项魔鬼训练——每周滚动检测知识点。

当然，这样的学习过程短期内很难取得特别大的提升，所以，部分同学会因为看不到进步而心灰意懒，随之放弃往日的练习。

其实，学习就是一个不进则退的过程，只有不断试错才能曲折前进。有些人可能出于试错成本的考虑，不允许孩子走错一步，但我们仍然要给他们一个沉淀的空间，让他们学会冷静思考未来的选择。

在学习过程中，应该梳理基本掌握的知识点，然后再有针对性地练习，减少错误的发生。相较而言，正向激励往往比反向打击更有效。

效果率的含义可以用考试来形容。中高考对于学生知识水平能力的检测是一方面，对学生心态的考验是另一方面。名列前茅的同学多数有着稳定强大的内心，这一方面可能与他们日常所生活的环境有关，另一方面也离不开平时的限时模拟训练，就像我们常说的那样：“考试如战时，战时如平时。”

根据以上三个概念，可以梳理出如下内容。

第一，多向老师请教学习方法。老师的教学经验丰富，他们教导的方法对学生有着很高的参考价值。当然，学生也不能盲目服从权威，要结合自身情况加以调整。中国自古以来都强调尊师重道，在学生的求学生涯中，老师的引领作用是不可替代的。

第二，多做题目。俗话说“没有做得完的题目”，历年的中高考真题在我看来特别需要加以重视，相较于市面上各种冲刺卷、模拟卷，掌握真题考查的知识点，可以让我们对中高考试卷的出题思路有一个基本把握。

第三，适当补短板。每个人都有自己的优势科目和劣势科目，考试往往会让我们的短板显现出来，如果能够查漏补缺，就能大幅提升整体成绩。就我个人而言，高中时我的语、数、英三科的成绩是比较均衡的，其中相对较弱的一科是英语，但当时没有引起我足够的重视。因为疏于在英语上下功夫，在高考中，我的英语成绩拖了总成绩的后腿，使我比同期考入北大的同学们，足足落后了 10 分。

阅读丰富了我的休闲时光

因为家里经济条件有限，我的空闲时间并没有被各种学费昂贵的兴趣班填满，而是以自主阅读为主。

从小，我的家里就堆满了各类书籍，尚不识字的我便随意翻开浏览，对着书里的插画，想象各种各样的故事。现在回想起来，这或许就是我对文科产生兴趣的起点。

上小学的时候，我便开始尝试写小说，虽然家长并不支持，还会以各种理由把我的作品没收，但这并没有打击到我，哪怕距离高考只剩最后 100 天时，我还会忙里偷闲地撰写我的同人小说。我的语文成绩在中考和高考时都是 137 分，这应该也受益于我的博览群书和勤于练笔。

可能有人会说，取得这样的成绩一定是因为语文天赋高，但我并不是所谓的天才——我和妹妹直到 2 岁都还没有开口说话，也分不清消防员和警察，妈妈因此不得不放弃她培养天才的梦想，让我们按部就班地度过十几年的普通读书生涯。

古人说“欲速则不达”，“揠苗助长”的道理也已是老生常谈，我很庆幸父母给了我一个相对宽松、自由的成长环境，让我能够随顺天性健康长大。

“快乐教育”只是一种态度。在当时的教育体系中，人们依然以分数论“英雄”，在应试教育的背景下，“学海无涯苦作舟”这个道理相信大多数的家庭都有所体会。

虽然现在提倡“快乐教育”理念，但我认为，快乐教育只能说是一种态度，而学习的过程必然是以枯燥乏味为主的。那么，我们该如何让孩子在辛苦的学习中，适当减轻心理压力呢？我认为制订合理的学习计划是必不可少的一环。

为什么孩子都喜欢打游戏？因为游戏公司会设置及时反馈机制，那么，在学习中，我们同样可以参考这样的模式，调动孩子的积极性和成就感。比如设定孩子付出一定努力就能达成的阶段性目标，然后一次次的正向反馈会激励孩子的学习内驱力。

同时，我们也不必过于妖魔化娱乐休闲，只要是健康的娱乐活动，都是可以尝试的，前提是不影响孩子正常的学习生活。以自己为例，我通常会把休闲时间安排在双休日，再根据活动内容调整具体时间。

最后，如果在学习和娱乐的协调中，孩子与家长发生了冲突，双方都要各退一步，以互相理解的态度解决问题。如果双方长期缺乏沟通，那么，在孩子的成长过程中，就会充斥着各种各样的不理解和摩擦。

孩子都会经历青春叛逆期，这在我看来，其实反而是他们跳出既定思维框架的机会，对此，家长们要给予孩子足够的尊重，以平等的心态引导孩子健康成长。

从小镇到国际的教育人类学实践者

张　菁

学习履历：

- 高中：汉寿县第一中学
- 本科：厦门大学人类学专业
- 硕士：中国人民大学高等教育学专业
- 博士：剑桥大学教育学专业

个人荣誉 / 工作经历：

- 2018 年获得第四届中国国际“互联网 +”大学生创新创业大赛金奖
- 2019 年获得唐立新奖学金、香港冯氏奖学金（Fung Scholar）
- 2019 年获得第二十二届“外研社 · 国才杯”全国大学生英语辩论赛厦门大学选拔赛一等奖
- 2019 年获得第二届全国民族学类本科田野调查论文成果奖一等奖
- 2022 年获得中国人民大学校长特别奖学金
- 2022 年获得中国人民大学学业一等奖学金
- 2024 年牛津大学罗德奖学金终面候选人（Rhodes Scholarship Finalist）

我是一个典型的“小镇做题家”，从幼儿园到高中都在家乡小县城就读，后来考入大学，其间获得了国家奖学金、唐立新奖学金和校长特别奖学金等荣誉。

家族奋斗史激励我努力向前

我的童年生活环境简单，三年级起母亲外出务工，父亲忙于生意，我学会了独立生活。我的童年是一段以自由探索为主的时光，课后没有紧凑的补课安排，与中产阶级家庭被普遍采用“直升机式育儿”方式养育的孩子的生活截然不同。

小学时，我在周末学习民族舞、绘画，六年级起学习写小说，还自编自导自演舞台剧。我是个好奇心强的小孩，热爱折纸、英文歌、游泳和骑行，自学了多项技能。在我成长的道路上，父亲对我的自由探索给予了很大支持。

我家较早接触互联网，这使我得以掌握利用网络进行自主学习的能力。父亲作为我的榜样，以严谨的态度影响着我，使我认识到，对待学业需要有一丝不苟的态度。

小时候，怀揣作家梦的我意识到，好故事需要根植于现实世界，所以，我认真学习各科知识。

爷爷通过自己的不懈努力，从乡村考到县城，成为一名中学物理教师。他的奋斗故事让我明白知识真的可以改变命运。

我建议家长朋友们可以与孩子分享家族历史，让孩子在了解祖辈奋斗经历的同时，明确自己人生路的起点，以及自己肩负的责任。

此外，我的学习动机之一是“麻烦最小化”原则，我追求高效学习，渴望借此获得更多的自由时间。家长在引导孩子学习和生活时，应该从孩子的内在动机出发，通过设置合理的奖励机制，激励孩子按时完成作业，从而培养他们自我管理和掌控学习与生活的能力。

在人格特质上，可以说我从小就有着很强的自尊心和上进心，思维活跃，喜欢表达。我很感激老师们对我的包容和鼓励，让我更加勤奋好学，努力成为更优秀的自己。

进入中学后，我在学业上成为佼佼者，也经历了从往昔的无忧无虑到被日益增长的学业压身的过渡。面对竞争激烈的中学环境，我通过制订计划和复盘，养成了良好的学习习惯。

当时我每日都会写待办事项清单，并复盘完成情况。英语学习方面，我坚持晨读，这一习惯让我进入大学后，能够流利地与外国人交流。

此外，我还会随身携带单词本，随时记录生词与短语，利用碎片时间巩固记忆；同时，我还用另一本学习日记，规划和记录每天的学习内容，面对繁多的作业时，我从容不迫地根据优先级逐一完成。

自尊、自主与自驱

初中阶段，我养成了写日记的习惯，从初中、高中到本科、研究生，我都把日常记录了下来，这些记录不仅见证了我的成长经历，还时时提醒我不忘记目标。在英语学习方面，我是班上少数经常被老师选中朗读课文的学生之一。我经常跟着录音带模仿发音，看英文电影、电视剧，听英文歌和演讲，培养自己的国际化思维和公共表达能力。我还通过网络结交笔友，练习写英文邮件，分享彼此的生活。

此外，我充分利用了网络资源，把高中 3 年的理科网课精心整理到网盘中，这极大地丰富了我的学习资源库。同时，电子词典也成为我不可或缺的学习助手。

总结来说，自尊心、自主性和强烈的学习动力，让我在学业上取得了成功。我认为对于自律性比较好的孩子，家长们应该尊重其独立性，支持他们自由探索，并善用互联网资源，帮助孩子突破信息茧房。

在中学 6 年里，文理分科是我面临的一个重大抉择。地理老师建议我学文科，因为我的文科成绩优秀，或许将来适合踏上记者的职业道路。

然而，经过深思熟虑，我最终选择了理科，这一决定背后，有着多重因素的考量：首先，大部分同学都在理科班，同窗之谊难以割舍；其次，文科需要投入大量时间进行记忆与背诵，而我更喜欢阅读原著，不爱死记硬背。

此外，当时的学校对理科的重视程度显而易见，20 个班中只有一两个文科班，资源分配情况有目共睹。而且，当时从理科转文科也较为容易，这为我未来的学习道路预留了一定的调整空间。综合考量之下，我决定学理科。

随兴所致，追逐内心

中学阶段，我在努力学习的同时也注重劳逸结合。每次考试前，我都会认真复习，几乎不看电视，保持规律生活，同时通过网络获取信息资源，还结交了外国笔友。我习惯于在睡前看课外书，阅读了《偷影子的人》《追风筝的人》等人文书籍。每天完成作业后，我会去打乒乓球，周末去图书馆或做志愿者、参加唱歌比赛，课外生活简单而充实。

进入大学以后，作为理科生我却踏入了文学院，经历了从适应学习节奏到理想受挫，再到重拾状态的心路历程。大一，我全力以赴，积极适应新环境；大二，人文理想的幻灭让我陷入低谷，但香港大学的交换经历成为转折点，我开始逐渐走出阴霾；大四保研成功。回顾我的大学生活，就是一场“随兴所致，追逐内心”的旅程。

在师生、朋辈等人际关系的磨砺中，我经历了诸多成长。大学 4 年的经历，重塑了我过往 18 年的思维模式。

在学习方面，中小学时期倡导的勤学好问固然重要，但大学文科老师更看重批判性思维，我也从与每位老师的交流中学到很多。

在大学里，不仅课堂和理论重要，课外社团和实践也很关键。大学是一个鼓励探索的平台，提倡学生主动搜集信息，参与各种活动。相较于中小学，大学的朋辈关系更为紧密，朋辈间的互动不仅培养了我的人际交往能力，更促使我从个人竞争迈向团队合作。

我积极参加学生社团的协调组织活动，投身商赛与学生天使投资组织等实践活动，打开了新的视野，也获得了宝贵的机会与资源。我还主动发起成立英语爱好者协会，通过组织跨文化交流活动获得了兼职收入，使我不再需要依赖家庭资助，基本实现了经济独立。

此外，我加入了学校里的“辩班”——一个非官方学习社群。“辩班”里的李老师强调用纯正的中文表达自己，他带领我们探索华夏人文地理。在他的指导下，我从迷茫焦虑转变为自信从容。

李老师的立身处世格言是“芸芸众生，我自巍然；纵使孑然，何来茫然”，这也成为我的生活信条，时时激励着我独自面对世界的各种挑战。

香港大学的交换生经历

大三时，我参加了公派交换生项目，写了7000多字的交流日记《20岁光阴不再来》。香港大学的交换经历对我的个人成长有着深刻影响，主要体现在以下四个方面：

第一，在香港大学，我深感高平台能够接触到高层次资源，比如我参加了华语辩论社，还有机会观摩香港电视台的录制节目。

第二，交换学习满足了我兼修人文社科和理科的愿望。作为交换生，我选修了法医通识课和建筑学院的城市研究方法课，不断拓宽自己的兴趣边界。此外，我独立开展了关于跨文化适应的研究，为硕士阶段转专业奠定了基础，也坚定了我渴望深造的决心。

第三，我在交换期间也获得了很多资源和机会。例如，香港的24小时图书馆让我得以充分利用夜间时间学习。我还参加了“冯氏学者年会”，旁听西方艺术史课程，受益匪浅。

第四，虽然在香港大学我只是个交换生，但我积极加入了多个社团，包括合唱团等，每周排练两三次，晚上还要赶作业，这非常考验我协调时间和精力的能力，于是我学会了用各种时间管理方法有效管理自己的时间。在丰富的学术和社团活动中，我也培养了自己的组织能力和社交技能。

这段交换经历让我明确了未来的规划和方向，我决定硕士毕业后继续攻读博士，专注于教育人类学的研究，我希望通过教育，赋能更多像我一样的学生。我的研究主要关注弱势学生群体，探讨教育和社会的不平等问题。

研二时，我被公派到芬兰交换学习，游学近20个国家，深刻感受到国内外高等教育的不同。因此，我决定硕士毕业后继续到海外深造，并拿到了5个博士项目的offer。

基于个人体悟，我认为教育的核心在于唤醒学生的自主意识，引导他们认识自我、明确方向，并最大限度地激发内在潜能。

我认为教育的最终目的，应是帮助学生过上理想的幸福生活，而不是单纯追求世俗意义上的成功。我期盼诸位家长能鼓励孩子自由探索，尊重并支持他们的每一个决定，让孩子为自己的选择负责。

正如鲁迅所说："真的猛士，敢于直面惨淡的人生，敢于正视淋漓的鲜血。"教育的真谛正在于此——引导孩子找到自己的幸福生活，成为自己生命中的"猛士"，这才是最重要的。

人生是一场旅途，我们要做长期主义的乐观者，与时间和自己做朋友。与各位共勉。

从山乡到北大：一颗种子的成长之旅

黄柏喻

学习履历：

- 高中：粤西县级市高中
- 本科：北京大学数学科学与大数据技术专业

个人荣誉 / 工作经历：

- 2022 年获得科大讯飞“星火”人工智能夏令营竞赛第三名
- 2023 年获得北京大学“江泽涵”数学竞赛一等奖

平静而充实的童年岁月

我出生在偏远的广东山区，在那里度过了 12 年的中小学时光，最终考入北京大学。

作为典型的“小镇做题家”，我没有光鲜的履历，但我相信，生命中的每个瞬间都有意义，我将我所经历的点滴与大家分享，希望能对大家有所帮助。

回首往昔，我的童年平静而充实。我的家庭在物质上并不算富裕，但却一直追求着精神上的富足和沉淀。父母乃至祖辈，不断用他们自己的人生经验和所见所闻，潜移默化地影响着我。

我的爷爷是工厂里的工程师，闲来无事他便会带我去看各种各样的机器，向我介绍其中的原理和使用方法。尽管我可能并不真正理解这些庞然大物的机理，但这样的场景却在我幼小的心灵里，扎扎实实地埋下了理工科的兴趣种子。

我的妈妈是一名小学语文教师，尽管不是什么文学大师，但她也会尽己所能引导我领略文学的魅力。与很多人一样，从小我也被要求背诵唐诗宋词，但我从没有被要求在宾客面前表演背诵——妈妈不是要我成为这样的表演工具。无事时，她会向我一字一句地讲解诗词的内容和韵律。

我从一开始就得到了这样的熏陶，这让我在日后的语文学习中驾轻就熟。乃至高中，我也能在艰苦的理科学习中，用文学来调剂疲惫不堪的大脑。

严父陪伴我成长

我的童年生活不可能每天都岁月静好，小时候的我是出了名的活泼好动。如何妥善对待孩子的活泼顽皮，是大部分家长要面临的问题。

我的爸爸便承担了这方面的工作，他扮演的正是经典的“严父”角色。他会在我犯错时，先加以适度的惩罚，让我切身感受到家长的态度；然后，通过讲道理等方式循循善诱，引导我回归“正道”。

爸爸会把握好“体罚”的轻重，主要是为了让我加深印象，并真正理解父母这样做的苦心。比如，我小时候精力旺盛，常常不愿睡觉，还吵着要和大人玩。于是他干脆和我一起熬了一夜，不许我睡觉。每当我昏昏欲睡时，他便会把我摇醒。

这样的经历也让我懂得了要按时作息，不能任性打扰他人，口头强调再多，都不如这样的教育来得有用。此外，他也会带我去运动，一起打篮球、打羽毛球，让我从小就有强健的体魄。

或许有些家长会有这样的顾虑：我没有这样的知识背景和耐心，无法给自己的孩子类似的教育帮助。

其实，在互联网时代，很多问题都能迅速得到完美解答，大量学习资源在网络上随手可得。家长要做的，就是在孩子提出稚嫩的疑问时，陪伴孩子一起寻找答案，比如孩子问“星星为什么会闪”，家长不要表现出不耐烦，而是要回应他们的好奇心；在闲暇时光，家长可以拿出浏览短视频的时间，和孩子一起阅读一本好书，或是观看一部电影……

“陪伴是最长情的告白”，家长最需要做的，就是陪伴。

探索个人志趣的窗口期

美好的幼年时光转瞬即逝，我开始接受九年制义务教育。小学阶段平平无奇，我没有参加任何学科竞赛，只是按部就班地学完小学课程，课余时间，继续维持童年时期就养成的阅读、运动习惯。

除了像陶哲轩那样 7 岁就能学高等数学的天才，大多数人都是一步一个脚印地学习，盲目内卷反而会揠苗助长，得不偿失。

进入初中阶段，学习科目一下子多了起来。这一阶段是探索志趣的窗口期，学生需要更加明确自己未来的方向。要学的科目虽然变多了，但难度并没有提升很多，我们可以充分利用好这段时间，确定自己最擅长和感兴趣的学科，为之后选科、大学选专业奠定基础。

这段时间里，父母给予了我充分的自由空间，允许我探索自己的兴趣所在。我在初中 3 年里，担任过不同科目的课代表，这让我有更多的机会与老师沟通交流，从而能够更深入地了解不同学科。

与此同时，我也进入了青春期的叛逆状态，有时候会无心学习，沉迷玩乐。在这一时期，家长虽然应该给予孩子充分的自由，但也要在适当的时候进行干涉。

为了让我不再沉迷于网络游戏，父母和我一起关闭了家里的网络，用阅读报纸、外出运动等方式填补空闲时间。其实，父母是孩子很好的榜样。倘若父母本身就喜欢以游戏的方式打发时间，又如何要求孩子不受游戏的诱惑呢？

在那段没有游戏的时间里，我开始思考为什么要学习，娱乐的意义何在，有没有比电子游戏更好的放松方式。我开始重新回到书籍的世界，在小说中游览大千世界，在诗文中体验人生百态，在音乐中品味音符的跳动……后来，哪怕高考结束，我可以自由使用手机和电脑了，也不会通宵达旦地沉迷其中。

意义非凡的两次活动

现在回顾整个高中生涯，我认为对我来说最重要的，是两次难得的活动。一是中国科学技术大学举办的“少年班”选拔测试，另一个则是北京大学中学生暑期课堂。

作为偏远地区的孩子，从未有人主动向我介绍这样的活动，我也是在机缘巧合下，浏览到官方信息并报了名。由此可见，偏远地区的孩子并非不如发达地区的学生消息灵通，而在信息时代，教育资源稀缺的问题已经能得到很大的缓解，最能拉开差距的便是信息差。

据我所知，我是当地高中里，第一个报名参加中国科学技术大学这项活动的孩子，如果我的学兄学姐也知道这样的活动，不知这所高校里是否会增加许多高中校友呢?

总而言之，到了高中，很多孩子本身已经有了更清晰的自我认知，这个时候可以允许他们适当地接触网络，获取社会信息。在地理上，我们已经与发达地区有距离，那就不要在网络上竖起高墙，把自己包裹在信息茧房里。

回到这个活动本身，我通过了中国科学技术大学的初审，获得了高二就参加高考的资格，这也是这个活动特殊的地方，它允许学生提前参加一次高考。

尽管我因为以前没有接触过竞赛，导致后续的校内测试没有通过，但是一次额外的高考机会，对于希望通过高考升学的人来说是非常有价值的。高二结束时，我参加了当年的高考，取得了640分的成绩。

我很感激能得到这样的机会，虽然成绩并没有足够好到可以直接被大学录取，但也让我对自己的实力有了直观认识。表面上看，我的考试结果“高不成低不就”，但也让我对自己有了更清晰的认知，从某种程度来说小县城里的考试有时不能反映自己的实力，因为大家接受的教育方式都差不多，水平也往往比较稳定，很容易产生认知偏差。

这次提前的正式高考，让我清楚了自己当下的水平，也让我在接下来的1年里有了更明确的努力方向。

高二暑假期间，我还参加了北大举办的暑期学堂。这同样是一个需要搜集信息才能知道的活动，再次证明了打破信息差的重要性。

其实，一开始我并不觉得自己有机会参加，但北大最终给了我这个机会，这何尝不是一种认可？这已经足以激励我在高三期间，全力以赴回应这份认可。

实地参加活动之后，我更加真切地感受到这次机会的宝贵。正如前文所说，来自偏远地区的学生大多水平不相上下，而当与来自其他地区的同学们一同参加活动时，很多差距就直观地显现出来了。

优秀的同学们“烨然若神人”，我则是那个“缊袍敝衣处其间”的小镇来者。我不敢自比宋濂这等大文学家，但也在内心深处默默下定决心，要以他们为目标。参加活动也让我接触到来自北大的名师大家，提前窥知了大学的部分风貌，不禁心向往之。参加活动之前，我仅仅朦胧地感受到自己想要学数学，想要考得更好；参加完活动之后，我的心中只有一个目标：明年，北大见！

比方法更重要的是行动

对于高三的复习备考，学习方法已经有很多人介绍过了，我没有什么特别的学习秘诀。但我最深刻的体会是，不能本末倒置地浪费太多时间在选择方法上。

比如有人主张做错题本，有人主张直接在原题边做订正，于我而言这两者本没有太大的区别，但有些同学就会纠结到底要怎样做，反而浪费了宝贵时间。

初入高三时，我在网上搜索了一些复习方法，从中选定几条看起来最好的方法直接实践。一开始可能没有效果，但坚持下去就会有惊喜。

其实，大多数方法都是经过前辈检验后筛选出来的，只要坚持下去，自然能够有所助益。我们大可不必追求完美，试图立刻找到最有效的方法，而是应该多多实践，适合自己的才是最好的。无论如何，先动起来吧！

后来，我被北京大学数学专业录取。在专业选择上，父母虽然也一起出谋划策，提出自己的建议，但最终还是尊重我的意愿，毕竟自己喜欢的才是最好的。

我的不少同学当时都选择留在广东念大学，他们都有比较强烈的恋家情结，毕竟南北文化差异大，饮食、生活习惯都需要适应。但我在北京求学期间的体会是：首先，现在交通非常便捷，朝发夕至早已成常态，想念家乡的话，可以随时回家看看；其次，大多数学校都会照顾来自五湖四海的学生，我们基本上不会出现完全无法适应的情况；最后，我们正值青春年少，何不大胆走出去闯荡一番？哪怕我没有取得高分，依然可以选择远方的大学，出去看看祖国的大好河山。

千言万语凝成一句话：童年在沃土中埋下一颗种子，少年时在滋润和修剪中成长，我最终长成一个“完整”的人。这就是我从山区县城走到北京的故事。

小镇青年到香港大学的逆袭之路

姜林扬

学习履历：

- 高中：陕西省城固县第一中学
- 本科：武汉大学工商管理专业
- 硕士：香港大学市场营销专业

个人荣誉 / 工作经历：

- 2022 年获得湖北省第十九届大学生营销大赛暨第三届全国公益助农创业大赛一等奖

现在我是众人眼中的优等生，但在这光环背后，鲜为人知的是，我其实是一个出生于陕西省默默无闻的十八线小镇的普通家庭的孩子。然而，正是这样的身份背景，让我更加珍惜每一个学习的机会，我就是靠知识改变命运的“小镇做题家”。

回望来时的路，我也觉得不可思议，自己居然不知不觉中走到了今天，曾经的苦和泪铸造了此刻的成就。

放养式教育，塑造自主学习能力

我的教育旅程始于一个十八线小镇，小时候那里的教育资源相对匮乏。小学里的学生不但少，流动性还大，等我读到五年级的时候，班里只剩下了 7 个学生。

学生少，老师就更少了，我们的班主任，既是语文老师，又是数学老师，还兼任科学老师，甚至连体育都教。

在这样的环境中，我几乎不会感受到很多大城市孩子会有的学业压力。我的父母没有用学习来束缚我，不强制我学这学那，但他们会想办法激发我的求知欲和主动学习欲。在我自主学习的过程中，他们给予我的就是无条件的支持和鼓励。他们的这种放养式教育，让我有了一个快乐自由的童年，在玩乐中激发了我对知识的渴望，塑造了我独立的性格。

小学阶段是孩子主体意识觉醒的关键时期，这个时期，孩子会发展和形成自己独立的思维方式、价值观、自我认知，他们不仅会思考个人、他人以及社会之间的关系，还会逐渐明晰自身在社会中所扮演的角色和承担的责任。我也是这个时期开始真正“觉醒”自我意识的。

放养式教育环境，让我能够自主探索不同领域的学习体验，如阅读、手工、艺术表演和户外活动等，这些都激发了我的学习热情。

对我而言，学习本身就是件有意思的事情，不是只能整天苦哈哈地伏案做题。在前文所说的不同领域的学习体验过程中，我也学会了自主学习，自己制订学习计划、解决问题，并进行总结和思考。

另外，父母从始至终都非常支持我参与学校的各类活动，如竞选班委、参与文艺表演和体育劳动等，这些经历帮助我建立了自信，学会了处理情绪以及与他人建立良好的互动关系。

身处恶劣环境，保持独立自主的学习习惯

我就读的初中学校离家比较近，但当时学校里的学习氛围很差，学生逃

课、与老师作对以及打架斗殴都是家常便饭。所幸我并没有受环境影响，反而坚定了要走出小镇，追求更高教育的梦想。

于是我锻炼自己独立思考的能力，不盲从群体行为和价值观。那段时间，我一边寻找志同道合的学习伙伴，一边积极寻找外部优质的学习资源。

人是社会性动物，在这样的学习氛围下，想要做到“独善其身”并不容易。但我坚信，学习是一个由内而外的过程，如果心态和行动能保持一致，积极主动、保持自律，外部环境的影响就没有那么重要了。

后来，我凭借优异的中考成绩进入了全县最好的高中，获得了梦寐以求的优质教育资源和积极向上的学习环境。

文理之选，兴趣驱动学习热情

高中时期，我经历了从理科班到文科班的转变，这一转变让我找到了适合自己的学习节奏。

当时我们学校更偏重理科教育，而我因为和老师关系紧张、学习状态差、成绩下滑严重等选择了文科。这个决定在当时看来似乎并不明智，但我坚信追随自己的兴趣和投入极大的热情，最后的结果一定不会太差。

当时，父母也给我提供了重要的心理支持，他们关注我的情绪和心理健康，不给我施加压力，而是做好一切辅助工作，让我心无旁骛地投入学业。

在转入文科班第一天，我就在笔记本上写下：“这是来文科班的第一天，过去的失落、煎熬都已烟消云散，我要把握好这个新起点。”

结果如我所愿，我找到了学习方向，而且调整了学习方法和状态。我在课堂上和老师的互动变得频繁起来，得到了老师的关注与偏爱，成绩也稳步提升。

保研与留学，跌宕起伏中的成长与抉择

大学我考入了武汉大学，这段学习和生活经历，对我来说是一次神奇的、充满戏剧性的探索之旅。

刚开始我的状态很松弛，基本“躺平”，充分享受自由自在的大学生活。大一时我比较“佛”，整天都是浑浑噩噩的状态，走一步看一步。

到了大二下学期专业分流的时候，我突然意识到我需要迫切、果断地做出选择，这个选择很可能决定我未来的职业发展方向。于是我从迷茫松弛的状态突然切换到焦虑紧绷的状态。

我先是咨询了学兄学姐以及老师，综合他们的建议，我打算努力提高绩点，争取在本校保研。可惜命运弄人，由于有一门课的成绩太差，保研的希望渺茫。于是我又开始寻找其他机会，我找了留学机构咨询，然后打算做两手准备——继续争取保研和留学。

我的留学准备开始得非常晚，大三才正式启动。那一年对我来说是极度紧张和快节奏的一年，我不得不兼顾上课、实习、雅思考试等。在我的留学准备进程到 80% 的时候，学校的保研名单公布了，我的名字出现在了名单中。这对我来说是意外之喜，但一转念，我又陷入选择保研还是留学的纠结旋涡中，当时的情况要求我要在几个小时内做出决定。

保研已经是板上钉钉，如果我选择留学这条路的话，风险很大，因为我当时的申请材料还没有完全准备好，而且中国香港、新加坡留学申请的人数逐年剧增，竞争非常激烈。

于是我又一次找到学校教授和学兄学姐，咨询他们的意见，他们帮我对比分析了保研和留学的优劣势、时间成本、花费以及成长等。最终我决定放弃保研资格，继续准备申请中国香港、新加坡、英国的名校留学名额。

在这考验重重的抉择大戏中，我一直安抚自己保持良好心态，相信一切都是最好的安排，凡事发生必有利于我。

后来我悟出一个心得：在人生的某些时刻，你可能做了一个看似风险很大或者不明智的选择，但是等度过了这个阶段，再回头看的时候，你会发现往往就是当时那个“错误”的选择，引导你走向了一条更适合自己的道路。

高效学习干货分享

结合多年的求学经验，我总结了一些提升学习效率的方法，希望能为家长和学生们提供点参考。

第一，提高专注力。

1. 尽量坐教室第一排，上课全程跟着老师的节奏，积极参与课堂互动。

2. 学习时使用闹钟或番茄 ToDo 等软件计时，在计时结束前不做任何无关的事情，让自己进入心流状态。

第二，提高效率。

1. 每天提前列出待办事项，并放在课桌最显眼位置。

2. 写试卷时限制时间，保持高效节奏。

第三，提高成绩。

1. 各科准备错题总结本，记录常做错的题目、错因及正确解答过程。

2. 哪一科成绩不好就争取当哪一科的课代表，和老师有更多接触机会。

个人感悟

这么多年来，我从名不见经传的小学和初中，进入县城重点高中，然后到武汉大学，最后进入香港大学。回顾自己的求学之路，每一步都在意料之外，但又在情理之中，对此我总结了几点感悟。

第一，教育资源匮乏不会完全限制孩子的发展，环境对人的影响也没想象中那么大。说到底，学习关键还是靠自己，家长和老师需要重视的是如何激发孩子主动学习的动力，培养他们热爱学习的态度和良好的学习习惯。

第二，家长应该尊重孩子的想法和决定，给予孩子足够的自由和空间，并尽可能给孩子提供良好的学习条件。

第三，无论起点如何，努力永远都不会晚，那些来时的路，会在未来无限分岔，接着汇聚成“最优解”的大道。

教育是场马拉松，而不是竞速短跑，它需要毅力、信心和正确的方法；“人生是旷野，不是轨道”，学习的意义远超想象，它是一种生活态度，一种好奇心，一种力争上游的精神。

就像马斯克所说的：“社会的竞争其实并不需要你比所有人都强，绝大部分人都是非常懒惰的，几年都不会去学习，不会进步。所以你只要稍微努力一些就可以超过社会上 60% 的人；如果干什么事都专注认真，就可以超过社会上 80% 的人；如果你愿意在一件事上高强度深耕 3 ~ 5 年，进全社会前 10% 并不难，甚至前 5% 也不是什么大问题。”

“双重赋能”造就阶梯式上升的人生

王瑞哲

学习履历：

- 高中：合肥市第八中学
- 本科：中国科学技术大学电子信息工程专业
- 博士：中国科学技术大学自动化专业

个人荣誉 / 工作经历：

- 2021 年获得华为奖学金
- 2021 年获得“深交所”奖学金
- 2021 年获得全国大学生电子设计竞赛安徽省级二等奖
- 2022 年获得本科生国家奖学金

我将我的人生历程总结为“‘双重赋能’造就阶梯式上升的人生”，也希望我的经历和见解，能够给各位学生和家长带来一些启发。

我出生于安徽省合肥市辖下的一座小县城，家境一般，小学时光也在县城里度过。彼时，学习压力比较小，同学中不乏来自广阔乡村的伙伴，这样的环境让我在学习上如鱼得水，小学毕业考试取得了全县第二的好成绩。

同时，我听从父母的建议，参加了很多兴趣班，包括象棋、围棋、国画、卡通画、轮滑、电子琴、英语、书法等，但最终坚持下来的只有书法。

这段经历让我深刻体会到：家长在给孩子选择兴趣班时，一方面不要让孩子涉猎过多，另一方面则是应该尊重孩子的兴趣，避免强加意志，引起孩子的抵触情绪。

改变我一生命运的转学决定

初中阶段，我的母亲做了一个重要决定，就是把我从县城接到合肥市内念书，我也因此接触到了更好的教育资源。

面对学习环境的骤变和进入重点班带来的压力，我刚开始成绩一般，但我迅速调整状态，迎难而上，最终成绩稳居年级前十，中考更是以772/810的成绩，考入了合肥市第八中学。

高中阶段，我依旧保持优异的学习成绩，高考成绩666分，位列当年安徽省理科第413名。初中到高中的这6年内，我还一直担任班长职务。

在高中阶段，我与物理竞赛结缘，参加了很多培训，最终获得了一些竞赛奖项。

学科竞赛是提升孩子学科素养和学习能力的优质途径之一，但是，除非孩子展现出非凡的天赋与热情，否则，不应以“保送”等功利性目标为导向，让孩子去参加学科竞赛。毕竟学科竞赛对于高考的助力效果会随着政策出现波动，有一定的不确定性。

此外，在高一暑假期间，我还参与了学校组织的法国巴黎综合理工学院研学交流活动，这次活动极大地拓宽了我的视野。

这类交流活动通常由学校组织，机会难得，如果碰上，学生可以综合自身兴趣、能力和家庭情况考虑争取这个机会。在紧张的学习之余，这样的海外交流活动不仅能调动孩子的积极情绪，缓解精神压力，还能引导孩子主动拓宽视野，积极投身实践、学习。

本科阶段，我就读于中国科学技术大学电子信息工程专业，我的平均学科绩点在专业内排名第一，获得过2022年国家奖学金、2021华为奖学金、“深交所”奖学金等奖项。我还在校学生会担任过文体部和宣传部的部长，策划组织了迎新晚会、校园歌手大赛等大型文体活动。如今，我继续在中国科学技术大学的自动化系攻读博士学位，同时，我还长期在微软亚洲研究院实习，参与人工智能领域的研究与实践。

家庭赋能

回望过往，我深刻认识到家庭赋能的重要性，在此，我愿分享这方面的个人经历，并向各位家长提出几点诚挚建议。

谈及家庭赋能，去城市接受教育是影响我人生的第一个节点。小学毕业时，母亲高瞻远瞩，在我小学时便选择独身前往合肥工作，以辛勤工作换取在城市安身的一席之地，父亲则在家里承担起照顾我的重任。

正是由于他们的付出，我得以享受更为优质的中学教育资源，这也成为我成长道路上不可多得的宝贵财富。

在教育方面，首先，家长们应该积极为孩子争取更好的教育资源。从县城到市区教育环境的转变，我深刻体会到父母的前瞻性决策对于我的成长有着深远影响。

其次，正所谓“鱼与熊掌不可兼得”，我们不需要追求面面俱到。虽然我在成长路上缺少了母亲的陪伴，但我始终非常理解母亲，因为我清楚知道她有多辛苦劳累，也明白她的不懈努力与牺牲，她所做的一切都是在以长远的眼光为我的将来考虑。

再次，在抚养孩子的过程中，家长一定要与孩子多沟通，通过日常的小事，建立起与孩子之间的沟通渠道，比如周末带孩子吃饭，去户外郊游，询问孩子对学习环境的感受等。

最后，家长要把握教育孩子的黄金时机，尽早规划。如果客观条件有所限制，也不必强求，重要的是那份为孩子着想的心。当这份心意被孩子感知，他们自然会回馈以感恩之心。

高考结束后的专业选择，成为我人生轨迹中的又一重要节点。从家长的角度而言，填报专业是一个能帮到孩子的难得机会，核心在于权衡专业优先还是学校优先。

回顾高中时代，我的学习成绩一向优异，老师和我自己都期待着能够冲刺清华大学或北京大学。然而，高考时我没能发挥出最佳水平，在安徽省理科考生中只排到 413 名。在院校与专业的选择上，母亲和我进行了深入而细致的探讨，最终制定了专业优先的志愿填报策略，之后我填报了中国科学技术大学电子信息技术专业。

虽然当时我的高考成绩排名可以选择复旦大学、上海交通大学等在家长眼中综合实力更强的高校，但专业选择会受到限制。事实证明，这一决定最为契合我的兴趣与未来发展方向。

在预先专业调研方面，家长的角色至关重要。建议家长在孩子备考高考的同时，就可以进行详尽的专业调研，突破信息茧房。

一个行之有效的策略是：根据孩子高考时可能出现的情况（超常发挥、正常发挥、失常发挥），预先准备 A、B、C 三套志愿填报方案。我的母亲便是如此操作，当高考成绩公布后，她和我一起确定了第三套方案，从而避免了成绩与预期不符而带来的慌乱和焦虑。

此外，家长和孩子之间就专业填报还需做好沟通。孩子可能对各专业内容了解有限，父母可以尽量提前搜集专业特点与就业前景等相关信息。通过及时沟通，确保孩子对专业选择有全面而清晰的认识。

最后，孩子高考完不要马上“放纵”，短暂休息之余，尽可能多地了解未来专业方向才是正途。

激发孩子的主观能动性

家庭赋能在孩子人生中十分关键，但自我赋能也是孩子收获成功人生的必备条件之一。作为家长，要培养孩子积极向上的心态，激励他们心怀梦想，勇于成为自己理想中的模样。

回顾中学时光，我认为培养学习上的主观能动性是保持优异成绩的关键。我在中学阶段，一直都自发性地去学习，父母从未因成绩好坏而奖惩我。我从来没有参加过任何课外补习班，也从来没有上过任何“预科班”。即便学习艰辛，但我从未有过放弃的念头。

在培养孩子学习主观能动性方面，建议家长可以采取以下策略：鼓励孩子自主确定目标，减少直接干预；降低奖惩频率，增强“家、校沟通”；多陪伴孩子，家长的陪伴也是孩子强大的精神支柱。

自我赋能

基于我个人的经历，在此分享几点学习方法。第一，注重笔记和错题集的整理，不要吝惜投入时间；第二，向老师提问要尊重老师的时间安排，最好提前约定时间或遵循固定时间；第三，可以尝试积极为同学解答问题，这样做让别人听懂的同时，也能加深自己对知识点的理解；第四，了解自己的弱项，明确改进方向。

担任班级职务也是很好的锻炼机会。我在中学阶段一直担任班长，履行职责的过程无形中锤炼了我的思辨能力、领导力、洞察力、责任意识和团队合作能力等，这些软技能都是孩子未来走向社会的基石。一旦步入社会，再试图通过攻略或速成班来提升这些能力，往往事倍功半，短时间内难以实现。

所以，一定要珍惜学生时代的锻炼机会，因为这一时期的社交与团队合作都非常纯粹，而步入社会后的社交有时会掺杂利益关系。在我看来，担任班级职务非但不会耽误学习，反而能与之相辅相成。班级职务多样，哪怕做个小组长，也能积累一定经验，学生应根据自身情况，选择最适合自己的岗位。

总结而言，家长是孩子成长中的鼓励者，而不是批判者；家长在教育资源和专业选择层面，往往能为孩子提供最直接、最有效的帮助。

另外，孩子自身的积极心态同样重要，强大的主观能动性和良好的时间管理能力是自我赋能的基石。

父母赋能，在起步阶段创造引擎，助力青云之志；自我赋能，如巡航之时加足马力，冲刺天际翱翔。愿每位家长与孩子携手并进，在双重赋能的助力下，不断攀登人生的高峰。

从小镇到香港大学，积极的心态助我成为一直幸运的人

相雨言

学习履历：

- 高中：江苏省清江中学
- 本科：南方科技大学机器人工程专业
- 硕士：香港大学创业设计与技术工程专业

个人荣誉 / 工作经历：

- 2019 年南洋理工大学暑期研究
- 2020 年圣母大学 -Agjunction 校企合作研究
- 2021—2022 年南方科技大学系统设计与智能制造科研助理

非常荣幸能够将我的成长经历梳理出来，给大家分享经验。就如标题所讲，我的分享将会围绕积极心态展开，介绍从小到大我是怎样通过积极的心态，走过学生时代的一个又一个节点，又是如何去迎接各个阶段的迷茫与挑战，让自己一直成为幸运的人的。

人生很难开局胜利

我成长在江苏北部的小县城里，我的妈妈是小学数学老师，因此对我的教育十分严格，尤其是在学习习惯的培养上，比如她要求我放学后及时完成作

业，制订学习计划，课前预习与课后系统复习等。

至今我还记得小学放学回家后第一件事就是赶紧把老师布置的作业完成，再背古诗给妈妈检查，然后才能有出去玩的时间，平时也只有周五晚上把所有学习任务搞定后才能看一个小时的电视。

或许是因为从小在乡下，我不喜欢和其他同学交流，性格一直非常内向，讲话也不是很清楚。于是教高中语文的外公会在每年寒暑假带着我读报纸，既通过朗读训练我清晰地说话，又教给我正确的价值观，如诚实、尊重、助人为乐等。

周末，因为妈妈严格限制我接触电脑、电视的时间，因此更多的时间里我会待在新华书店看各种各样的书，就这样我在看报和读书中度过了小学时光。

初中的时候，爸妈为了让我受到更好的教育，把我送去了市区的外国语学校，开启了 3 年的住宿生活。

初中 3 年生活的压力非常大，身边同学属于市区以及周边各个县城最好的一批生源，而当时学校的教育模式类似衡水中学，严格管理，要求学生只专注于学习，每次考试的成绩也会公布出来贴在教室后面。在这样的环境下我一度非常不自信，但是这种环境也锻炼了我的好强心和独立生活的能力。

尽管已经非常努力学习，但是中考时我还是以两分之差与当时全市最好的重点高中失之交臂，在之后的暑假里我一度非常伤心和郁闷。

在家里人的引导下，我开始练习写字和看书，也是在那个暑假里，我读到了一本改变自己人生轨迹的书：《正能量 2：幸运的方法》。

幸运是努力的蝴蝶效应

《正能量 2：幸运的方法》中通过实验拆解揭秘了为什么有的人会那么幸运，比如彩票中奖，不断遇见好事，甚至走在路上都能捡到钱，似乎受到上天的眷顾一样。书中还给出了如果想要变得幸运具体怎么操作的“秘诀”。

现在回看，这本书其实并没有那么神奇，讲的不过是积极心理学，但是当时确实给了我“亿”点点震撼，也让我坚定地相信自己能够通过书中给的方法变得幸运起来。实践的机会很快就来临，在高中第一天的第一节课上，语文老师临近下课问了句“谁愿意自荐做语文课代表”，当时我的内心瞬间风起云涌，心怦怦直跳，眼看老师扫视全班，大家都把头低了下去，我的手不受控制地举了起来，心想：试试就试试吧。

虽然当时的我害羞到站在讲台上会脸红，说不出一句完整的话，语文成绩也普通到和同学比会自卑的程度，但是想到书中提到的“抓住一切偶然机遇”这句话，我还是尝试举起了手。

从那时候起，我似乎开启了“外挂”，因为做事靠谱、表现优秀，加上练得一手好字，语文老师又向班主任推荐了我，在开学一个月后，班主任选我担任了班长。

此后高中 3 年虽然一直在分班，但每一年的新班主任都信任地选我做班长，这极大地锻炼了我的组织沟通能力，同时为了做好表率，我也一直努力学习提高成绩。

如今回看，这一切都要感谢那一天的勇敢举手，如同蝴蝶效应一般，我从一个小镇出生、自卑内向的人转变为自信、乐观、靠谱的人，也为后来走向更广阔的世界做了铺垫。

其实除了《正能量 2：幸运的方法》书中提到的第一条幸运法则之外，我在高中 3 年还运用了其他三个法则，让自己变得幸运。

从高二开始，我的父母在学校附近租了房子开启陪读生活，而我每天在上学的路上都会经过一个绿色的小小报刊亭，与其他同学爱好各种故事小说、娱乐杂志不同，我的注意力很快被角落里的《南方周末》吸引，之后，看《南方周末》便成为我每周最期待的事情之一。在枯燥的高中生活中，我通过报纸得以窥见更大的世界。

高二的时候，有一次在报纸上无意间看到了位于深圳的南方科技大学第一届毕业生的教改报道，那个时候深圳的这所学校便慢慢在我心中留下了种子，我隐约觉得我会与这所学校产生联结，后来我不断在网上搜索这所学校的信息，并且以此为高考目标。

心态会制造反转

高三的时候，学校将所有理科重点班的前 5 名又分到一个“超级重点班”，而我在开学的几次考试中都考了班级倒数，这让我很郁闷。年级排名也不差，但还是班级倒数，滋味自然不好受。不过很快我便把心态调整回来，利用《正能量 2：幸运的方法》书中提到的法则三和法则四不断自我安慰。

没事没事，现在虽然是班级倒数，但下次肯定会进步的！

塞翁失马，焉知非福！

相信运气守恒定律，下一次考试就不会这么背了。

同时自己也调整心态，更加努力认真地学习，在整个高三高压的环境下，不断调整，踏实学习，保持最好的状态，考好了不骄傲，考差了简单安慰自己继续努力，每天都开开心心去上学，每天进步一点点，离高考完解放又近一天。

最后的结果就是我在高考时正常发挥，以当年高考能报考“985”的分数，通过自主招生的笔试、面试进入了南方科技大学，成为当时所在城市唯一一个考入这所高校的学生。

不纠结过往，只积极向前看

进入大学后，丰富多彩的生活不断让来自小城的我大开眼界，同时全英文授课的课堂模式以及身边众多来自大城市的优秀同学也让我倍感压力。

我曾经以自己的成绩为傲，但在新环境下我的努力有时候甚至比不过别人轻轻松松地学习所得，只因很多知识他们在高中竞赛中早已学过。

同样，各种社团活动别人在初中高中时可能就已经接触过，大家对自己的人生道路也都规划得很早。我就这样在充满压力的环境下度过了大学的前两年，有时候也会想：如果当初没有来南方科技大学，去其他学校念大学会是怎么样？

好在后来看到一句话：选择没有正确、错误之分，重要的是在这条路上怎么走下去。这句话给了我很大的鼓舞和力量。

我能够同身边优秀的同学站在一起已经很厉害了，不必纠结他人的成就与过往，只有关注自己的当下，才能不断学习和进步。

本科毕业面临选择之际，我并没有随大溜选择稳妥的路径，而是放弃了留校工作的宝贵名额和海外学校的offer，申请gap year[1]，留在本科学校做了一年科研助理。

这一年的工作经历让我成长了许多，我结识了很多优秀的老师、朋友，他们在学术领域都有出色的成绩。这一年的经历也让我更加了解自己，让我放弃了日后读博的计划，决定读完硕士研究生就快速进入工作。后来，我申请上了香港大学创新设计与技术工程专业的硕士研究生。

现在回看自己走过的路，我一直充满感恩之心。感谢从小爸妈对我的严格要求，让我形成良好的学习习惯、阅读习惯，感谢爸妈重视对我的教育，将我送去更好的学校，同时还付出时间与精力陪伴我、引导我。

之后我因为读到了一本改变自己的书，从高中第一节语文课那次勇敢的举手开始，逐渐养成了积极乐观的心态，从容面对此后人生道路上的种种挑战，逐渐成为一个幸运的人。

1　指青年在升学或者毕业之后、工作之前，进行一次长期的旅行，让学生体验与自己生活的社会环境不同的生活方式。

班级倒数踏出清华之路：在“经管”中沉淀

杨思奇

学习履历：

- 高中：云南省下关第一中学
- 本科：复旦大学经济学专业
- 硕士：清华大学医院管理专业

个人荣誉 / 工作经历：

- 2019 年获得复旦大学校级三等奖学金
- 2023 年获得 SDG 马拉松挑战赛公共卫生赛道（Hack8）一等奖
- 2024 年获得上海市社联青年学术论坛论文三等奖（欧亚上合分场）

我会从小学、初中、高中、大学的四个阶段给大家分享成长经验。

总结来说，我的小学和中学都在公立学校就读，本科在复旦大学经济学院。众所周知，公立小学的明显特征之一就是竞争大，那么如何获得“弯道超车”的优势呢？下文将进行详细阐述。

有些学生在小学阶段会表现得“不想写作业”“不想上学”，这时父母应该及时给予正反馈，以身作则带头学习，和孩子一起预习和复习，善用思维导图；中考阶段最容易遇到的问题是“成绩下滑、不愿意与父母沟通”，父母如果合理引导也能较轻易解决；取胜高考的关键在于降低信息差、学会量化；而大学的难点在于做出合适且可持续的未来发展规划。

小学如何“弯道超车”

相信大家小时候可能都被询问甚至认真思考过这样一个问题：“到底上清华还是上北大？”毫无例外，年幼的我埋下了名为“上清华”的梦想种子。

如果只用一个关键词形容小学，你会如何选择呢？我的答案是：积淀。包括学习习惯、生活习惯和其他日常行为习惯的积淀。

查理·芒格曾说：“要知道如何成功，首先就要知道什么样的因素会导致失败，其次，要避免这些因素。”把道理延伸到学习——要取得优异成绩，就要了解导致学生逃避学习的原因。

原因主要分为两个方面：内因是“学生在学习过程中难以获取像玩游戏一样的正反馈”，通常由师生与家长不经意的打压、学生自身做题速度较慢等因素造成；外因是家长自身的潜意识也认为“学习是一种麻烦事”，进而潜移默化地影响孩子，使其产生“学习哪有玩手机有趣”的想法。

那么，认识到这些深层原因后，应该如何避免呢？以我的经历而言，遵循“习惯学习—提前准备—趣味拓展—养成制作思维导图的习惯”这样一个学习逻辑，层层递进，就能够取得较好的成绩。

如之前所提及的，我认为公立小学“弯道超车”的捷径就是：提前树立应试思维。而应试思维的精髓是不畏惧重复记忆，把自己当成出题人。

避免对抗性沟通

中考阶段被我称为“千里之行，始于足下”，关键在于意识到积累的重要性：只要坚持，量变终会引起质变。

中学生最明显的特征是进入了青春期，变得叛逆，进而极可能厌学。回想我的叛逆时期，秉持着“我长大了”的强自尊状态和“父母并不理解我所面临的压力”的看法，我不愿意听从父母意见、拒绝沟通，最终成绩如多米诺骨牌效应般不断下滑。

好在父母对叛逆期的我采取了极为明智的做法——避免对抗性沟通。总结而言，理解是有效沟通的前提。刚进入初中时，我难以适应高强度的学习和快节奏的生活，也不太愿意和父母进行进一步沟通，压力没有倾泻口。

父母为创造有效沟通的机会，会在和我交流前先表达他们对我学业压力、生活节奏快等困难的理解。最重要的是，在整个沟通环节中，他们没有任何指责，反而把关注点放在我在学校里遇到了什么有趣或烦心的事情，是否开心快乐，且明确表示“有需要我们做的一定要及时沟通”，这使我放下了“父母只关心学习”的戒备，后续的沟通就自然而然更顺畅了。

找到可接触的升学榜样

父母消除我的厌学情绪所采取的关键措施二，是引入榜样机制。

尽管在有效沟通后，我对初中生活的抵触情绪已经消散大半，但依然没有冲刺榜首的上进意愿。此时，父母也没有“你一定要考上重点高中”之类的说教，反而问我：“你想不想去和 ×× 高中的哥哥姐姐一起玩呢？可以打打球赛，参加一下他们的娱乐活动。”于是我抱着娱乐的态度走进日后榜样所在的省重点高中，近距离参与了“优等生的一天”。

提前接触高中优等生有许多好处：同龄人的代沟比较小，说教感不强；榜样所表现出的思维方式于我而言也十分新奇，他们能将学习、娱乐和休息较好地平衡；另外，榜样也成功引起了我对重点高中的向往。

最终，与榜样的接触帮助我养成了早睡早起、合理分配时间和精力、勇于挑战难题的习惯。从我的经验来看，挑选一名年龄相仿、有亲和力、有稳定优秀成绩和能切实接触的榜样是帮助孩子树立重点高中梦想的关键。

打开竞争视野，警戒发挥“下限”

高中的备考历程中，我竭尽全力，最终去了复旦大学。但这对我而言也可以说是“竭力惜败”，因为我没有实现幼时的梦想——进入清华。

虽然我当时可以选择清华和北大的一些专业，但我对复旦大学经济学院的一些专业更感兴趣，于是最后做出了去复旦的选择。

在复旦，本科4年的旅途可谓“趣途”，因为我切实在这个环境中得到了无数锻炼和成长。由于复旦也是国内极好的高校，所以在省重点高中的尖子生中也竞争激烈。关于如何在人才如云的省重高突出重围，我也有一定的“血泪经验”想和大家分享。

首先，珍惜中考后暑假这一黄金预习时段，提前熟悉高中的课程难度，尤其是要提前感受数学、物理、化学这几门学科的难度，学有余力时，可以兼顾英语。一定要提前熟悉并思考适合自己的选择路径。

其次，建立良好的心态是高中阶段取胜的关键。一定要有“空杯思想”和“归零心态”，初中再优秀也已成为过去，要意识到高中是另一个竞技场。

最后，学会“厚着脸皮”在课后与老师积极沟通交流，不要害怕丢面子，如此才能及时解决课程中的疑难点。

我们还应该了解高中最应该树立的两种思维，其一是竞争思维，其二是警戒线意识。在高考的竞技场中，想进入“清北复交”这一行列的学校，面临的竞争人数通常为数十万人，所以要尽可能打开竞争视野，例如我虽然处于省重高，但时刻提醒自己，真正的竞争对手是学校人数的几十倍。

警戒线意识其实是与人性的对抗。很多人总结高考失败的经验是发挥失常，然而其失常往往是相对于考得最高的分数上限，而不是考得较差的下限，所以评估往往并不客观。想要提升高考正常发挥的精确性，就要时刻保持提高下限的警戒线意识。

在具备以上两种思维的基础上，高中阶段的学习也要时刻树立量化思维，具体的倒推过程如下：想进入“清北复交”——要进入省前30名——成为全校第一——成为班级第一——提高每个科目的成绩。

此外，再用一句话概括高中的学习经验，即“磨刀不误砍柴工”——这意味着我们要进行正确规划，遵循循序渐进、重点冲刺、趣味学习、预定方向的规律。

缩小升学信息差

以上均为杀出高考重围的“软技巧”，接下来介绍助力学生“弯道超车”的“硬途径”：要有缩小信息差的意识。

积极关注名校公众号，抓住中学生夏令营的机会，如果获得“优营”身份，则可能获得降分录取的机会；积极参与名校线上、线下的讲座，预判高考的热点方向；关注名校的社交平台账号，掌握一手信息；同时，也可以关注高校自身的“中学生先修课堂”，发达地区的学生可以抓住近距离接触名校教授的机会。

升学和就业如何考虑

最后，简要介绍一下我从复旦本科到清华读硕士的简要过渡。

很多家长会对经济金融是否还是“万金油”专业存在疑惑，可以说，在如今的市场环境下，我们更应该把这类专业当成可以使用的工具，当然，这类专业依然具备就业面广阔的优势。

如今受就业市场欢迎的经管类学子，更多是具有复合背景，有交叉技能，实习经验丰富的，此类专业学生也可以往这三方面努力。就业面包括体制内、泛体制内和市场类，这些方向都需要提前调研，看其是否符合个人发展规划，再尽早决定方向。

再来谈一谈本科生继续升学的“三大出路”：保研、考研和出国。保研和出国对学习成绩都有一定要求，出国还有语言成绩的要求，需要尽早做准备；考研则需要相对完整的备考时间和合理的目标选择。我选择的“出路”是考研，说是“三个月考研上岸”有点夸张，因为在备考前我也花了时间、精力做了充足的目标调研。另外，选择考研也要保证自己具有充足的学习时间和绝对的高效学习方法，坚定备考、稳定发挥。

最后，希望各位如愿以偿，实现心中所想，行你所行，无问西东。

北大本科生——父母的陪伴是孩子成长的力量

沈靖期

学习履历：

- 高中：广东高州中学
- 本科：北京大学阿拉伯语专业

个人荣誉 / 工作经历：

- 2018 年获得宋庆龄奖学金
- 2020 年获得全国青少年信息学奥林匹克竞赛广东省三等奖
- 2021 年获得宋庆龄奖学金
- 2021 年获得全国高中学生化学奥林匹克竞赛广东省三等奖

我出生于一个较为偏远的南方县城，也生长在这个山清水秀的地方。在相比大城市更慢的生活节奏里，我度过了我的童年，也经历了中考、高考，最后来到了我梦想的北京大学。

前十几年的生活已经离我很遥远了，但成长中总归有一些事情，时常让我觉得难忘，也让我意识到，我的人生轨迹总在一次次地发生改变。

很幸运，这些改变大部分都是好的，是让我的生活向上的，而且每一次改变都有我父母的参与。可以说，一路走来我最深刻的感受就是，父母的陪伴给我提供了成长中最坚实的力量。

激励机制促成好习惯

许多人可能会认为，高考考上清华北大的同学肯定从小就成绩优异、勤奋刻苦。但我至少可以代表自己说，其实并不尽然。与当时的大部分人一样，我的整个小学阶段都就读于公立小学。坦白说，我有一个非常快乐的童年。尤其是一、二年级时，我经常上课走神，下课就和同学们嬉戏，对学习压根没有概念。

这样的后果便是成绩不好。但我的父母并不像有些父母一样对我的成绩感到焦虑。作为高中语文老师，他们都认为，培养一个好的学习习惯更加重要。

他们也确实是这么做的。小学三年级时，父母给我设立了一个小的奖励机制，如果期末考试考得好，就奖励给我 1000 元，即使考得不好，如果我那个学期学习很认真，也有奖励。但是这笔钱我不能随便花，他们会帮我存起来，让我以后花在有意义的事情上。

一开始这个奖励对我起到了很大的激励作用，要知道，在 10 多年前，对于一个县城里的小学生来说，1000 元完全是巨款了。于是那个学期，非常神奇地，我的成绩突然升到了班上的第二名，其实那时候我对成绩还是没有很强的概念，但是觉得特别开心。

此后一直到我高中毕业考上北大，每个学期我都会拿到父母给我设立的奖学金。到后来，其实拿到这笔钱已经不重要了，但这个小机制保留了下来，成了帮助我养成好习惯的一个象征。

鼓励孩子做大胆的尝试

多亏了我爸妈的这样一个小举措，我在步入初中时产生了对学习的热情，也有了自信。于是在初中，我开始尝试不同的新事物，尝试突破自己的界限。

小升初的暑假，我读了《乔布斯传》，被书里“改变世界”的想法所深深吸引，在那单薄的书页之间，我第一次意识到自己也可以完成很多不可思议的事情。

也是那个暑假，我从电视新闻中得到启发，萌生出长途骑行约 300 公里的想法。我原本以为这样一个“疯狂的想法”只会停留在嘴边，但没想到，我的父亲十分支持我，甚至借了一辆自行车，陪我一起骑。出发的第二天，我们就在山间的小路上遇到大雨，不得不拐入一个加油站避雨。谁知雨淅淅沥沥下了三四个小时，我们被困在了那个前不着村后不着店的地方。

正当无计可施的时候，我看着来往的货车，突然萌生出一个大胆的想法：为什么不把自行车放到货车里，请求司机载我们一程呢？最后正是通过这样的方式，我们到达了几公里外的一个小镇。第二天早上雨还没停，但我执意要坚持下去，那时候，我看到了父亲眼里的骄傲和自豪。就这样，四天后，我们到达了目的地。

想做的事更有可能做好

到了初中，由于成绩比较好，学习也比较有热情，我和老师的交流更多了。在和老师交流的过程中，我也积极争取到了许多比赛的机会。

有一次我在办公室里整理作业，偶然间听到语文老师说需要找几名同学去参加全国“夏青杯”朗诵大赛。当时的我对这个比赛丝毫不了解，但当我想象到自己站到舞台上，用声音传递出自己的想法的时候，我又想起了乔布斯那些不可思议的演讲。于是我鼓起勇气，问老师：“我可以去试试这个比赛吗？”

不像其他的家长，我的父母非但没有担心我会因此荒废学习或者在学习上分心，反而支持我尝试这种不一样的事情。

不可思议的是，在不到半年的时间里，我从零开始进入了省决赛前 20 名，甚至打败了一些从小练习的选手，而这一切都源于我对演讲和朗诵真切的热爱。而且事实证明，我非但没有荒废学业，反而把成绩稳定在了年级前五名。

后来，我还和几位好朋友一起组成了一个竞赛小队，我们叫它“First And

Final”（第一个也是最后一个），一起参加了省创客大赛等比赛，也都取得了不错的成绩。

学科素养是拿分关键

在这种自由尝试的氛围中，我度过了我的初中，也没有压力地顺利升学，进了我们县城里重点高中的重点班，同时也是我父亲工作的地方。

在高中，我的生活面临一个大的转折，曾经无忧无虑的时光已经过去了，取而代之的是在高考压力下紧张的学习氛围：尖子班里的淘汰制、不同时期都有重要的考试，以及不可避免的竞争……在这样的情况下，我不得不全身心投入高考的备考中。

我们是新高考政策实施的第二届。虽然我的文科更强，但从初中开始，我就很坚定地要选择理科，也就是“物理、化学、生物”的组合。我的父母很清楚我的想法，他们也支持我，对我说：“即使学习上有困难，也是可以克服的。”

到了高二，果不其然，我的数学和化学都出现了落后的情况。我是个不爱刷题的人，总觉得很多问题的症结并不在于刷题量少，肯定有其他可以抓住的关键点。终于，在不停地尝试之后，我找到了这个关键点：学科素养。

高考不只是知识性的考试，更是对能力的考验。如果我们能够弄清楚出题人要考查的方向，注重提高思维能力，就能应对各种新型题目，那么无论高考还是其他考试都不容易失手。

于是在这样一个底层逻辑的基础上，我开始思考不同科目的学科素养要求：语文是母语，它考查的是学生准确理解和运用汉语的能力，在此基础上需要有强大的逻辑思维和分析问题的思维；数学是用来解决问题的，考查掌握基础知识之后的思考和分析问题的能力；英语是外语，偏重理解和应用，与语文相比更多考查的是生活场景中语言的应用，需要运用生活逻辑去解题；高中物理脉络清晰，无非是“声、光、热、力、电”这几个板块，考查学生对各大理论板块以及各类物理模型的理解；而化学和生物知识点零散，考查对基础知识的准确记忆，在此基础上，化学偏重在具体问题中的推理、类比、分析能力，生物需要结合生活中的常识来建构逻辑。

这样的思考确实是有益的，这种益处最后也体现在了我的分数上，让我考上了心仪的大学。

副线发展也很重要

回顾高中生活，主线无疑是应对高考，但这并不是全部。我在高中自学信息学奥赛、化学奥赛知识，最后参加比赛都获得了省三等奖。除此之外，最亮眼的或许是我的写作经历。在高中 3 年里，写作是我最大的爱好，文体不限，以散文和散文诗为主。

写作不仅让我把最温暖、最有创意的想法落实到纸上，还让我有了和自己沟通的机会，让我与自己和解，放下压力，面对生活的泪与笑。我的几篇投稿也获得了国家、省、市级的许多奖项。

陪伴、引导和鼓励

我对阅读和写作的热爱，无疑来源于父母的引导。从一年级开始，父母就经常带我去书店。他们会带我去买更容易读的青少年版的名著，每次买一到两本，看完再买。每到假期，我们一家三口经常在家里一起看书，此后的一段时间里，我们可能会时常讨论起书里的内容。

我能想起的和父母一起读过的经典作品就有：路遥的《平凡的世界》、陈忠实的《白鹿原》、雨果的《悲惨世界》……这些书让我接触到了“满分作文”之外的作品，接触到了真正的文学。

读得多了，自然也爱写。小学开始，父母就会鼓励我参加各种各样的比赛，其中最主要的便是征文比赛。开始时，父亲会仔细地看我写的每一篇文章，但从不直接帮我修改，而是指出错误或者不好的地方，留下几行字，引导我思考怎么能改得更好。

即使最后不是特别令人满意，父母还是会鼓励我把文章投出去。“不管最后有没有获奖，参与就是好的。”这是他们自始至终跟我说的话。他们说得没错，没有尝试就没有成功。高考后，看着134分的语文成绩，这些往事一下子涌入我的脑中，我这才理解父母的用心良苦。

到现在我明白了，成长是一个需要持续努力的过程，而在孩子成长的过程中，父母的每一次陪伴都会成为他们人格塑造的重要部分，让他们有面对苦难的能力和勇气。

最后，若要我总结人生中前十多年的经历，我会说，父母的陪伴是孩子成长最温暖的力量。用心聆听、共同分享，每一刻都是爱的传递，每一刻都在成就孩子的美好未来。

3

艺体之路

厚积薄发，圆梦清华

李 妍

学习履历：

- 高中：青岛市即墨区萃英中学
- 本科：中南大学环境艺术设计专业
- 硕士：清华大学环境艺术设计专业

个人荣誉 / 工作经历：

- 2022 年获得大学生创新创业省级立项及优秀结项
- 2022 年获得校级单科优胜奖学金及三等奖学金
- 2023 年《木材科学与技术》收录论文一篇（北大核心、JST、WJCI）
- 2024 年组织及主持读书周活动，被北京电视台、《人民日报》和《光明日报》三家媒体报道

流水不争先，争的是滔滔不绝。这句话意在提醒我们，在生活中不必过于急功近利，而应该追求持久而稳定的进步。就像流水一样，虽然它并不急于争先，但它的力量在于持续不断、绵绵不绝。

人生的 AB 面

在踏入学龄门槛之前，我便被身边人贴上了“多动症”的标签——很难专心去做一件事，就连最基本的吃饭穿衣也会分心，学习更是如此。小学入学考试时，语文、数学、英语三门课，我只有一门及格。校长建议妈妈让我重新读幼儿园，毕竟，当时的我只有 5 岁半，确实还没到小学入学年龄。然而，在家长眼中，自己的孩子就是天之骄子，我的家长也不例外。

妈妈拒绝了校长的建议，把我送入一所门槛较低、鲜为人知的小学，让我与年龄比我大的孩子们一起开始了特殊的小学时光。

我天资并不算高，又缺乏勤奋，尤其那所小学践行超前教育，面对奥数这类竞赛难度的题目，我的考试成绩每次都只有个位数。

渐渐地，我变得不爱说话，也没有什么朋友，开始讨厌上学，只有校园里的小蝌蚪、蜻蜓、蝴蝶才是我心灵的慰藉。虽然我的考试成绩很差，但我和小动物都相处成了好朋友。如果说学习是我的 A 面，那 B 面就是无拘无束地探索生活。

自信心的意外萌芽

面对 A 面学业上的挫折，不得已之下，我退了学，再次踏入另一所小学的大门，重新读一年级。入学面试中，老师对我过往的学业成绩非常不满意，但我丰富的地理知识与生活经验，意外赢得了老师的认可，于是，我的入学申请就这样通过了。

由于我已经学到两位数加减乘除与数列规律，当再次学习一年级的知识时，破天荒第一次，我的数学、语文成绩都是 100 分。“学习原来这么好玩！”那一刻，我的内驱力萌芽了，意外的正向反馈让我从此爱上了学习，每天上学对我而言，简直是轻松又快乐的。

从小学到初中，我辗转于多所学校之间，成绩稳定在班级前列。

学习之余，我不忘继续探索我的 B 面：游泳、跳高、排球、短跑、播音主持、舞蹈、航模、编程、国际象棋等，生活丰富多彩。

虽然我并不是一个注意力非常集中的人，但我却能沉浸在舞蹈课中 3 个小时，也能在写作课上阅读大半天，坐在画架前画上一整天。如果某次考试成绩很差，我会安慰自己：“没关系，我这次国际象棋四连胜。”所以，我总是自信满满。任何时候，我们都不能丧失对自己的信心，我的信心就建立在 A、B 面之间的平衡中。

美术启蒙，从种子到发芽

初一的美术课堂是我探索美学的起点，那是我第一次接触到写生。

每逢晴天，老师便带领我们走出教室，携带速写本、铅笔、水彩颜料，向着校园南边的湖心一路走去。我虽心怀憧憬，却无法将眼里的景物描摹在纸上，只得从最简单的开始。

现在看来，当时描摹的风景或许略显稚嫩，技法也不娴熟，构图布局也不够完美，但这些找寻美的过程，为我的美术之旅铺设了坚实的道路。

初中 3 年如流水般逝去，我顺利进入重点高中，选择了文科。高一、高二时，我便思考自己的未来：我想成为什么样的人呢？我喜欢观察，喜欢发现美，喜欢观察建筑物，或许将来我可以从事建筑设计。

遗憾的是，文科没有与之相关的专业，从事此类工作必须有美术背景，初中课堂上老师为我埋下的那粒种子，就在此时发了芽。

为何选择综合类大学

高二时，我的成绩排名是年级前 60，偶尔能挤进年级前 30，作为能考重点大学的培养对象，老师与教导主任自然是不同意我学美术的。

我知道临时转美术生很困难，说服老师和家长更难，但我同样不能忍受以后过自己不想要的生活。于是，我写了四页纸，分别陈述我为什么要学美术，我为什么能把美术学好，学习美术未来的就业以及我具体的学习计划，然后，我拿着这四页纸与妈妈进行了一次袒露心扉的谈话。最终，我成功说服了爸爸妈妈。

虽然这次决定在大家看来是莽撞的、意气用事的，但我非常清楚，从一开始我便只想冲击综合类大学。

原因有三：一是当时包括清华大学美术学院在内的九大美院的考试形式是校考，校考取得合格证之后才能填报高考志愿。也就是说考试形式各异、出题方式各异，对于考生基本功的要求也更高一些，半路出家的我很难在三四个月内具备报考美院的水平，特别是中央美术学院、清华大学美术学院、中国美术学院三所学校，报考者中不乏从小学习美术，在美术附中进行专业训练或者复读多年的竞争者，与他们相比，我的美术功力占不到优势。

二是许多综合类院校采取高考文化课成绩与美术成绩加权计算的方式，对于一直还算是优秀学生的我来说，这种方式显然更有利。

三是家人的期待，虽然父母同意我学习美术，但还不能接受我进入专业美院。综上，综合类大学是我最好的选择。

自我剖析之路

本科阶段，我逐渐意识到对专业的热爱和自身能力不足之间的矛盾，于是，我很早便有继续深造的打算。摆在我面前的有三条道路：出国、保研、考研。

首先是出国，我本科就读于中南大学，国际排名不高不低，而我心仪的学校是康奈尔大学，能否申请成功我并没有把握。

关于继续深造，我咨询大学导师，当时他告诉我：国外硕士在国内高校的认可度并不高。原因有二：一是大部分能申请到的学校研究生是 1 年制，就算是 1.5 年，相比于国内的 3 年研究生，老师们心中普遍会认为前者更简单一些；二是只有 1 年左右的时间，既要适应环境又要出学术成果，这几乎是不可能的。于是，我便打消了这一想法。

其次是保研，我虽然已经拥有能保研的名次，但是本专业鲜有清华保研成功的先例。因为那些具有保研资格的同学，大多会选择就业或出国留学，从而放弃保研资格，以便让出名额给外校学生。

然而，近些年来，考虑到国外安全问题与就业形势，清华本科的同学们又把目光放在攻读本校硕士学位上，使得这一途径显得相对艰难。保研去清华的梦想，逐渐变得遥不可及。

最后，考研虽然竞争激烈，却成为我新的希望。2022 年 3 月，步入大三下学期的我，毅然踏上了考研的征途。其间，虽有三位本校老师联系我，提出让我申报他们的研究生，但我深知：无论考哪个学校，都要全力以赴。既然如此，为什么不朝着最好的那一个努力呢？于是，我再次坚定了自己的决心：我要考清华！

感性的冲动需要理性的分析来支撑，决定考清华之后，我问了自己三个问题：为什么考？为什么我能考上？现实和目标的差距如何弥补？

第一个问题我的回答是：首先，从小到大清华一直是我的梦想，提到这个名字我就会热泪盈眶，试问哪个美术生不想去清华大学美术学院呢？这是我心目中最好的学校。其次，我很喜欢我的专业，清华拥有顶级的教育资源，我可以和大师们交流，在顶级工作坊里做模型，学习从前只能在课本上见到的课程。最后，属于中国孩子的最朴实的一点——我想成为爸爸妈妈的骄傲。

第二个问题的答案：首先，研究生考试的四门课中，政治与英语都是我所擅长的，因为我的文化课基础不错。其次，美院的专业课考试命题非常灵活，死记硬背类型的同学碰上这类考题有时比较吃亏，而我恰好不属于这种，我从小就喜欢找巧劲，擅长找规律、发现问题。

第三个问题的答案：首先，我会做好主次区分和时间规划。人的精力是有限的，总不能想要的都得到，既然选择了考研，那学校的课程就要适当放一放，不能要求每科都拿到最优，中上等即可。其次，专攻具体的科目——我的手绘比较薄弱，要拿出很多时间来补齐短板。

专业解析与建议

设计（design）一词源于意大利语“disegno”，原意就是画图。这一学科在我国发展较晚，尤其是艺术设计应用领域，目前还处于起步阶段。所以，一些家长对“设计”怀有偏见，认为只有成绩不好的人才会去学。

我所学的专业环境设计，是作为一个系统性、综合性较强的专业门类而存在的。如今，技术深深地影响着人们的生活，人工智能也正在取代人类去完成一些重复性高，危险系数也很高的工作，但对于需要创造力的艺术与设计，我们不必过于担心被技术取代。相反，我们应当把这些变革视为拓展创意边界与增加机遇的宝贵途径。

以绘画为例，油画、壁画等艺术形式，改变的是艺术的呈现媒介。随着参数化设计、数字化制造及3D打印技术的兴起，艺术与设计的展现途径得到了极大丰富。

创作过程简单了，设计师可以腾出更多时间去探索专业外的知识和技能。更重要的是，人工智能等跨界元素的融入，促使原本只能局限于室内、景观、建筑的一些专业技能，可以拓展至新能源汽车、智能交互等更多领域。

流水不争先，争的是滔滔不绝，青春期的孩子有野心、不服输，但是，对于未来的迷茫又让我们跌跌撞撞。其实，任何事情都讲究水到渠成，我们不能急于争先，而是应该保持滔滔不绝的状态，保持内心的平和与坚忍。

希望未来的我仍能保持初心，将所学专业应用于实践，为社会做出自己的贡献。

体育统考升入浙江大学

华懿颖

学习履历：

- 高中：浙江省衢州市常山县第一中学
- 本科：浙江大学体育教育专业

个人荣誉 / 工作经历：

- 2022 年获得浙江大学三等奖学金
- 2023 年获得浙江省大学生艺术展演一等奖、浙江大学二等奖学金、不动产基金奖学金
- 2024 年获得国家奖学金

作为一名体育人，我想从成长经历、兴趣爱好和家庭支持三个方面展开自我介绍，分享我在每个成长阶段获得的经验教训。

2003 年，我出生了。幼儿园阶段，我时刻封闭自己，因为我觉得自己很难和其他小朋友一样融入集体。每天最开心的时间是下课和中午回家看《海绵宝宝》的几分钟，晚上回到家我的噩梦才刚刚开始。

幼儿园阶段我寄宿在姑父家，姑父是一位老师，对我要求严格，每天要求我练习描红（练字），我对此留下了深刻的印象。还记得有一次我练习描红，到晚上九点都没有完成，姐姐就打了盆水过来给我洗脸。幼儿园这段练字的经历让我刻骨铭心。

7 岁的时候，我顺利从幼儿园迈入小学。小学阶段，在老师的鼓励和支持下，班级里女生都变得比较外向，我也由此逐渐变得开朗起来，学习成绩在三年级前也都比较好。但是在科学学科出现后，我的成绩出现了严重的下滑，一直存在偏科的现象。

有毅力才能把握天赋

后来，我进入了衢州市常山县实验中学，遇见了我最重要的导师，他教会了我毅力与坚强。在他的一次班会中，我记住了一句话："无论长跑还是短跑，一直往前冲就好了。"

我不知道他的这句话影响了多少人，但是这句话对我确实产生了极大的影响力。它教会我如何变得坚毅，如何用自己的毅力去挑战世界上困难的高峰。

第一次在没有任何训练的前提下跑出女子 800 米 2 分 44 秒的成绩，成功破了育才中学的历史纪录时，让我觉得我似乎是被选定的那个天之骄子。仅仅用那一次，我就证明了我可以。那一次也让我明白，人生来就是一颗颗种子，总有一天会生根发芽。

初三那年，我参加了衢州市第二中学的体育特招。为了备战这次体育特招，我花了两个多月的时间进行集训，每天都要进行枯燥的二十五圈和速度耐力练习。我不知道是什么让我坚持下来，可能是想试一试，去更好的学校看一看的心态。

但很遗憾，最后，我以 2 分 36 秒 40 的成绩与这所中学失之交臂。不过，在后来的岁月里，我还是非常感激这段时间，因为它第一次让我懂得了，为自己想要达成的目标奋战，即使失败也不会后悔。

用"力气"背书也很有效

在初中升高中的考试中，我以正常发挥的成绩进入了县城里最好的高中——常山县第一中学。

由于县城地方比较小，学生人数也不多，我在高中第一次参加校运会后，老师就发现了我在全体学生中长跑方面优势比较突出，于是让我进入校队进行训练。从高二下学期开始到冬训期间，我的800米成绩从2分36秒提高到2分33秒；从冬训结束到开春，我的800米成绩继续得到了提高，最后保持在2分25秒。

同时，文化课的学习我也一点没有落下，反而更投入了。高一下半年，我将自己封闭在家里的阁楼里学习，除了吃饭、洗漱、放松以及训练，我的一天都是在阁楼里度过的。

我在阁楼里画画、写作业、上课、背书。我有一个癖好，背书声音很大，就好像要让这个世界都听我嘶吼、发泄一样。

为什么这么做呢？其实，我并不是一个很自律的女孩，但是我想用克服和挑战的心态去对待一切知识和问题。书难背？没事，吼出来，用我的力气记住它，用我的撕心裂肺记住它。我真的背得很辛苦、很累，但是我尽力了，我无悔了。

在此期间，我又央求父母给我报了一门数学网课，就在这种按部就班的学习和额外补课的双重努力下，再次返回高中的时候，我的总成绩排到了年级第四。

如果不是看到这个成绩，我根本不知道我的世界发生了变化，老师也很震惊。我第一次知道了努力的意义，感觉到我应该去更大的平台、更大的世界了，所以我开始更加努力学习，一直持续到高三上学期结束。

心态放平才能绝地反击

在高三上学期，我一直处于年级前70名的水平，但是在高三下学期出现了严重的成绩下滑。根据我自己的分析，主要问题在自己的定位上。因为在学习过程中一直习惯性地和别人比较，所以我在比较中不断迷失了自我。

不仅如此，在体育统考前10天，我又不小心让自己的大腿后侧肌群拉伤撕裂，导致最后只能选择补考。

在之后半个月的休养时间里，家人没有对我进行指责，只是一贯地对我表达关心和照顾，每天接送我吃饭、做康复和回家休息。我已经记不清那半个月是怎么度过的，但是我心态反而非常放松，似乎并不在意，因为我觉得结果已经这么糟了，不可能再糟了。

补考前那段时间，我甚至连一个 100 米都跑不下来，或者说是不敢跑。但是到了补考那天，在吃着止痛药的情况下，我一天完成了四项测试，最后总分达到了 90.03 分（满分 100 分）。

我感觉到了从未有过的自由与放松，这个成绩也让我的心态更加放松，我想可能是命运之神觉得我前段时间心不够静，所以给我安排这样一个小插曲，这也使我在后面备战高考的时候能以更加从容的心态去面对，最后我以体育综合成绩全省第 21 名考入浙江大学。

从爱好中学会重视过程

说到这里，我还想介绍一下我的兴趣爱好，这对我的帮助也非常大。小时候，由于我的表姐学习过拉丁舞，父亲也让我在青少年宫学习拉丁舞。当时学拉丁舞我其实并没有抱着必须拿到好成绩的目的，但结果反而很好，在参加市级比赛的时候我获得了铜牌和银牌。

除了拉丁舞，画画也为我展开了一个全新的世界。因为在上小学之前，每周我都会回乡下，养成了观察自然中各种风景的习惯，我会习惯性地去自然中走一走，去听听风的声音，去看看自然中的颜色，这都会给我带来极大的慰藉。

小学期间，我在班级里一直担任宣传委员，主要负责板报的绘制，因此在小学就有画画的习惯。小学五年级的时候，我放弃了拉丁舞，选择了少儿画，后来在初中阶段又学习了国画，每周末都要去上国画的课程，就这样，我得以在水墨的世界中慢慢汲取新的知识点。

进入大学，我第一时间加入了浙江大学学生书画社，在这个社团里面，我接触到很多优秀的同学和老师。在指导老师的帮助下，我的国画水平又逐步得到提高，最终获得了浙江省大学生艺术展演的一等奖。

我觉得，这一切，我都是在享受过程。一件事情，只要在过程中坚持不懈，稳定向前，最后的结果通常不会太差。

国画和体育训练对我来说都是调整心态的极佳方式，即使在高中两周只能回家一次的紧迫时间里，我依旧会抽出 2 ～ 3 个小时的时间画画。

画画给我带来了很大的改变，我的习惯得到改善，从多动、三分钟热度到安静下来，性格也从急躁变得能够静下心来，能够以更加从容、包容的态度去看待这个世界。

父母的从容是孩子的底气

最后必须提一下我的父母。父母对我的全方面发展起到了很大的作用，他们不光给我提供接触兴趣爱好的机会，还影响了我的品格和处事态度。

我的父母整体的教育方式都是开明、鼓励式的。在我小时候父亲对我是很严格的，母亲更多的是关怀，但是上中学之后，出于母亲的工作原因，父亲开始扮演母亲的角色，将严厉与温柔阐释得淋漓尽致。

他们从小鼓励我大胆尝试，敢于去追求自己想做的事情，失败了也无妨。正是由于从小就参加各种文体活动，我在大学阶段有了更多参加活动的机会。

在我遇到困难的时候，他们总是安慰我而非指责我。比如考试成绩不理想，他们只字不提；我在体育统考前受伤，他们没有指责我，而是第一时间关心我的状况，每天晚上送饭、接送我去进行康复训练。他们的教育方式培养了我独立的性格，让我能够更加从容地去面对很多事情。

相信未来我的内心会更加充盈，因为父母的关怀和鼓励会一直伴随着我，让我有信心笃定地走向自己所热爱之事，走向更好的自己。

最后，我想用一句话概括下我的经历：“任何成功说起来都是苦心经营，但一定是一步一步，一个脚印一个脚印走出来的，最终，成功一定会在最合适的时刻开出最绚丽的花朵。”

从热爱绘画到走入中美

沈　潼

学习履历：

· 高中：大连市第十五中学（高中部）
· 本科：中国美术学院景观设计系
· 硕士：中国美术学院风景园林专业（推免生，公派英国金斯顿大学交换生）、美国哈佛大学设计研究生院 GSD 景观建筑专业（MLA）

个人荣誉 / 工作经历：

· 2013 年获得校一等奖学金、“三好学生”荣誉称号
· 2014 年获得校一等奖学金、“三好学生”荣誉称号
· 2016 年浙江省普通高等学校优秀毕业生
· 2016 届中国美术学院优秀毕业生
· 2016 届中国美术学院优秀毕业论文
· 2016—2018 年任中国美术学院研究生会综合办公室副主任

优等生的养成从培养学习习惯开始

巴金先生说过：“孩子成功教育从好习惯的培养开始。”作为自小就是老师和家长口中“好学生”的人，我认为自己之所以能保持优异成绩，主要取决于幼年时期培养起来的学习习惯。

当然，孩子的天性都是爱玩好动的，所以，良好学习习惯的培养需要家长的监督和帮助。

第一，培养专注力。无论学习什么科目，都需要一定的专注力。对于年幼的孩子，家长要在一旁多加督促。比如，很多孩子会在做作业期间频繁喝水、玩玩具、吃东西等，这都是缺乏专注力的表现。这时候，家长就应该及时引导，帮助孩子明确学习规则，比如二十分钟可以休息一次，或者做完一页题目才能休息等。

第二，培养自我检查的习惯。粗心大意是很多人都会犯的错误，因此，检查是非常有必要的。对于小孩子，要从小培养他们检查的习惯，尽可能在正式交作业之前，就查出不应该出现的错误。

我在读书期间，经常能提前完成作业或者考试试卷，目的就是把剩下的时间放在检查上面。无论多么聪明的孩子，都会有犯错的时候，家长如果能让孩子从小就养成自我检查的习惯，对他们日后的学习会大有益处。

第三，培养坚持阅读的习惯。我是一个非常喜欢读书的人，小时候拿着一本书就可以看一下午。看书的好处自不必多言，我建议家长们可以结合孩子的年龄和兴趣，为他们挑选一些阅读材料。初期阶段不需要过于局限书的类型，只要孩子感兴趣都可以。

培养阅读习惯对文学素养和写作能力大有裨益，如果让孩子准备一个摘抄本，把平时看书时发现的好词好句好段落抄写下来，日积月累，很多家长会发现孩子的写作能力获得了飞跃。

良好的学习习惯当然不局限于这三条，但儿童阶段是培养习惯的关键时期，因为随着孩子的成长，拉开差距的往往不是智商，而是学习习惯。

兴趣不一定成为职业

我从小就是一个会对很多新鲜事物感兴趣的孩子，所以，在幼年时期，我就已经参加过很多课外兴趣班，包括钢琴、美术、舞蹈、体操等。最初，父母也希望我可以多尝试不同的兴趣爱好，然后再进一步加以选择。

每个孩子都有自己擅长的领域，在父母的帮助和支持下，一定能找到真正适合自己的发展方向。

除了美术以外，钢琴是我坚持时间最长的兴趣爱好。从 4 岁半开始，我一直学到了 12 岁，小学毕业时，我通过了钢琴九级考试，之后就不再继续学习了。因为，我很快就决定日后的发展方向是美术，我决定把大部分的时间和精力都放在美术上。

另外，升入初中后，随着课业压力增大，我已经很难有额外的精力去兼顾其他爱好，既然目标已经明确，就必须做出取舍。

通过考试，我入读了全国知名的美术中学——大连市第十五中学，我在那里度过了从初中到高中的6年光阴，这也是我真正开始学习绘画的启蒙学校。

在学校里，我不仅遇到很多帮助我的老师，还结识了许多和我一样，想在艺术领域发展的同学。他们都非常优秀，我们虽然是竞争对手，但也有着互相学习、共同进步的同窗友谊。

直到现在，我依然怀念那些年和同学们在同一个画室里一起度过的时光。既然这是一所全国知名的美术中学，就意味着从师资到生源都经过了严格选拔，所以，这里有着浓厚的学习氛围，同时较大的学习压力也不可避免。

从初中部升入高中部的时候，学校里50%的学生可能会被淘汰，无法升入本校高中部。然后，参加高考的学生中，又会有50%～60%的学生无法被全国最好的三所美院录取。

尽管竞争如此激烈，大连市第十五中学还是始终坚持系统的教学机制。大多数学生能够获得清晰明确的奋斗目标，我也同样如此，从入学的第一天起，我的目标就是中国最好的三所美院。

如果想要把兴趣爱好发展为职业，不仅需要投入大量的时间和精力，还需要投入金钱，这是每一位家长都要认真考虑的方面。

众所周知，美术类学校的学费和日常开销普遍高于普通学校，这还不包括课后辅导、每年1～2次外出写生、高三阶段全国各地专业课考试的费用等。如果在高中阶段或者本科阶段计划出国留学，则需要更多花费，在国外学习美术所需要的费用更为高昂。

尤其值得注意的是，美术院校的学生毕业后的收入，很有可能达不到部分学生和家长的预期，很多学生甚至会面对“毕业即失业”的情况。

总之，每个孩子都可以考虑把兴趣发展为职业，但是要达到这个目标，需要孩子和家长付出更多的努力。其实，兴趣单纯只是兴趣，也不见得是一件坏事，因为即使不作为职业，兴趣依然可以终身带给我们快乐。

对于兴趣爱好能不能发展为职业，我的建议是综合考量后再做决定，提前了解可能遇到的困难和挑战，尽早规划才能避免时间和精力的浪费。

国内外双赢式教育

回顾我的求学之路，有幸体验了国内和国外两种不同的教育模式，这种“双赢式”教育经历让我获益匪浅。

由于我的学士学位和第一个硕士学位都就读于在中国名列前茅的美术学院——中国美术学院，得益于国内扎实的基础教育，我有着过硬的自我学习能力和思考能力，而且在攻读第一个硕士学位期间，我也有比较明确的学术研究方向。

毕业的时候，我就在思考如何能够更进一步，而出国留学是个很好的自我提升的机会。我在申请留学过程里，发现本科和硕士就读学校的实力都使我的申请更有竞争力。

研究生阶段，我前往英国金斯顿大学交换学习，毕业后又去了美国哈佛大学攻读第二个硕士学位，这些经历让我体验了外国教育的不同——注重批判性思维的培养，鼓励学生开拓创新的方向。

在国外读书，好处首先就是开阔了眼界，对人、事、物都有了更全面的思考和理解，能够更客观地理解这个世界。

哈佛大学作为一所强调学术多样性和专业性的高校，让我有机会接触到之前没有接触过的领域，遇到了更多优秀的老师和同学，与他们一起交流学习。在异国他乡的学习生活，使我更加独立、自主，这也是我人生中的宝贵财富。

另外，国外教育也很强调理论与实践相结合，会提供尽可能多的资源让学生去实践。比如，哈佛大学各个学院都有大大小小的研究项目，会提供很多助教和研究助理的岗位让学生申请；经常邀请学术研究领域的教授、专家，以及顶级公司创始人来学校做讲座。

这些教学资源和实践模式可以开阔学生的眼界，对学生的未来发展和选择也至关重要。

哈佛大学进门的大门上刻着这样一句话：Enter to grow in wisdom，意为“进入学校来增长智慧”；而出口的大门上刻着另一句话：Depart to better serve thy country and thy kind，意为“为了更好地为你的国家和同胞服务而离开吧”。

第一天去哈佛读书，我就看到这两句话，直到现在我都认为，这就是我出国留学的意义所在。

结语

每个学生都有潜力进入自己向往的学校，关键在于自身能力如何，以及怎样把自己的能力展示给学校。

每个孩子都是独一无二的，一定有与众不同的天赋和能力，只是需要花费时间和精力去探索和发掘。这个过程必然是曲折的，因为成长的道路从来都不是一帆风顺的，在这条道路上会有成功，也会有失败，重要的是通过这些经历获得宝贵的经验。

我发现优秀的同学有很多共同点，比如都具有良好的学习习惯、高效的学习能力、独立思考解决问题的能力等。当然，还有最重要的一点，那就是每个人都非常努力。

我认为，这些品质不仅在读书阶段，甚至在整个人生发展中都是必不可少的。所以，我从一个热爱绘画的小孩到步入哈佛大学学习，其中并没有什么秘诀，最根本的就是从现在的每一天做起，从每一件小事做起，这样就是走在通向成功的道路上了。

大山学子，逐梦清美

刘朝晖

学习履历：

· 高中：湖南省新化县第一中学、长沙市湘军高级中学

· 本科：清华大学油画专业

个人荣誉 / 工作经历：

· 2022 年获得清华大学“先进个人”称号

· 2022 年中国美术学院命题创作单科状元

· 2023 年获得清华大学国家励志奖学金

作为一名考上清华大学的山里娃，我想按照从小学到大学的顺序来讲述我的故事，分享每个阶段我对于美术及学习的所思所感。

儿童时期的美术启蒙

1999 年，我出生在湖南溆浦县的山区。虽然小时候条件艰苦，但家人的爱和关怀让我感到无比温暖。从小，我就对美术有着特别的热爱，而这都要归功于我的家人，特别是我的外公。

外公是个纸马匠人，他制作的纸马栩栩如生。每当他忙碌于纸马制作时，我总会好奇地待在他身边，看他如何巧妙地剪裁、粘贴、绘画。外公的手艺让人叹为观止，他也毫无保留地把技艺传授给了我。在他的指导下，我学会了做纸马和绘画。

虽然家里经济条件有限，但父母总是竭尽所能给我最好的。他们知道我对绘画的热爱，所以，始终鼓励我尽情发挥想象力和创造力去创作。他们会陪我一起画画，在他们的支持下，艺术的种子便在我心中生根发芽。

每当我拿起画笔，我的心就会沉浸在那五彩斑斓的世界中。我画过巍峨的大山、清澈的溪流，也画过陪伴我成长的亲人和朋友。每一幅画都是我心中的一片天空，都是我对生活的一种感悟和表达。现在看来，艺术教育早期其实不需要花很多钱去培养，对于儿童时期的艺术启蒙来说，最重要的是亲人的陪伴、对艺术和生活的热爱！

美术教育的重要意义

在儿童成长过程中，美术教育有着重要价值，其中的重点，可以概括为以下几点。

首先是培养孩子的观察能力，这是美术创作和鉴赏的基础。通过观察现实世界中的事物，提升孩子对形状、色彩和质感的感知能力。建议通过实地考察、品鉴艺术品，以及沉浸式体验等方式，培养孩子的观察力。

其次，可以通过启发性提问、讲寓言故事或鼓励自由创作等方式，激发孩子的创造潜力和想象力，鼓励他们在艺术创作中表达自己的想法和感受，不要对其创意表达方式做过多限制。

此外，在经济条件许可的前提下，家长可以给孩子提供多样化的艺术材料和工具，这是培养孩子创作灵感和艺术兴趣的物质基础。有了丰富的颜料、纸张、画笔、黏土等材料，孩子就能根据自己的喜好和创意进行创作。不同的材料和工具能够带来不同的感官体验和创作灵感。

最后，良好的学习氛围对于儿童美术学习至关重要，家长和老师应该给孩子营造多元、开放、富有艺术氛围的学习环境。这样的环境能够激发孩子的创作才能，提升他们的交流沟通能力，塑造高尚品格。比如，组织全班学生围绕“积极向上”的主题进行美术创作，然后作品由家长们组织义卖，让孩子通过自己的努力创作获得报酬，家长和老师再引导孩子把创作所得捐给有需要的人。这样既可以培养他们的艺术创作能力、交流合作能力，也能培养他们的良好品德和社会责任感，让他们在学习绘画的过程中，养成更多美好的品质。

迷茫的初中阶段

初中阶段，我进入了家乡一所中学的重点班。面对陌生的环境和更高的学习要求，我深知自己必须全力以赴。因此，我把美术爱好暂时搁置，一心扑在文化课的学习上。

那段时间，我沉浸在文化课的学习中，不断探索、不断挑战，把考上重点高中的重点班作为奋斗目标。然而，与此同时，我对未来也感到非常迷茫，不知道自己将来想从事什么职业，也不知道自己的兴趣和优势在哪里。

我又想到曾付出许多时间和热爱的绘画，在进入初中后，我再也没有对绘画做过任何规划。

总体而言，我在初中时期一直全身心投入文化课的学习中。我还利用课余时间，积极探索适合自己的学习方法。我尝试了各种高效学习技巧，比如制订详细的学习计划，分阶段完成学习任务，运用记忆规律科学复习。此外，我还与同学互相交流学习心得。这些方法显著提升了我的学习效率，并且使我对自己的学习充满了信心。

最终，通过不懈的努力，我如愿考上了省级示范高中的重点班，这不仅让我和我的家人倍感喜悦，也让我明白：只要持之以恒，勇于克服困难，就一定能实现自己的目标。

文化课不能疏忽

初中阶段，我的优势在于文化课基础扎实，但美术学习却几乎是一片空白。当时，由于我和父母对美术方面的认知有限，也没有把美术升学纳入规划，导致我的美术基础几乎为零。这就直接影响到了高中的美术学习，使其变得非常艰难和费力。

如今反思初中阶段的学习，我认为首先要有一个明确的方向。特别是对于那些怀揣美术梦想的孩子来说，需要认真思考自己是否真的热爱美术，并愿意将其作为自己未来奋斗的道路。

一旦确定了方向，初中阶段就应系统性地打好基础。这不仅能够为美术中考做好充分的准备，还能在早期阶段就提升美术素养和综合艺术能力。

同时，初中时期的文化课学习也不能忽视，它能帮助我们储备知识，培养思考能力。在美术领域，需要注重基础技能的训练，包括素描、速写、色彩等，这些都是美术中考的核心科目，更是未来美术深造方面的基石。

美术生的文化课的录取分数线往往低于普通文化生，这一政策为我们提供了考取更优质高中的机会，可以继续深化美术学习。

我深感作为美术生，如果能在初中阶段兼顾文化课与美术的齐头并进，将是更为明智的选择。这样做不仅能让美术生凭借美术优势脱颖而出，更能为日后冲刺美术高考和重点大学做好铺垫。

被梦想驱动的奋斗经历

初中毕业后，虽然如愿进入了重点高中，但是我对未来方向的迷茫却越发加重，我反复问自己：以后我想做什么？高中学习的意义在哪里？直到美术课上，和老师偶然之间的一次交流，我找到了答案。

在高一这个人生的十字路口，我决定从理科生转为美术生。当时，父母和老师都无法理解我的这个选择，但我心中对艺术的那份热爱，如同火焰般熊熊燃烧。

转入美术班的我，仿佛置身于一片未知的领域，面对着系统而严格的美术训练，我感到前所未有的压力。幸运的是，我遇到了许多富有经验的老师，他们耐心地指导我，让我逐渐找到了自己的方向。同时，我也付出了超乎常人的努力，夜以继日地练习，不断挑战自我。

终于，在应届之年，我的努力得到了回报。美术联考中，我成功进入湖南省前 100 名，并且在清华大学的专业选拔中，位列全国第 65 名。那一刻，我仿佛看到了自己的梦想在前方闪闪发光。

然而，就在我满怀信心地迎接高考时，现实给了我沉重一击。由于文化课的规划和执行出现了偏差，导致我的高考文化成绩差了几分，与清华大学失之交臂。那一刻，失落和不甘如潮水般涌上心头。

但是，我并没有放弃，毅然选择了复读重考。这一次，我变得更加成熟和坚定，制订了更详尽的备考计划，从集训之初就制定好了针对各大院校的备考策略，确保美术和文化课并重，避免重蹈覆辙。

美术生的考试经验

那一年，我付出了更多的努力，终于成功考上了梦想中的清华大学。同时，我几乎拿到了中国各个高等艺术院校的合格证，包括中央美术学院、清华大学美术学院、中国美术学院、北京电影学院、中国传媒大学、天津美术学院等一流艺术院校。回顾高中阶段，我虽然走了一些弯路，但也积累了丰富的经验。

首先，我认为制订计划并明确目标至关重要，不要盲目跟从他人，而是要提前规划好适合自己的艺考路线，明确想要攻读的专业和院校，然后脚踏实地地去实现这些目标。很多学生在集训时，仍对自己的专业方向感到迷茫，这显然缺乏计划性，成功率也会大打折扣。

其次，打牢绘画基础是获得高分的基石。虽然创新和审美能力同样重要，但如果没有扎实的绘画基础作为支撑，这些优势在考试中也难以在考卷上得到充分展现，我们自然也很难获得高分。

此外，还要保持积极向上的学习态度，同时，不要孤军奋战，多与老师、同学和经验丰富的学兄学姐交流。比如，我在备考中国传媒大学时，专门找到了该校排名全国第一的学长向他取经，通过与他的沟通交流，极大地缩小了信息差，最后，我在该校的考试中也顺利取得了全国第三的好成绩。我几乎在备考每一所学校时，都会积极寻求这样的交流与学习机会。

再者，良好的应变能力也是必不可少的。随着艺考改革的持续深化，命题创作已成为众多学校与专业考核的重点。鉴于每年各个专业的考题都不尽相同，这就要求我们具备应对不同题型的能力。因此，提前准备、模拟练习和广泛钻研各种题型尤为重要。

最后，我要强调的是，良好的备考心态和考试心理调适是通往成功的关键。面对陌生或未曾准备的考题时，保持冷静与自信至关重要。在考场上，每位考生都可能面临挑战，只要心态稳定，我们就能在后续考试中发挥出自己的水平，甚至超常发挥。反之，如果心态失衡，一次小小的失误就可能影响整场考试的表现。因此，保持良好的心态对于考试的成功会起到不可估量的作用。

充实而丰富的大学生活

进入清华大学后，我以满腔的热情投身于各项活动中。我主动担任班级和年级的干部，这不仅锻炼了我的组织和管理能力，也加深了我与同学间的友谊。

对于每一门课程，我都严谨认真地对待，不断汲取各种知识，深化对专业领域的理解。正因如此，我在大学第一个学期末，就以满绩点的好成绩名列全年级第一，这对我来说，既是肯定也是激励。

随后，我有幸荣获清华大学国家励志奖学金和先进个人等殊荣，这些荣誉不仅是对我过去努力的认可，更是对我未来继续努力的鞭策。

在学习之余，我充分发挥自己对艺术的热忱，创立了自己的艺术工作室。在这里，我将所学的美术知识转化为社会价值，通过创作让更多人感受到艺术的魅力。这些经历让我的大学生活充实而丰富。

在我的大学生活中，通过交流和观察，我发现身边的优秀学兄学姐，以及清华大学的老师们，他们的大学生活之所以充实、丰富和成功，都源自一些共通的优秀特质。

首先，他们非常注重专业知识的学习，不仅深入学习自己本专业的课程，还勇于跨越学科界限，让自己的视野更加开阔。

其次，他们非常注重实践和创新，不满足于书本上的知识，还勇于将所学应用到实践中，不断挖掘并创造新的价值，学习并掌握前沿技能。

他们在大学中，经常参加各种学术交流活动和项目，与不同大学、不同专业背景的同学及老师交流切磋，促使他们从多元化的视角审视问题，培养了卓越的跨界思维与团队协作能力。

此外，他们还非常注重提升自己的综合素养。他们热爱阅读，会从中汲取不同文化的精髓和创作理论，使作品更具思想深度和文化内涵。同时，他们还注重锤炼语言能力和心理素质，让自己在表达上更加自信流畅，面对压力时更加从容不迫。

在清华大学的平台上，建立良好的人际关系和社交网络非常重要，他们积极与其他同学、老师以及各级校友建立联系，从优秀者身上学习宝贵的经验和智慧。他们不仅实现了自我提升，更为自己构建了一个强大的人际关系网，这些都值得我们借鉴和学习，让自己的大学生活更加充实而有意义。

从偏远的山区出发，凭借对美术的热爱来到清华，在不断努力和试错中，一步步向着自己的梦想靠近。一路走来，美术改变了我看待世界的方式，也在潜移默化中影响着我的命运轨迹。

我希望，通过分享我的这些经历与感悟，激励更多人勇敢追寻自己的梦想，找到属于自己的奋斗目标！

音乐艺术生的名校升学路

傅芊芊

学习履历：

- 高中：湛江市第四中学
- 本科：厦门大学音乐表演专业（小提琴方向）
- 硕士：中国人民大学音乐学专业（中提琴方向）

个人荣誉 / 工作经历：

- 2019 年获得唐立新奖学金
- 2020 年获得国家奖学金
- 2021 年获得厦门大学亚南（校长）奖学金

先做个简单的自我介绍，我在中国人民大学艺术学院音乐学专业读研。初中和高中都就读于家乡广东省湛江市第四中学，本科毕业于厦门大学艺术学院。

进步不要急于一时

初中阶段我的成绩经历过一次巨大的起伏：初一，我的成绩一直都稳定地保持在年级前 100 名。到了初二，虽然丝毫不曾在学习上懈怠，成绩却掉落到 200 名左右，而且 1 年都无法突破。

那段时间我一度十分怀疑自己的能力，甚至动过以作弊方式提升成绩的心思。那时妈妈跟我说，学习都是学给自己的，成绩不是衡量能力的唯一标准，相反它可以帮我查漏补缺，检验出我在学习上薄弱的方面，现在成绩没有进步反而是件好事，正好可以让我利用这个机会把不会的问题解决了。

自那以后，我沉下心来学习，一个一个地解决问题。在这期间我其实没有感受到任何学习越来越好的变化，可从初三的第一次考试开始，我好像突然开窍一般取得了大幅度的进步，一跃回到年级前 100 名，且在后续的考试中越来越好。最好的一次考到过年级前 15 名，并且在中考时考出超过当地最好的高中分数线 39 分的成绩。

但由于那所学校无法满足我每日要练琴以及经常需要请假参加演出、排练和去外地上课的需求，所以我选择继续留在本校就读高中。

高中阶段我已经完全坚定了走音乐专业道路的想法，因此在做文理分科的选择时全凭兴趣选择了理科。

当时学校在高二下学期会进行分科后的二次分班，我顺利进入由理科全年级前 30 名学生组成的班级。由于高三阶段我只在后期回到学校学习了 3 个月，其他时间都在其他城市备考心仪大学的专业，没有赶上第二、第三轮复习，文化课成绩受到影响，高考时分数仅超一本线十几分。但我最终还是以单考第八名的成绩进入厦门大学艺术学院学习。

准备越多，机会越多

本科期间我也没有放松对自己的要求，虽然还不明确之后要走哪一条道路，但我一直明白一切都要提前准备，不仅要尽早把该做的事做完，为未来的安排留足时间，还要尽量把目前的事情做到最好，把选择的权利掌握在自己手中。

因此我在大一就通过了英语四级和六级，又提前找老师学习大二的专业课程，大二修满了所有的选修课学分，绩点连续 4 年都保持在年级的前两名。另外，大学期间我一直积极参加各种专业比赛，担任了乐团的学生首席，几乎包揽了各种奖学金。

最初我的主要目标是考研，在提前完成校内任务的情况下，大三我拥有了充足的时间准备专业课和其他各种文化课，压力虽大但从未手忙脚乱。

在备考期间，我得知自己有获得保研名额的资格，在各种因素的促使下，我选择了这一道路。

其实在此之前我从未深入了解过这一政策，如果没有一直以来对自己的严格要求，我不可能在确定目标后全力以赴，这一次我体会到了“无心插柳柳成荫”的快乐。

多体验才能打开眼界

硕士阶段我的学习思路与本科全然不同，因为视角发生了转变，从更多的实践学习转变为理论研究，这是对知识的体系化吸收的过程，我的头脑在此阶段更加清晰，更能用理论的知识指导实践。

除了学习，硕士阶段我也参与到许多其他事务中，比如活动、演出等筹备工作，从活动参与者的身份转变为活动组织者，以更全局的视角了解“如何办好一件事”。

在学习之余我也积极实习，很多音乐学习者在未来都要从事教育工作，我也很想了解一下自己的多年所学运用在教学中是何种效果。在教学过程中我发现了“教”与“学”存在的差异，从“教”中获得了“学”的启示。

硕士阶段的境外交流经历也是我宝贵的财富，研二我成功申请到了爱尔兰都柏林大学的交换生项目，在交换期间我观察到国内外音乐专业教师教学思路的差异、国内外音乐专业学生的音乐能力差异以及对职业规划的差异等，这些都极大地拓宽了我的思路，让我对学习音乐这件事的认知变得更深刻。

此外，我还随导师出国参加了学术演出活动，了解了学科前沿的研究以及演奏与教学的理念，这些都使我大开眼界，开始萌生出国学习的想法。

父母在关键时候要会帮孩子做选择

我并不是从小就坚定选择音乐这条道路的孩子，家中无人从事相关行业。和绝大多数的家长一样，我的父母最开始也只是想让我陶冶情操，想让艺术成为陪伴我的朋友。

曾经我的“朋友”有很多，整个周末我都在接连不断的兴趣班之间穿梭，看似忙碌，看似被父母逼迫，但我其实乐在其中，享受学习每一个新技能的过程。

这些技能的学习极大地培养了我在学校的自信心，虽然很多技能现在看来不精湛，但在小时候的学校里，它们给了我足够让人眼前一亮的一技之长，我很感谢父母的安排使我从小就生活得很自信、很有底气。

对于音乐方面的学习，我开始得很早，3 岁便开始学习电子琴，9 岁考过中国音乐家协会十级。在当时的主流观念里，考级考完了就等于这门技艺学会了，所以我同年又开始学习小提琴。在这期间我逐渐明白了考级并不是衡量音乐学习水平的唯一标准。

我在 12 岁加入了湛江贝斯达青少年室内乐团，成为第二小提琴首席，14 岁成为乐团首席，这段乐团经历种下了我对室内乐兴趣的种子。

初中开始，我的启蒙老师点醒了我和我的父母，他说如果一直这样什么都学，到头来没有一个能学得精，是时候选择一样作为一直学下去的东西了。百般权衡之下，我们留下了小提琴，并开始了去大城市上课的艰苦求学旅程。

在此特别想分享一点，其实我从小在大事上并不是一个特别有主见的孩子，我一点也没有想清楚以后要做什么，父母觉得什么样好，我就听他们的认真学。但我觉得这不是什么坏事，不仅是我，大多数的小孩都不可能在一开始便对学习这件事感兴趣，家长适当给予方向的引导是十分有必要的。

目标院校要做多手准备

艺考主要有两个重要考试需要非常认真地做准备，第一是全省统考，即所在省份面向音乐生组织的统一考试。音乐类统考一般涉及的科目有专业课、视唱、练耳、乐理（俗称“小三门”），有些省份还需要进行一门副专业考试，广东省内目前也把文化课分数换算后加入全省艺术分数中对考生进行排名。

第二是各校单考，即各个招收音乐生的学校单独设置的选拔考试，考试具体内容各不相同，需要考生自行查询招生简章。考学阶段，我并没有报名艺术生普遍会选择的较为省心且有约束力的艺考机构，而是为了节省时间，同时尽量兼顾文化课，选择按自己的进度学习。

关于统考我并没有过多的准备，按照考试难度来说，如果能通过单考，统考是没有太大问题的。我的“小三门”本身能力不弱，因此仅找老师查漏补缺上过几节课，主要的努力都在专业课的学习上。

备考期间，我意识到自己的能力与大城市里那些从小进行专业学习的学生有巨大的差距，为了努力追赶，在考前半年内，我每天练琴的时间都在 11 个小时左右，很辛苦但也很充实。

虽然如同料想的那样，最后没有考上目标学校，但就像初二那段低谷的时光一样，在那段日子里练的每一分钟琴、获得的每一点能力的成长都属于我自己，这些收获到现在都对我有很大的意义。

前文提到，小时候的我对未来没有规划，也没有主见，因此在目标院校的选择上，我不像大多数的艺考生，会备考几个甚至十几个院校，我在目标院校落榜后才报名厦门大学。之前那段“魔鬼训练”的付出也有了收获，考厦门大学时我的心态更加从容，再加上一定的运气，最终我取得了满意的结果。

但是在此我特别建议家长多和孩子沟通，根据专业老师对孩子能力的评估多选择一些目标院校，在学习和考试上都早做准备，不要像我一样孤注一掷。

在选择音乐专业前，家长还应该评估以下问题：孩子自己是否排斥学音乐？是否有学音乐的天赋？个人专业能力是否匹配相关专业的学习要求？还有很重要的两点是家庭在经济上能否提供支持，家长在孩子学习过程中能否有足够的时间、精力与耐心进行陪伴。

来自正反馈的积累

进入大学阶段，我才感觉到自己真正开始学音乐而不是学习技术，才感受到了自己对音乐的爱，并且产生了选择这条道路的庆幸与幸福感。

大学期间，我最大的财富便是找到了一群志同道合的朋友，我们不抱怨环境，反而会以自己的努力改变学习环境，周围的人也被带动着积极向上。我和他们一起演奏从小就喜欢的室内乐，组建了上弦四重奏，参加了许多演出比赛，还举办过专场音乐会。直到如今，我们一有机会还会聚在一起拉拉琴、开一场音乐会。

我认为没有什么比自己的专业是自己所喜欢的事更幸福的了，在不断从音乐中获得正反馈的道路上，我越发坚定了从事音乐行业的选择。

协调时间也是一种能力

对我来说，或者说对于目标更高的艺术生来说，文化学习和专业学习的平衡是一直要面对的问题。

在大学以前，我过着与众不同的生活，其他孩子写完作业便可以休息，但我还需要练完琴才能开始愉快地放松；学校生活也与众不同，就像前文提到的那样，在校期间我需要经常请假参加排练和演出，在初高中基本都没有参加过晚自习，因为要用一整个晚上去练琴。

这除了要求我见缝插针地完成课业外，也让我在同学中显得有些“不合群”，不像住校生一样可以每天和同学、朋友在一起。在文化班过着艺术生的生活，和哪类学生都格格不入，这常常让我有一些孤独感，但也锻炼了我能够独处并自得其乐的性格。

上大学后，需要平衡的事务不减反增，比如要平衡练琴与理论课的学习时间，要平衡个人独奏练习与室内乐排练的时间，大学的各种繁杂事务也会分散个人学习的注意力，进入硕士阶段后还要平衡学术研究与专业实践的学习，这些都是对个人协调能力与抗压能力的考验。

人能走多远取决于细节

家庭教育是我成长至现在的模样的重要基石。有趣的是，我的父母对我学习的关注从来不在分数上，这些都是我对自己的要求，而我对自己的高要求其实来源于他们在日常琐事中对我的高要求。

我的父母认为一生的习惯是从小就在家里养成的，家庭是孩子最重要的学校，生活与品德的细节决定了人的格局以及能走多远。我在长大后与他人相处时发现，父母对我做的一些看似理所应当的要求，并不是人人都能做到的，比如要讲究礼节、尊重老师和长辈、见人问好、在文字与口头的措辞中也要体现对人的尊重等。

诚实守信也是我妈妈看重的，小时候我因为自己买了一个五毛钱的毽子，谎称是同学送的，被妈妈严厉批评，在其他事情上她从不会如此生气。

同时他们还教育我不能自私与妒忌，要不吝分享与帮助，与人共同进步，但这不意味着要放弃属于自己的利益，争取不是争抢。

还有最重要的一点就是做事要坚持，这是学习音乐最重要的品质。我也曾有过想要放弃学音乐的念头，妈妈在我最开始央求学习电子琴的时候就让我保证，一旦开始学，绝不能放弃，后面每次坚持不下去，她都会说这是我自己选的，我要坚持到底。正是因为她的态度，我才能够一直学下去并最终在其中找到无限的乐趣。

一次的成绩比不过长久的习惯

除了良好品质的树立之外，学习习惯的培养也十分重要。前文提到我的父母从不在成绩上对我动怒、给我压力，反而会在我考得差的时候安慰我，因为他们知道我已经十分自责了，明白是他们出马的时候了，所以反而会带我去吃顿好吃的，或者给我买漂亮衣服让我不那么难过。

他们更关注我在学习过程中没有解决的问题，小时候考完试我会和妈妈汇报自己做了哪些题，但她说她不想知道我已经学会了哪些，反而问我能否复述出没有做出来的题目。我最开始哑口无言，她说这代表着我没有彻底好好思考不懂的内容，从那以后我便抱着要能给妈妈讲一遍的心态刻意记住并搞懂那些不会的知识。

我的父母几乎不给我辅导作业，他们认为学习的问题要自己想办法解决，翻书没有结果那就要积极请教老师和同学，这些习惯很好地培养了我自学的能力。同时，把学习重心放在不懂的问题上这个习惯也极大地提高了我学习的效率，高中很多时候，由于时间紧张，我不会把试卷或者练习题从头到尾做一遍，甚至会把擅长的科目也战术性地放下，仅挑选薄弱部分攻克，这才能让我在有限的时间里守住成绩。

我从小看似忙碌，但生活得很快乐，父母从来不要求我夜以继日地学习，只要我做完了计划里的事，就可以尽情地玩。

我小时候为了能多看一点电视，养成了在学校就迅速写完作业的习惯，回家只需要练完琴就可以玩耍，这使我获得了一旦专注就不会被外界打扰，且能够短时间内高效完成任务的能力。

父母要做孩子最信任的朋友

最后也是最重要的一点，家长要站在孩子这边，做孩子最信任的朋友。

在我的家庭里，成员之间是十分平等的，我对父母有极大的尊重，但和他们之间并没有尊卑之分，每当新认识的人看到我们家人的相处模式，都会惊叹于父母和子女间竟然可以用这样“平等”的语气交谈，可以思想同频，可以互相倾听每一个话题，并且有讨论的空间。

这些都是基于父母对孩子的充分尊重，他们从来没有把我仅当成一个小孩，凡事都会听取我的意见，家庭的重大决定也会让我参与其中，也不会有避着小孩才能谈论的话题，所以我有什么事第一时间想到的都是跟爸爸妈妈说。我知道他们永远会听我说话，我可以获得情绪价值和各种意义上的支撑。

正确的路是当下的每一步走出来的

在一路的学习中，我面临过许多次重要选择，比如是否走音乐的道路，选择哪所高中、哪所大学，选择考研还是保研，是否出国等。

站在选择的路口，我并不知道未来会如何，也不知道什么是正确的选择，唯一能做的就是做好当下的每一件事，并抓住每一次机会。

我们回头看时，不能保证每一次的选择都称心如意，但那已经是当时的我们能给出的最优解，所以不要抱怨“早知如此，何必当初”，只管努力并寻找未来新的方向就好。

虽然人生要不断地努力，但我们要允许自己可以停下来休息，休息的目的不是放弃，而是整理思路再出发。人生并不只有一种选择，就像学音乐也不只有演出这一条道路。社会未来的趋势是多学科的交叉融合，音乐也是如此，它甚至可以融合理工科、管理学科等，所以大家在职业规划时要进行广泛的了解，拓宽思路，不为自己设限。

我在成长过程中不断明白人要时刻做好准备的道理，也品尝了打有准备的仗的快乐。时刻准备着并不代表要时刻紧绷，而是要时刻保持学习的心态，把对未来的选择权握在自己手中。

如果能以热爱为事业，那将是无比快乐的事情，希望每个孩子都能找到自己想从事一辈子的事，且不必为了现实放弃理想，过自由的一生。

4

稳步升学

不设限的精彩人生

章　晗

学习履历：

- 高中：黄山市屯溪第一中学
- 本科：四川农业大学动物医学专业
- 硕士：香港中文大学公共卫生专业

个人荣誉 / 工作经历：

- 2016 年获得全国中学生英语能力竞赛三等奖
- 2018 年获得“校浩博优”优秀奖学金
- 2021 年获得全国大学生英语竞赛一等奖

我出生在安徽省一个普通的三线城市，和后来我在本科和研究生期间接触到的大城市的同学相比，我们的教育资源确实是有显著差距的。

但我认为这个差距也不是完全无法跨越的，因为我相信，虽然个人的发展会受到环境的影响，但更重要的是通过主动地去创造环境、改变环境来逐渐丰富、完善自我。

不要强制孩子学特长

启蒙阶段，也就是幼儿园时期，我在家长的主导教育下建立了一个快乐学习的态度，也通过同学、老师建立初步的人际交往，为之后的学习生涯打好了一个基础。

进入小学，因为当时三线城市的教育资源限制，我没有体验特别多的个人拓展班。但现在的环境不同了，由于互联网的发达、交通的便捷，不同地区的学习资源差距在不断减小。

启蒙阶段相对来说是铺垫兴趣的阶段，但是我觉得家长可以适当地减少给孩子报一些前期的兴趣班，尤其是不要太过强制孩子学习某种特长。孩子在小的时候很难去判断到底什么适合自己，只有在真正的兴趣意识觉醒后，他们才会很快乐、很主动地去学，也才能掌握好特长。

小学期间父母给我报过拉丁舞课，但我当时真的很不喜欢，别的小朋友可能考几次就过了初级考试，我却一直表现得不太好。好在妈妈也没有强求，她最后问我："既然你不想上舞蹈班，多出来的时间你想干什么呢？"我就说学英语吧，因为我当时很喜欢看英文动画片。

我爸妈虽然一点也不懂英语，但是他们马上去咨询了一个辅导机构的亲戚，找了比较前阶的新概念英语课让我先去体验一下。本来他们怕我会只有三分钟热度，但当时那个老师会通过讲解一些英文故事来教授英语知识点，这让我觉得非常有趣，就一直坚持住了。

在我的小学阶段，课业内容还是比较简单基础的，也没有什么压力，基本上我的作业都在学校课间就完成了，回到家我就会复习巩固，并完成一些课外的兴趣拓展。爸妈也会给我阅读一些睡前故事，保证我充足的睡眠和身体、大脑的健康成长。

总的来说，小学的大半个阶段主要是为初中打基础，但现在的孩子面对的课业压力可能相对比较大，需要适当提前做规划和铺垫。

广尝试，不设限

初中时期，我有幸遇到有着教育革新理念的班主任，他是我的一位同学的家长，和我父母也建立了密切的联系。之所以说他有革新理念，是因为他在我们刚升入初中的时候就注重我们在全科上的发展，不像有些传统班主任那样只抓分数占比最高或者之后更多人会选择的理科。

他是语文老师，但是他的课不会只局限在语文课本上，他会让我们去学习《朱子家训》《三字经》，会举办诗歌比赛、朗读比赛，还会开展一些和语文不相关的活动——中国地图板块盲画挑战、户外运动等，还带动家长积极参与到学生的学习中。

当时我们班会举办一些外出参观学习的活动，在家长和老师的配合下，我们去了博物馆，去了中国科学技术大学的科技展，还参加当地社区读书会等，这也是一种资源获取的方式。有这样一位班主任带领，我感觉很幸运，并且他也潜移默化地强化了我父母对我的教育理念——广尝试，不设限。

高中选科如何考虑

进入紧张的高中阶段，我开始面对文理分科的困扰。

幸运的是父母会参与我的选择，和我齐心探讨，他们没有独断地替我决定，也没有随大溜，认为理科才是最好的出路或者女生适合读文科等，而是首先咨询了教育界有经验的朋友，再结合我个人的优势（生物、化学的坚实基础），也考虑了我个人对于政治、历史的兴趣以及成绩优势，最后结合我个人的未来职业意愿，帮我选择了理科。

在理科实验班的高中时光，学习压力真的很大，班上很多学生对于理科数字公式的理解应用能力比我更强，我在初中的全面学科优势也逐渐被他人挤压下去，只有英语的长期优势成为我的一个强力支撑，也成为我学习生涯转折的关键。

语言环境的早期熏陶很重要

从小学刚学英语到高中，我的英语成绩一直处于领先地位。这里面的原因，首先是我自身对于语言的天赋和兴趣，其次离不开父母通过英文书籍、歌曲、电影的熏陶。

从小时候他们第一次带我看英文版动画片，带领我进入国外影视的世界，再到支持我去学习新概念英语，很小我就在课外接触比较高阶的英文拓展课程，也很早就收到我妈妈给我买的《牛津高阶词典》——从一开始无从下手到后面一直反复翻阅到连封面都掉落。

从小到大，包括在硕士阶段接触全英授课的时候，我都会被人问到怎么学好英语，我首先都是回答："兴趣为主。"

其实在我看来，任何一门语言的学习都不是一蹴而就的，最开始环境的熏陶影响很大，没有语言环境就应该自主去创造。比如我上学阶段，妈妈喊我起床后就会给我放英语磁带，我的洗漱时间、早餐时间都是在这种潜移默化的英语氛围中度过的。

再加上我在闲暇时光也爱听英文歌、看英文电影，后来还因为不满足于读翻译的书就去找英文原著来看。这是一个长期的语言自我认知探索过程，但是前期的兴趣和自主的环境熏陶是很重要的。

虽然当时高中文理分科导致我没有机会去选择历史、政治，但是后期我也通过课外的书籍进行了相关的知识扩充。本科以前，我最大的娱乐其实是书籍带给我的。

小学的时候我爱看《意林故事》《格林童话》以及一些科技百科全书，阅读面比较狭窄。而真正进入书籍的世界是从初中开始的，养成影响至今的阅读习惯也是从初一就开始的。

当时父母经常带我去书店选购，会给我买各科各类的书，包括《明朝那些事儿》这样的书，虽然它不算正史，但是对于培养我的历史兴趣有很大帮助。

除此之外，余华、三毛和路遥的书也对我影响很深，不仅使我的语文阅读和写作能力提高了，也拓宽了我的思维境界，让我感受到文字的力量，同时去沉淀自我、提升内核。

除了读书之外，我从小就代表班级去参加运动会，小学时期也是田径队的。我的运动能力也是爸妈从小培养的，他们很爱带我去户外，喜欢带我跑步、爬山、打球、游泳等。加上本身体质好的原因，我一度被同学调侃是"被学习耽误的体育生”。

对于运动和音乐的喜爱，也让我摸索到属于自己的排解压力的方式，提高了我个人的综合素质能力，让我积极、自信地应对事物，能够更深度地思考问题。

所以，虽然我只是一个来自三线小城市的学生，但是我在学生时代一直不断地尽我所能去扩充自己的知识和见识。长大以后观察那些来自大城市的优秀人才，我还是觉得，虽然有资源的限制，但一个人的成绩更多还是靠后期的努力。

固定型和成长型的思维模式

除了前文提及的兴趣的拓展，利用互联网进行资源的扩大获取，建立思维模式，也是个非常重要的点。

美国作家卡罗尔·德韦克在《终身成长》中提出要重新定义成功的思维模式，并介绍了两种思维模式：固定型与成长型思维模式，它们体现了人在应对成功与失败、成绩与挑战时的两种基本心态。比如，才智和努力哪个重要？能力能否通过努力改变？答案决定了你是会满足于既有成果还是会积极探索新知。

只有用正确的思维模式看待问题，才能更好地达成人生和职业目标。德韦克揭示的成功法则已被很多具有发展眼光的父母、老师应用，在实践中得到了验证。

通过了解自己的思维模式并做出改变，人们能以简单的方式培养对学习的热情，和在任何领域内取得成功都需要的抗压能力。

作者还列举了龟兔赛跑的故事，这个故事本意是想鼓励和强调努力的意义，但却给了努力一个“坏名声”，它巩固了人们认为“只有缺乏天赋的人才需要努力”这一观念，并让人们以为只有在非常罕见的情况下，比如当有天赋的人失误时，后进者才有机可乘。

作者列举这个故事对我个人而言很震撼。从我第一次学到这个故事直到读

《终身成长》之前，它对于我的教育意义就是：一定不要犯兔子所犯的这个错误。但我想到的仅仅是兔子的角度，我从未想过假如自己是那只乌龟，面对兔子的时候还有没有勇气继续比赛，会不会坚持到最后。这可能是这个故事真正的教育意义。

固定型和成长型思维模式的不同在于面对挑战和失败时人们心理上的认识和反应的不同。在固定型思维模式中，所有的一切都是为了结果。如果你失败了——如果你不是最好的，那一切都是白费力气。而成长型思维模式能让人们在不计成果的情况下去评估自己所做的事。他们会着手处理问题，策划新课题，致力于重要的工作。

但要注意的是，也不是说具有固定型思维模式就难以获得成功，而具备了成长型思维模式就一定可以获得成功。具备成长型思维模式的人更愿意努力，但努力却不是成功的唯一要素。

作者也强调了不能简单地把所有人划分为固定型或成长型思维模式的人，人们可以在不同的领域展现出不同的思维模式。我可能认为自己的美术才能是固定的，但智力是可以发展的；或者我的个性是固定的，但创造力是可以发展的。我们发现在某一个领域里，一个人的思维模式会影响他在这个领域内的表现。

固定型思维模式的人更在意结果，容易缺乏自信，而成长型思维模式的人更享受过程，往往更容易自信。

最后，希望大家都能够打破思维局限，不给自己的人生之路设限制，拥有一个美好的精彩人生。

“上学威龙”终上浙江大学

姜语菲

学习履历：

- 高中：东华高级中学
- 本科：浙江大学管理学院会计学专业
- 硕士：香港中文大学性别研究专业

个人荣誉 / 工作经历：

- 2017 年获得高中荣获全国青少年科技创新大赛广东省一等奖
- 2021 年获得第七届中国国际“互联网 +”大学生创新创业大赛浙江省银奖

张弛有度的童年使人学会自律

2001 年，我出生在陕西省西安市。那时候，父母忙于在市场经济更发达的珠三角地区求职安身，我则“留守”在小县城托儿所里，度过了两年多轻松懵懂的时光，记忆中几乎都是在玩手帕、做手工度日。

然而，父母长期不在身边，终究对于幼儿教育有一定的负面影响。用妈妈的话来说，小孩子察言观色的天赋就像小狗一样，没有父母“撑腰”终究会缺失安全感。在家中长辈的建议下，3 岁的我被接到父母工作的南方城市——东莞，就近入读幼儿园。与此同时，兴趣爱好的大门也向我徐徐敞开：芭蕾、绘画、珠算……

回看早年求学，似乎并没有那么多潜心筹划。我被分入南城区的公办小学——阳光第一小学，度过了相对顺遂、自由自在的6年。从幼儿园到小学低年级，我在更多的课余时间里是由保姆看管的，比起“佛系”的父母，当时对我起到更多指引作用的是小学的班主任。

在学校鼓励式教育的基调下，我广泛阅读，常常在上课时沉迷那时风靡的《草房子》等儿童文学作品。当时畅销的儿童文学作家“阳光姐姐”来签售，我求着家长一口气买了好几本书。凭借写作能力，我被推荐加入校内的“叶圣陶杯”写作社，利用午休时间和老师讨论和练习写作。

我自觉上进的表现背后，是父母的开明和支持：每学期例行的月刊订阅，父母都会订上几本我感兴趣的文学、科学杂志，于是我养成了周期性阅读的习惯；想参加的兴趣班，他们每周末都陪着我去，并在我犯懒时鼓励我做事要有始有终；智能手机未兴起的时代，我最爱玩的是电脑上的QQ宠物，父母也并不禁止，只是约定每次最多玩半个小时。

在以上种种有计划的课外阅读、兴趣养成和娱乐之下，我养成了遵循规律、张弛有度的学习习惯。三年级暑期，我从儿童画中偶然接触到素描，从此一直坚持学习美术。得到许多鼓励而没有太多约束的童年，让我开始意识到自己应当对自己负责，也意识到好成绩能够换来大人们的种种宽容，于是逐渐养成了自律、要强的性格。

学习没有捷径，厚积才能薄发

小升初在即时，升学压力紧迫起来。由于当时可能被分配到的公办中学风评并不好，父母担心教育质量下滑，决定让我备考东莞的各大私立学校。

意识到私立学校招生题目的难度，我主动要求增加课外补习的课时，甚至在补习机构“闭关”学习。

成功考上东华初级中学后，我却与父母起了一次严重的争执：许多小学时期的熟人都进入了公办中学，我非常舍不得朋友，也对东华著名的高压学习环境心存疑虑。激烈争吵过后，妈妈最终只说了一句："学习是你自己的事，你现在告诉我真的想去那所公办学校，那我们就放弃东华。"这句话让我一下子沉默了，也让我真正陷入思考：我当下做出的这个选择，是否能够算得上对自己的未来负责？父母现在的建议是不是更具远见、对我更好？

尽管倔强的性格不允许我口头表示认同，默许之下我还是选择了去东华报到。

如果说小学时期只凭天资聪颖，毫不费力就可以取得不错的成绩，初中则非常不同，这是需要费力应对考试的时期。

初入东华，我看着第一次全年级大考的排名，第一次意识到人外有人、天外有天。此外，集体生活也是新的挑战，种种规章难以适应，圈层分化的无形张力也令人反感。

面对从成绩到人际关系等方方面面的落差，我延续了小学以来写日记的习惯，学会了阶段性的自我复盘；从一开始的手足无措，到渐渐放平心态，决心以行动改变。

极端投入的学习状态下，就连班主任也找到我谈心："你这么勤奋的学生，成绩提不上来可能是因为没有找到适合自己的学习方法。"每每听见这类话，我总是不置可否：所谓"适合自己"的学习方法究竟是什么，这么玄而又玄？但我偏偏不信这个邪，我只相信努力一定会有结果——这种"一根筋"的思维方式在大学以前其实使我受益颇多。

家人也一直信任着我，妈妈说付出不会没有回报，只是时候未到。初中3年，面对少有起色的成绩、起起落落的排名，家人始终给予了我无声的支持。

父母对于我的成绩表现得不以为意，就像从前考满分时他们也不会过度赞扬一样，我周末回家时，餐桌上从来不主动出现与成绩相关的话题；我喜欢的兴趣班照常参加，并没有因为作业或补习放弃每周3个小时的绘画；在我因为无望的努力而自我怀疑时，他们会说不要给自己太大心理压力，尽人事听天命就好。

长久以来的努力最终有了回报，向来成绩平平的我爆冷门般考入了东华高级中学公办班。神奇的是，我的排名从初中时动荡不定的年级几百名，一举变为稳稳占据班级第一、年级50名左右。我的个人经验是学习没有捷径可言，不可急于求成，唯有自我专注、厚积薄发。

并不是每个家长都承认这一点："快乐学习"是一个谎言。事实是在重压的应试导向下，得不到及时正反馈的学习是十分苦涩的，且往往促使孩子去寻求其他能够提供短期满足的产品，如短视频、游戏等。幸运的是，我的父母并不常用"现在学习是为了以后如何如何"这种句式，而是在合理范围内满足我当下的小愿望。

比起遥远模糊的未来，这种及时满足的方式更具象地让我理解到：学习并不是为了父母的希望，而是为了"我的需要"；理想的生活和自由是自己争取来的，而学习是必要且稳妥的工具。

"清醒的叛逆"让人走出自己的路

上高中后，比起初中以来的乖乖女形象，我向往自由、富有主见的本性也日渐表露——家长、老师会称为叛逆期到了。一如既往地，父母对这样的我采取了疏导而非堵截的态度，老师大多也看在成绩的分上选择包容。

当时高中有不能带电子设备的规定，但父母额外允许我携带电子阅读器，用来查单词、阅读常出历史材料题的课外书，这大大提高了学习效率，减轻了每天带过多纸质书本的负担。碰到一些讲课言之无物的老师，我就做自己买的题或是直接自学。

加入学校机器人社团后，为了获得一个清净、方便上网搜题的自主学习环境，我有时会找理由待在社团活动室而不待在教室里。不同于刻板印象的是，叛逆随性并没有使我松懈，反而进一步激励我勤奋学习，从而得以维持这些小小的"特权"。

总之，电子设备的正确使用、相对自由的精神空间与老师和家长的信任，使我平稳度过了高考前两年的长跑并保持领先，也在机器人社团的团队协作下获得了全国中小学信息技术创新与实践大赛广东省一等奖。

分析利弊而不是代劳

高三上学期是又一个分水岭。在少年宫学习多年素描后，我进入资深艺考老师所带的班级。在了解我的美术基础和成绩后，他建议我考虑艺考而非参加纯文化课高考，这种条件下报考清华大学美术学院大有希望。

一直以来的兴趣爱好和清华的大名让我十分动摇，父母则持反对态度：家中选择艺考的亲戚就业困难，况且艺考在他们心中始终被污名化为“成绩不好但想找个学上”的选择。当时的我也处在巨大的信息差和不确定性之中，无奈放弃了这一步险棋。回想起来不可谓不遗憾，但我也无法保证那时候参加艺考就能获得理想的结果。

不过想要提醒大家的是，哪怕孩子自己的想法可能趋于片面，也不应该一味否决，否则只会激化矛盾，家长应利用多元的信息渠道帮助孩子全面分析问题，耐心沟通不同选项的利弊，而不是单纯地在决策上代劳。

高考后，基于对院校排名、地域和专业方向的综合考虑，我入读了浙江大学。当时实行大类招生政策，我在家长的建议下选择了社会科学大类，并在第二学年顺利通过面试进入管理学院会计专业。

经历了专业课程学习、丰富的校内活动和考财经证书的种种探索后，我意识到会计学尽管实用、就业面较广，却不符合我的性格和兴趣。于是，大三到大四的两年时间我几乎都在杭州当地的企业实习，主要集中于字节跳动、网易等互联网公司，并逐渐确立了职业认知，越来越了解自己适合什么样的工作和生活方式。

考虑到当下的就业环境和内地读研的时间成本，我决定申请 1 年制硕士并转向自己感兴趣的人文社科专业。这个过程中，家长仍然保持着鼓励我自由探索的态度。经过一番理论，他们也对我放弃现有专业，转向冷门学科方向的决定给予了理解和支持。

太多人怀念无忧无虑的童年，我却从不这样。恰恰相反，成长至今的每一步，我都庆幸自己凭借学习和实践获得了比上一阶段更多的自主权，无论遇到什么样的困难和烦恼，这都是我自己的选择。

接受应试教育终究只是人生的一个阶段，与其一味强调成绩的重要性，不如强调成绩的工具性：学业不可能也不应该是孩子的全部，但可以成为他们坚实的踏板。努力走出被视作叛逆的小小天地，就是自由的坦途。

父母的智慧相助，成就名校之路

叶倩雯

学习履历：

- 高中：上海市进才中学实验部
- 本科：复旦大学法学专业
- 硕士：哈佛大学教育心理学专业

个人荣誉 / 工作经历：

- 2013—2014 年耶鲁大学心理系研究助理
- 2018 年至今参与研发启蒙教育类 APP

在我获得教育心理学的硕士学位，并成为一名教育工作者之后，我常常会想，我的父母真是天生的教育家。

我是独生女，出生于上海，父母属于慈父严母组合。尽管他们表达爱的方式不同，但是在养育我的过程中，他们的教育理念非常统一，从来没有出现一方赞同而另一方反对的情况。

这种一致性为我营造了一个稳定且和谐的家庭环境，赋予我安全感和自信心，成为我成长经历中的基石。

择优升学，圆梦哈佛

我的父母在对我的教育选择上一直持有严谨的态度，不仅看重学校的教学特色，还关注学校的文化氛围。因此，从幼儿园到大学本科，我就读的都是上海名校。

幼儿园时期我就读于上海浦东冰厂田幼儿园，这是一所双语教育幼儿园。在这里，我早早地接触并学习了英语，为日后语言学习打下了扎实的基础。

小学进入曾经大名鼎鼎的“二中心小学”（后更名为“洋泾－菊园实验学校”），这所学校同样是双语教学。当时上海大多数小学是三年级开始学英语，二中心小学一年级就开始学，而且教材难度大。得益于幼儿园打下的基础，我顺利度过了小学阶段。

初中和高中阶段，我就读于进才中学实验部，当时实验部实行六年制，免中考，一个年级只招一个班。

实验部的选拔包括笔试、智力测试和为期两周的试读期，这样的选拔机制为我们班创造了一个纯粹、专注的学习环境。由于没有中考的应试压力，我们享受了少有的自由。

我们学习竖笛、吉他、葫芦丝等乐器，每周都有游泳、自行车或轮滑课程，每天午休时间女同学会相约打篮球……当然，学校重视课外兴趣爱好培养的同时，也重视激发我们对学习的热爱，初中时我们就开展了“自主研究性课题”，通过实践来掌握科学的研究方法。

到了高中，虽然学业任务有所增加，但丰富的选修课和社团活动仍然是我学习过程中的重要组成部分。我报名了心理学选修课，加入了心理学社团，这激发了我对心理学的浓厚兴趣。

凭借高中时期的优异成绩，我获得复旦大学“直推”名额，进入自主招生面试。只要我的高考成绩达到本科线，就能被正式录取。最终我成功被复旦大学法学院预录取。

本科期间，我主修法学专业，但仍然保持着对心理学的兴趣，选修了心理学专业的大部分课程。此外，我还对国际关系产生了兴趣，又修读了外交学作为第二专业。

到了大三，我确定了自己未来的发展方向——教育心理学，并投入美国顶尖教育学院的申请当中。经过一番努力，我顺利地从法学专业跨界到教育心理学，获得了多所顶尖教育学院的录取通知，最终，我选择了哈佛大学继续深造。

父母的智慧引导：激发动力，掌握方法，塑造性格

在我成长的道路上，父母总是以自己的方式鼓励和引导着我，大致可以总结为以下几点。

第一点是激发学习动力，放手学习内容。他们明白，学习的真正价值不仅在于知识的积累，更在于为将来增加更多选择。所以，他们总是引导我发现每次努力后的进步，让我明白对抗挫折的意义，从而激发学习动力。至于具体的学习内容，他们很少干涉。

小学四年级的时候，班里转来一位优等生。她的到来，打破了我长期对第一名的“垄断”。每次考试成绩出来，我只能屈居第二，这让我内心充满了焦躁和不安。

在父母的鼓励和引导下，我学会了如何将这份竞争压力转化为强劲的学习动力。这也为我后来在大学期间同时攻读法学、心理学和外交学三门学科，还能做到游刃有余做好了心理建设。如果没有这份内在的学习动力驱动，如果不是相信学得越多选择越多，我大概很难坚持下来。

第二点是面对重大决策，搜集关键信息。小学五年级，我面临升学路径的选择。我很幸运，父母通过朋友了解到进才中学实验部的相关信息，鼓励我去尝试，成就了我日后升学的坦途。

到了大学寻找专业方向和职业方向的时候，他们也总是提醒我，尽可能多地搜集信息、亲身体验。同时，他们也会帮我留意修读相关课程的实习机会和渠道，经过他们的帮助，我得以在不同领域学习和实习，最终找到自己真正热爱的方向。

后来，我逐渐养成了“充分了解、体验后再做决定”的习惯，这让我面临人生选择的时候多了一份确定性和底气，让我受益终身。

第三点是培养兴趣爱好，塑造性格。小时候的我比较内向，父母从没有强迫我改变，而是通过培养我唱歌、运动等兴趣爱好，潜移默化地影响我。

在他们的陪伴和引导下，我变得越来越开朗，并且习惯于团队合作。小学升初中的暑假，他们为我报名参加了区少年宫的合唱团。很快，我成了领唱，还登上了上海大剧院的舞台。拥有一技之长，我变得更加自信，敢于展示自己。

进入初中后，他们又鼓励我竞选班长，由于经常要跟老师、同学交流班级的相关事务，我的社交能力又进一步得到了锻炼。

通过这三点，便可看出父母颇具智慧的引导对我整个成长过程的影响和作用。他们不仅激发了我的学习动力，还让我自主选择学习内容，教会我冷静面对重大决策，同时通过兴趣爱好优化了我的性格。他们用自己的方式，在不干涉我的前提下，协助我全方位地塑造了自己今天的样子。

名校申请技巧

在大一、大二的时候，面对未来的不确定性，我延续了父母教会我的方法，先让自己广涉猎各个感兴趣的领域，积累信息，为未来的专业选择拓展更多可能性。

法学是我的第一专业，我投入了大量精力提升课程成绩，并利用暑期实习，丰富自己的实践经验。我对国际关系也很感兴趣，于是我修读了外交学的第二专业，并进入了拥有联合国咨商地位的国际智库实习。

另外，因为想涉猎心理学，所以我修读了心理学专业的大部分课程，并在多个教育机构和心理类的公益组织担任过志愿者或助教。

到了大三，经过深思熟虑，我决定专注于教育心理学领域。为此，我为自己的名校申请材料精心打造了三个亮点。

一是对公益事业的长期投入。我曾在一家公益机构服务长达 6 年，这份坚持与热忱为我的申请材料增添了分量。

二是以心理学专业学生的标准要求自己。虽然我的第一专业是法学，但是我不断学习心理学的专业课程、书籍、文献，充实自己的心理学专业知识，这也助力我在申请材料中展现自己的专业素养。

三是优异的英语水平。我一次性通过了 GRE 和托福考试，这证明了我高效的学习方法和坚定的决心。此外，我只给自己留了 3 个月备考，破釜沉舟，最终取得了远超顶尖名校录取标准的优异成绩。

结合自己的申请经验，我总结了一些有效的应试技巧。

1. 高能量姿势。所谓高能量姿势，就是那些更舒展、占据空间更大、与空间中的物品有接触的姿势。与之相反的是低能量姿势，比如蜷缩在椅子上看手机。心理学研究表明，高能量姿势可以调节我们体内的激素，使身体和大脑调整到更好的状态。尤其是在应试前，要尽量保持高能量姿势。

2. 保持微笑。与高能量姿势类似，微笑，即使是假笑，也能起到一定的心理暗示作用，帮助我们平静下来。人在放松的状态下，会更容易取得好成绩。

3. 准备模板。我参加 GRE 和托福考试前，都没有报名参加培训班，而是整理了五六套口语和写作的模板，把这些模板反复练熟，达到举一反三的效果。

4. 掌握记忆曲线（遗忘曲线）。背单词容易一边背一边忘，艾宾浩斯记忆曲线能让人更加了解记忆的规律。根据记忆曲线制订复习计划，可以达到事半功倍的效果。

5. 错题筛选。复习错题是提高成绩的有效方法，但是整理错题集非常耗费时间。我一般直接在试卷或练习册上标注错题，在有错题的页面折一个角。下次复习的时候，如果已经掌握了，就把这一页的折角展开。这样做也许不够美观，但时间更宝贵。

以上就是我的成长经历和经验总结，我想借此机会感谢我的父母。感谢他们在养育我的过程中始终保持高度统一的教育理念，感谢他们帮助我建立了强大的学习内驱力，感谢他们培养了我广泛的兴趣爱好，感谢他们鼓励我勇敢尝试不同的专业方向，感谢他们帮我搜集关键信息做出最优的决策……他们，是我人生中最宝贵的财富。

从梦想起航到清华登顶：一个理工生的蜕变之路

方青然

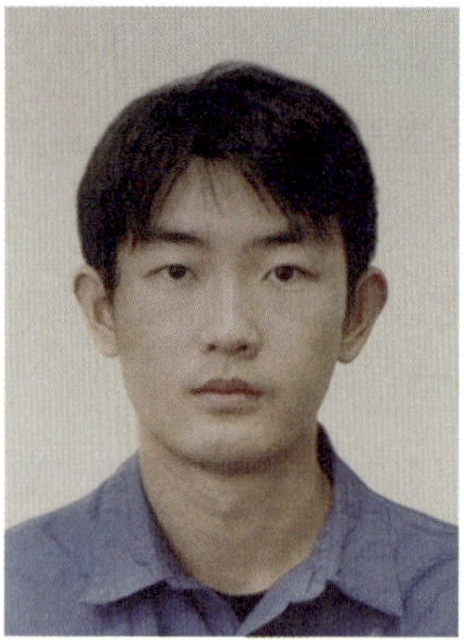

学习履历：

· 高中：江苏省南菁高级中学

· 本科：东南大学电子科学与技术专业

· 硕士：清华大学电子信息专业

个人荣誉 / 工作经历：

· 2016 年获得江苏省化学竞赛一等奖

· 2020 年获得国家奖学金

· 2020 年获得东南大学第二十二届电子设计竞赛一等奖

自由成长，兴趣启蒙与性格塑造

我小学就读于我们市里的一所实验小学，总体来说小学生活算是无忧无虑。因为当时还不像现在这样竞争激烈，各种补习班层出不穷，所以我有机会参加兴趣班，有时间阅读、学习乐器以及尝试其他感兴趣的事物。

当时，我一直坚持学习二胡，并且考到了十级。现在回想起来，学习二胡的过程，培养了我很多优良品质，比如沉稳和坚忍。并且，在之后的求学生涯中，二胡也给我带来了很多社交的机会，比如迎新晚会登台演出、参与军乐队表演等。

除了音乐，我对自然科学也产生了浓厚的兴趣，学校订阅的科普杂志，每一期我都必看。这培养了我科学理性、讲究逻辑的思维方式，为我日后在理科方面的发展，起到了一个很好的启蒙作用。

玩转计算器，兴趣驱动理工探索之旅

按照学区划分的方式，我升入本市的市中。初中学习上最大的区别就是学科变多了，比如物理、化学、历史、地理等。

得益于我在小学培养的逻辑思维能力，再加上本来就喜欢理科，愿意花时间去学习，所以数学、物理、化学这三门学科，我的成绩一直名列前茅，而且我一直担任物理课代表。

当时中考允许我们使用计算器，所以每个人都得学习几款计算器的使用方法。一次偶然的机会，我在网上发现一个冷门的兴趣小组，他们主要分享通过各种技术手段发现计算器中的软件漏洞。于是，我就学习这些技术帖，通过各种奇怪的操作研究计算器出现的各种错误状态。

其中让我印象最深刻的，是在计算器中输入一些精心设计的字符，屏幕上就能显示出自己想要的图案。后来，我不甘心只在软件方面“卡 bug”，又打起了硬件的主意，把计算器进行了拆解并做了一些改动。

比如，由于计算器的电路比较简单，我自学焊接，加大计算器核心的工作电压，提升了计算器的计算速度。很长一段时间，我都乐此不疲地对计算器进行各种探索，这对我的动手能力、自学能力和信息搜集能力都有非常大的锻炼。

另外，我也结识了很多好朋友，直到现在还与不少人保持联系，不同于小学的幼稚和高中阶段的竞争，我觉得初中时期收获的友谊更能长久。

高中拓展之路：竞赛与社团双重历练

中考后，我进入了我们市当时最好的一所高中。除了好好学习，我还参加了校内一个有关模拟联合国的社团，参加过几次辩论活动，学会了如何清晰表达自己的观点，并且锻炼了在公共场合发言的勇气和能力。

另外，因为有二胡的特长，我通过了学校军乐队的选拔，在每周一举行升国旗仪式的时候，担任长号手，在国旗下面吹奏国歌。每当这个时候，自豪感油然而生。这些活动算是给我学业压力较重的高中生涯，提供了一些放松舒缓的机会。

在学业上，高一我自学了很多高年级的化学知识，然后和很多高年级的学兄学姐一起参加了学校竞赛选拔。顺利通过后，又在暑假参加了化学竞赛的夏令营，这个夏令营的开展主要是为了选拔人才，参加省级初赛。

我记得当时是夏天，我们顶着酷热去了南京林业大学举办的夏令营活动。经过为期几周的学习之后，我顺利通过考试去参加了省级初赛，最终获得了一等奖的好成绩。

化学竞赛和其他学科的竞赛有点不太一样，其他学科需要的是对知识点的深度理解，是一个垂直的学习过程，化学竞赛主要考查的是知识的广度，有很多问题，你不需要像科学家一样进行深入了解。所以，为参与化学竞赛进行的学习积累，在一定程度上可以缓解高年级时的学习压力，因为对竞赛生来说，高年级的很多知识已经在准备竞赛的过程中提前学过了。

但这也仅限于缓解学习压力，对高考化学的帮助其实比较有限。

其实很多竞赛都是这样，它们更多是锻炼提升参赛学生的思维能力，并不能直接提高高考成绩。所以家长和孩子在是否参加竞赛这个决策上，需要明白这个道理，权衡利弊，量力而行，不然容易揠苗助长，结果可能导致竞赛知识没学好，课程内的学习进度也跟不上，这就得不偿失了。

工科之路：东南大学到清华保研的蜕变

我是江苏人，江苏省高考改革之前，只有语文、数学、英语这三门主课是算分的，显然，擅长数理化的我偏科情况明显，比较吃亏，最后以全省 2000 名左右的成绩考入了江苏省为数不多的“985”高校之一——东南大学。

虽然学校的整体实力在一众“985”高校中只能排到中等左右，但了解这所学校历史的人都知道，东南大学是一所以工科见长的高校，我就读的正是东南大学的强势学科——电子专业，研究方向是现在国家重点关注的芯片。所以，之前我的偏科劣势到了大学反而成了优势，因为少了语文的压力，英语也只需要考过四级和六级就可以，所以本科的学习，我几乎没有费太多的心思。

因此，我又有了时间去参加与专业相关的竞赛，也获得了很多奖项。这些竞赛对我最大的帮助，就是锻炼、提升了我的实践能力。

另外，在竞赛中常常需要和他人合作，我一直承担组长的职位，领导力和统筹能力也得到了很大的提升。我还担任学院科协技术部部长的职务，组织了很多次学院规模的科技培训。这些经历给我的保研评选加了很多分。最后我以专业第二的成绩保研进入清华大学电子信息专业，继续深造。

逐梦清华：科研挑战与思维进阶

清华大学的学习经历，让我感受最直接的就是美好。校园环境优美、草坪整齐、建筑别致，还有随处可见的雕塑艺术作品。

还有最明显的一点感触就是身边的同学都特别优秀。我在本科时能聊得来的同学只有一两个，但是来了清华之后发现，志同道合的人非常多。可以和很多同学经常就专业问题或人生方向进行深入交流，这是我以前从来没有过的经历。

除此之外，清华研究生的任务主要在科研方面，从“做题”到“科研”的转变会带来一些“阵痛”。比如，科研过程中经常会面临开放性问题，没有明确的答案，需要进行探索性的研究。这种不确定性会让人感到困扰，尤其是对习惯于追求明确解决方案的做题思维的人，时间久了会感到抓狂。

又如，做题通常是一个相对短期的任务，而科研项目会花费巨大的时间和精力，需要适应更长期的工作周期和更强的项目管理技能。思维和习惯的转变过程虽然痛苦，但会使自己变得更强大。

如何面对求学过程中的困难和挑战

在我的整个求学过程中，有一件事情对我影响很大，发生在我本科刚入学的时候。当时的我还保持着高中学习的惯性，加上第一次离开家去远方独自生活，在生活习惯、作息时间和饮食上都出现了一些问题，最后因为生病不得不中断学业，进行 1 年的 gap。

治病的同时我也对心态进行了调整。一开始，休学对我的打击非常大，因为我一直都处于高度紧张的“竞争”状态，考试盯着第一，学习瞄着最快，突如其来的休学，让我落后所有人 1 年，这是当时的我无法接受的。再加上对自己身体的担忧，我经常在深夜胡思乱想，默默流泪。

一段时间后，我渐渐接受了现实，开始对身心进行调整。在此期间，我读了很多书，自学了编程，花了很多的时间思考自己真正想追逐的目标是什么。

之前我去听了一位非常成功的投资人的讲座，她提到了自己面对一个人经常提问的三个问题：“当你财富自由之后，你想干什么？”“当你退休之后，你想干什么？”“如果你过一阵子就要去世了，你又想做什么？”这三个问题，分别代表了一个人经济自由、时间自由和社会责任自由之后，内心想要做的事。如果三个答案一致，说明这个人对想要做的事充满了动力，因为只有完全自由的时候，他的选择才是真正想做的事情。

分享我的这段挫折经历，我想说的是，我们不应该将 gap 或者其他挫折和意外视为洪水猛兽。“磨刀不误砍柴工”，如果 gap 期间你可以更好地准备升学、更好地学会如何生活，哪怕单纯地获得健康，那 gap 就是非常有意义和价值的。

最后我想说，一个人的成长是终身的，习惯的养成、人生的发展方向在求学阶段已经初见端倪，甚至已经定型。做正确的选择很重要，然后要培养各种优良品质、高效习惯，积累资源，通过不断努力给选择增加砝码，这是面对不确定的世界的优解。希望我们都有一个光明美好的未来，与君共勉。

持续自我探索——走入浙江大学的心理学者

王涵之

学习履历：

· 高中：浙江省绍兴鲁迅中学

· 本科：浙江大学竺可桢学院混合班心理学专业

个人荣誉 / 工作经历：

· 2021 年获得国家奖学金、浙江大学一等奖学金

· 2022 年获得省政府奖学金

· 2023 年获得浙江大学一等奖学金

· 2023 年校级优秀毕业生

回顾我的成长经历，在成长的不同阶段，我的发展重心各不相同，父母扮演的角色也不断变化。

小学阶段是充实自我的关键时期，我掌握了多项才艺和技能，也养成了阳光开朗的性格。

我从幼儿园大班开始学钢琴，五年级就考到十级；一年级开始练书法，软笔、硬笔兼修，从颜真卿的楷书练到米芾的行书；在六年级加入校田径队，训练 800 米跑、1500 米跑，积累的跑步基础还让我在高中破了校女子 200 米纪录；我长期活跃在舞台上，参加了主持、演讲、朗诵、唱歌等很多活动，被老师们夸赞“台风大气稳健”，初中还因此争取到主持浙江省省级艺术节的机会；我还从四年级开始学习奥数，为后续初高中参与学科竞赛打下了很好的基础。

规划师、守门人和教官

在小学阶段，首先，父母是我成长道路的“规划师”。他们在很大程度上帮我决定了要学习什么才艺、参加什么课外活动。这是很重要也很艰巨的任务，需要家长有远见卓识。我很感激父母为我选择的才艺种类，它们动静皆宜，让我养成了既活泼开朗又沉稳安静的性格品质。

其次，父母是我的“守门人”。过多的课外活动会让我分心，尤其在加入田径队后，我的学习成绩有明显的下滑。父母一直密切关注着我的动态，在我思想滑坡时快刀斩乱麻，阻止了更糟糕情况的发生。

最后，父母是我的“教官”。我小时候很调皮，不自律，爸爸妈妈在维持与我的良好关系和规训我的行为之间把握了很好的平衡，他们刚柔并济，经常一个唱红脸，一个唱白脸。

关于教养的心理学研究中常提到两个维度，一个是行为纠正，另一个是情感关怀。我父母并没有一味以行为纠正为导向，而忽视我的情绪、情感，这也是我和他们的关系一直很好的原因。

竞赛是申请高校的重要优势

初高中阶段是我磨砺心性、精进学业的艰苦时期。我从初中开始正式进入奥林匹克竞赛领域。初中时我深入钻研了数学和科学学科竞赛，接触了信息竞赛；到了高中，我的重心则在物理奥林匹克竞赛上，也参与了除奥赛外其他的语文、数学、英语学科竞赛。

奥林匹克竞赛学科众多，包括数学、物理、化学、生物、信息等。每个学科竞赛的流程都包括省级初试、省级复试、选拔进入省集训队、国家级竞赛、选拔进入国家集训队、国际竞赛。新闻中常播报的“某少年获国际金牌”大多指的就是奥林匹克竞赛。很多高校自主招生看重的也有奥林匹克竞赛。

我个人认为，如果高中有冲刺奥赛的计划，可以在初中开始慢慢接触。高中参加奥赛直接的好处是若是能够获奖，在高校招生中就具有一定优势。

很多高校有自主招生、强基计划之类的政策，为竞赛生带来了很多便利。但便利程度取决于学生的竞赛成绩，比如要凭竞赛入围强基计划，至少需要获得省级复赛一等奖，这只有凤毛麟角的人才可以做到，大部分人是吃不到竞赛的红利的。

政策改革后，许多竞赛在报考方面的优势开始缩水，但考生仍可以通过其他方式（比如高考首考成绩优秀等）参与高校的自主招生。不过，很多高校仍会在大学考核通过自主招生、强基计划等考入的考生的竞赛能力，所以很多重点高中仍旧很重视竞赛培训。

吸收好的学习方法

我在初中获得过数学、科学学科竞赛区级一等奖，在高中获得过浙江省物理联赛一等奖、浙江省物理竞赛二等奖。我在竞赛方面获得的成绩首先离不开我的恩师们，他们让我获得了很多好的学习经验。我的初中科学老师传授了我一个终身受用的学习方法：回到原点。

这是说所有的知识都有源头，就像经典物理离不开最基本的牛顿三定律，所以学习根本不需要死记硬背，掌握“原点”知识最关键。我的高中物理老师博学多闻，在高中就带我们学习了包括线性代数、微积分、大学物理等在内的大学课程。

另外，我在竞赛方面获得的成绩也离不开我的小伙伴们。我们当时是整个班一起学习竞赛知识的，同学之间相互请教、良性竞争。老师也会时不时组织优秀同学上台讲题。

我很喜欢这种方法，因为同学间的思路往往很相似，同学会比老师更了解同龄人眼中一道题的难点、重点。学习不同的同学怎么思考，再反思自己解题时哪个地方卡壳了，下次就能针对性地解决问题。

逐字逐句“啃”书本

虽然我后来在学科竞赛上有所成就，但我在最开始学的时候其实是非常痛苦的。尤其是在我刚上高中的时候，高中老师希望我们在 1 年多的时间内学完高中 10 门课（浙江还有技术课）的全部内容，同时穿插竞赛培训，学习压力是非常非常大的。

在没有准备好的情况下，接受到更深奥、更复杂的知识的狂轰滥炸，是“揠苗助长”的一件事。结果就是，我的成绩在年级排名中直降，多门课经常不及格，物理和数学竞赛也远远超出我的能力范围。

我的自信受到了严重的打击。于是我做了一件非常大胆的事，我下决心剪了寸头。这是一种表态和自我暗示，我在告诉自己，只要下定决心，高中知识再难也可以“啃”下来。父母也一直站在我身后，没有给我施加太大压力，而是不断给我加油鼓劲，为此我十分感激。

后来悟得多了，我意识到高中和初中的学习很不一样。高中之前，我们要学习的知识都比较浅，掌握大概就足够了。高中的学科知识更深入更立体，需要层层剖析。书本上的每一个词、每一个数据都是有道理的，都是可以深挖出内涵的，尤其是化学、生物。

于是我开始“啃”书本，逐字逐句读，凡是概念上模糊、逻辑上混乱的都努力想清楚，想不清楚的，就问同学、问老师。后来，我慢慢攻克了一个又一个难关，成绩也慢慢提升了。

多展现自己是为了“自我确认”

回看过去我意识到，遇到挫折，最怕的就是自己怀疑自己。我没有，我相信自己一定能翻盘。是这种持续的、坚定的信念感让我承受住了挫折和压力。这种强大的自信来源于哪里？我认为来源于我从小的各种经历，包括上台演出等，虽然很多经历其实都与学习领域无关。

我的父母一直教导我要珍惜每一次展现自己的机会，目的不是获得他人的评价，而是获得“自我确认”。我每次都百分之百地呈现自己，每次都收获正反馈。这些正反馈给了我非常充足的底气，让我看到了自己身上的无限可能。

文理兼修

我虽然是个理科生，但我一直对人文社科有着浓厚的兴趣。我高中曾获全国创新英语大赛一等奖、全国英语能力大赛二等奖、浙江省科普科幻作文大赛一等奖等。

“文理兼修”是我对自己的身份认同。一方面，我热衷于当一个理科生，现在想想这或许缘于我的要强。从小爸爸妈妈就给我灌输了这样一个观念：男生在理科方面不一定比女生强。在这股要强的劲下，我不断努力，不断突破自己，每次正反馈都让我为自己感到骄傲。

另一方面，向往当文科生缘于我从小对阅读的兴趣。我要感谢妈妈让我爱上了阅读。一年级时，由于字认得少自己读不了书，妈妈就选择读给我听。妈妈给我读的第一本书是《夏洛的网》，然后是《窗边的小豆豆》。

在我妈妈的观念里，识字是次要的，最重要的是让我发现，原来书里的故事那么有趣。后来，读书多了，我渐渐就会被更深层次的内容吸引，比如社会观察、哲学等。这让我对世界万物，包括我自己的研究都有人文关怀的思考。

在科研中找方向、寻机会

大学是探索自我、打破边界的快速成长时期。在深思熟虑后，我选择了以前从没有考虑过的心理学作为专业。在浙江大学，心理学属于理科，因为我们要利用理科的工具研究主观的对象，这正好符合我突出的理科优势，也满足了我对“人”这一主观对象的好奇。

我大一就进入实验室课题组了，前后参与过很多个科研项目，我的研究兴趣也从视觉与认知到意识与麻醉的神经通路，再到成瘾机制、父母教养、婴幼儿认知发展，发生了多步转变。在每个方向上我都投入了大量的时间、精力。

除校内科研之外，我还有一段深入的海外科研经历。当时我被一位纽约大学教授的讲座深深吸引，大四上学期我刚好没课，有6个月空余时间，于是我整理了一份自己的简历，写了一封非常诚恳的邮件，跟教授约了一次线上面试。一切非常顺利！之后我便去纽约做了半年的访问学者。

这段经历极大地开阔了我的视野，让我找到了自己真正感兴趣的研究方向，也让我积累了丰富的科研经验。有了这段经历做铺垫，我直接全程独立地申请了美国的博士项目，并收获了非常好的结果。

共情比建议更重要

大学阶段，父母一直是我的知心好友。他们从不抱先入为主的偏见，永远都愿意耐心地聆听我的想法和感受。在心理咨询中，很重要的一点就是共情，共情向对方传递的是“我和你站在一起”“我理解你”，而不是急于给出建议。成年后，我们其实比家长更知道该如何解决一件事情，很多时候我们想要的是家长的理解，而不是人生建议。

父母一直是我的坚实后盾。我们家庭并不富裕，但我去纽约半年花费了十多万元，这在当时是我的一个很大的顾虑。但我的父母很坚定地跟我说，这一点我完全无须考虑，只管做我想做的事情。父母这一句话给了我无限的能量，让我感受到，他们一直在后面支持着我，我只管大胆地往前走就可以了。

我的成就离不开父母实际的教导、帮助，也离不开他们对我情感的关怀、照顾。每每回顾自己走过的路，我都非常感激我的父母。

稳扎稳打每一步——从哈工大到港中大

Cecilia

学习履历：

- 本科：哈尔滨工业大学金融学专业
- 硕士：香港中文大学金融工程专业

个人荣誉 / 工作经历：

- 2019 年获得哈尔滨工业大学校级奖学金
- 2020 年获得全国大学生英语竞赛二等奖

我会按照时间顺序介绍我在每个阶段的经历，并分享我的感悟与经验，希望能够对大家有一定的借鉴意义。

尽早用习惯培养态度

我一直认为自己不是一个生来就在学习上特别有天赋的孩子，幼儿园阶段的记忆对我来说有些模糊，但我还清晰记得在读大班的时候，我仍然会把数字"3"写反，而彼时同年龄段的小朋友都已经能算 50 以内的加减法了。

那时我的父母看到我跟不上其他孩子，有些焦虑，却还是决定让我不上学前班，直接进入小学一年级，结果我成了班上年龄最小的孩子。我还记得在小学一年级上学期结束的那场期末考试中，我的数学只考了 70 分，而大部分孩子都能考到 95 分以上。

发现我跟不上同班同学后，妈妈很担心成绩的落后会影响我的自信心以及对学习的热情，于是她立马找到了我的班主任，问为什么我的数学跟不上其他孩子，怎样才能提高，而班主任告诉我妈妈："孩子年龄太小了，所以心智发育还不成熟，但是你只要培养她踏实学习的好习惯，以后不会有问题的。"

这是我妈妈第一次进行充分的家校沟通，在老师的点拨下，妈妈立马开展了对我的"学习习惯培养行动"，也为我后来学习习惯的养成奠定了非常好的基础。

当时妈妈对我严格"约法四章"：1. 回家先写完作业才可以玩；2. 做完作业她会检查；3. 作业要注意草稿和答案的整洁度，字迹太乱需要重写；4. 每两个月由爸爸负责抽查单元知识。

虽然这些规则对于一个 5 岁的小孩来说略显严苛，但时至今日，我仍然感谢这四条规则对我优良的学习习惯的培养。

在约定了四条规则后，我逐渐形成了"先做好正事才能去玩"的观念，也成了同班同学中最自律的那一批人之一，成绩也自然而然地提高了。到二年级时，我的成绩已经稳定在班级前两名。

兴趣和专长是激发学习动力的关键

虽然在小学阶段的每次考试中我都名列前茅，但当时我的语文老师指出我有一个很大的问题——不爱阅读。班上考第一的男生已博览群书，屡屡受到老师夸奖，而我却仍然将自己局限在试题和课本中，未曾有过课外知识的扩展。

为了让我爱上阅读，妈妈果断向那名男生的妈妈讨教培养孩子阅读习惯的经验，并了解到，那名男生喜欢阅读是因为每每在阅读时，他妈妈都会陪在他身边一起看书。

妈妈很快汲取了这位家长的优秀经验，立马给我买了一些故事绘本、小说一类的书籍，在我每晚睡觉前陪着我一起看书，久而久之，不愿看书的我，在妈妈的陪伴下，也逐渐发现了阅读海洋的奥妙。

而在数学方面，老师指出我的基础不错但数学思维还需深化，妈妈知道后又迅速地给我报了奥数班，并让爸爸指导我练习一些奥数题。每每能够解出一道奥数题时，我都感到无比喜悦，因为这意味着我擅长数学这一科目，这个过程极大提升了我学习数学的自信心，也激发了我学习数学的热情。

早期尽可能满足孩子的好奇心

从我小学一年级起，妈妈就一直秉持着“认真学习，快乐玩耍”的教育理念，她不断鼓励我去探索自己的兴趣爱好，每当我对某一件事物感到好奇时，她会立马给我报兴趣班。

比如一年级时我很羡慕同学能够学习跳舞，妈妈便给我报了拉丁舞班，三年级时我想精进自己的主持技能，她又给我报了主持人口才培训班。在早期的时候她总是让我去广泛尝试，而随着学习压力逐渐增大，为了节省时间，她建议我专精擅长的领域，于是我选择了自己擅长的小提琴，并且让这个兴趣爱好一直陪着我成长。

除了兴趣爱好之外，妈妈也鼓励我积极担任班级职务，她一直坚信领导力是每一个孩子成长过程中需要发展的核心能力，于是从小学二年级开始我担任了班长一职，协助老师举办了大大小小多次文体活动，逐渐养成自己的领导能力，这也为我之后在大学中竞争学生会的职务起到很大作用。

好的教育是行动而不是说教

还记得在小升初考试时，妈妈全程陪伴我参与了市里每一所重点初中的入学考试，漫长的考试过程中总会有沮丧时刻，但每次我觉得有一门考试考砸时，妈妈总会及时安慰我：“大家都觉得难，说不定你考得算好的呢，好好准备下一门考试，加油，你很棒！”

在受到这些鼓励后，我就立刻调整自己的心态积极迎接下一科测试，最后如愿以偿地进入了当时当地最好初中的重点班。

但仿佛每进入一个新环境，我的成绩总是会下滑得很厉害。小学数学考试我经常考满分，而初一第一次月考，我的数学只考了 70 分，这种落差对于我来说打击很大。在遇到这种挫折时，妈妈不但没有责怪我，还采取了很特殊的举措：只有中专学历的她直接拿起我的初中数学课本，陪着我一起开始学绝对值等数学概念，后来她甚至可以指导我做一些较难的数学题。

那时候妈妈经常调侃自己："我要是当年读书时有这种魄力，就不至于上一个中专了，说不定现在是清华、北大的毕业生呢。"有妈妈陪伴我一起学习数学，我感觉一切困难似乎都能迎刃而解，便不再畏惧数学这门科目了。第二次月考我的数学成绩提升很快，考了班上第一名。重新获得成功的喜悦后，我爱上了学习数学，非常踏实地打基础、拓思维，后来每次数学考试，我的成绩都在年级前几名。

学习过程中要及时解惑

初二时，我参加了保送班考试，不参加中考，直接进入了当地最好的高中。细细想来，能够保送高中，与我一直以来良好的学习习惯和牢固的学科基础密不可分。

在初中阶段，我形成了"课前预习 + 课中记笔记 + 课后巩固 + 及时解惑"的学习方法，每每在前一天，我便会提前预习课上要讲的知识，然后在上课时把老师的板书一字一句地记在自己的笔记本上。

为了防止上课走神，课后我会把自己的疑惑点和平时做题时碰到的易错点记在自己的错题本上，并且在当天、每一周、每一次考试前反复温习自己的笔记本，通过重复的训练加深自己对于知识的理解。

虽然老师们都认为我是个很好学爱问的学生，但最开始我并不喜欢问问题，因为我认为这会暴露自己的短板。这种坏习惯最终反映在我某一次月考糟糕的成绩上。

后来妈妈和老师交流后，得知我总是把自己不懂的地方藏着掖着，便亲自领着我去办公室让老师给我分析卷子、解答疑惑。有了妈妈的引导，我逐渐不害怕问老师问题，也爱上了及时解惑的感觉，这对于我提升成绩有很大的帮助。

最能提分的是最基础的内容

进入高中以后，凭借着小学及初中阶段扎实的语、数、英基础，在每一次模考中，我突出的语、数、英成绩都能够拔高我的总分。高一时我特别喜欢英语，但最初在满分 150 分的英语卷子中，我却只能拿 120 分出头，于是我开始了漫长的背单词之路。

那时我每天都会把做题时遇到的 50 个生词和 20 个好句子记在我的小本子上，每天在食堂排队吃饭时，我便会拿出来翻一翻、记一记，晚上睡觉之前最后一件事是记单词，第二天晨读时我也会大声朗读，这个习惯一直伴随我到现在。

背诵和朗读的效果是立竿见影的，每天一点点积累，让我在短短两个月内，英语成绩提升到 145 分以上，多次在大型考试中拿下英语单科第一。一直到现在，我的英语能力仍然较为突出。英语成绩的突飞猛进教会了我一个道理，很多事情只要愿意花时间去做，即使短时间内成效不大，但付出的努力最后都会有回报。

在高三时，我的物理成绩一直很糟糕，拖了很多后腿，那时我很苦恼，觉得自己明明一直在努力学物理，可分数就是提不上去。于是妈妈建议我主动找物理老师，请他帮我分析卷子。他看完试卷后说我的基础不好，要多看课本、多练基础题。

我买了很多教辅资料反复去练习每一个题型，功夫不负有心人，在高考中我的物理成绩提升了近 40 分。最后我以还不错的高考成绩进入哈尔滨工业大学。

有很多能力都比应试更重要

刚步入大学的新生总是会对很多事物好奇，我也不例外。在开学不久后，我加入了学校很多社团，认识了很多朋友，扩大了自己的交际圈。

虽然每逢期末考试时，我都有些后悔自己为什么要花这么多时间去干和学习无关的事，但本科毕业回头看的时候，我发现这些社团生活是我人生中最宝贵的经历之一。我扩大了自己的人脉，也提升了自己的领导能力与沟通能力，在人生长河中，这些都比应试能力重要许多。

大一时，我踏出了自己的舒适圈，申请了加利福尼亚大学伯克利分校的交换生项目。第一次去一个陌生的国度我很紧张，不断鼓励自己要抓住机会多去开阔眼界，在那次交换经历中，我还认识了一位优秀的教授。

也正是那次出国交换的经历让我意识到，外面的世界有很多机会，只要敢于踏出那一步，人生将有无限可能。于是在后来的本科阶段中，我不断尝试各种比赛、实习来提升自己的软实力，也一直踏实学习，保住自己的硬实力，在最后以一个不错的绩点申请到了香港中文大学的硕士。

如今硕士毕业在即，在面临就业选择时我仍然有些许迷茫。但回过头来看自己的成长经历，我意识到，每一个阶段遇到困难和挫折都是不可避免的，但只要一直秉持着不屈不挠、踏实勤奋的态度，很多问题的谜底终将由时间解答。

再接再厉，久久为功

李佳凤

学习履历：

· 高中：湖北省黄冈中学

· 本科：清华大学经济与金融专业

个人荣誉 / 工作经历：

· 2023 年获得清华大学社会实践优秀奖学金

· 2024 年清华大学经济管理学院学生科创与学术发展协会主席

我想要分享的核心主题是“再接再厉，久久为功”，这句话对我的影响自我幼时起一直持续至今。

做好每一件小事

首先，我想谈谈幼时家庭教育对我成长的影响。

我出生在一个普通的农村家庭，父母并不是高才生，也没有生活在繁华的一二线城市。然而，他们在我的成长过程中灌输给我的思想对我产生了深远的影响。

他们时刻以言传身教的方式告诉我：做好生活中的每一件小事。无论是学习中一笔一画写好每一个数字和汉字，弄懂作业中每一个细小的知识点，还是生活中做好每一次家务（比如擦干净桌子的每一个角落、将衣服叠得整整齐齐、使用完的物品归回原位……），他们鼓励我认真对待生活中的一切，哪怕再小的事情，都要用心去做。

当我因为懒惰而妄图随意对待他们交代给我的任务时，他们会一面严格地教育我找出自己处理不当的地方，一面引导我思考如何克服惰性坚持下去。

久而久之，我逐渐养成了“认真做好每一件小事”的习惯，使周围一切事物都在正确且规律的轨道上运行，并享受着这个习惯带给我的成就感。这个习惯逐渐蔓延到我的整个生活，进而锻炼了我的自理能力，也培养了我踏实求学的学习态度。

鼓励式教育带来良性循环

来自父母的鼓励式教育为我带来了良性循环。在锻炼我“做好每一件小事”的同时，父母也会及时激励我——在我达到他们预期的目标时鼓励我，比如给我买礼物、带我实现小愿望。在我做得不好时引导我思考自己的问题，肯定我付出的努力并教会我改进的方法。

在这种鼓励式教育的促进下，我“做好每一件小事”的习惯不断获得正强化，自己也越来越敢于试错，尝试生活中的一切事物。

在家庭的培养和支持下，我逐渐养成了做事认真负责的态度以及踏实严谨的性格，这使得我在后来的学习和工作中都能顺利完成任务并取得好成绩。

用自我价值感促进自驱力

在此我想谈谈个人成长过程中能力的养成。除了家庭培养出的“踏实负责”的能力外，我拥有强大的内驱力，我的求学经历也锻炼了自己的独立能力和适应能力。

在家庭的鼓励下，我不断追求卓越，认可自己付出的所有努力并相信所有的努力都有价值，相信自己能够通过努力改变生活。每当我遇到困难想要放弃的时候，我会想起父母的不易，会想成为弟弟的榜样、成为家人的骄傲的目标，于是我迫使自己坚持下去，尽最大的努力去做力所能及的事情、追求目标与理想。

在变化中锻炼独立性和适应性

除了家庭和内驱力的作用外，求学经历也对我产生了很大的影响。小学时，由于升学要求、父母工作变更以及个人身体状况影响，我从三年级到六年级期间，每年都要转学。

每次面临陌生的学校、老师和同学，我都怀着担忧与期待，担忧是因为与旧友分离的不舍、对熟悉环境的依恋与对未知新环境的惧怕，期待源于更优质的学习环境和结交新伙伴的新鲜感。

在多次转学的经历中，我不断调整自己的心态和行为，以适应环境的变化。同时，在良好的学习习惯与认真踏实的学习态度的作用下，我的成绩始终在班级中名列前茅，得到了老师和同学的鼓励与赞誉。

较为特殊的是，我在四年级的住校经历锻炼了我生活自理、独立思考与解决问题的能力。

正是因为这些能力，我才能够在学习和工作中追求卓越，保持思想的独立性，迅速适应新环境，并处理好学习与生活中的一切事务。

接下来，我想与大家分享一些实用的学习体会。

小学、初中打实基础

对于小学生来说，学习习惯的养成至关重要。家长可以通过监督和激励的方式，帮助孩子养成良好的学习习惯。例如，制订合理的学习计划，陪伴并监督孩子按时完成作业，同时给予适当的激励和奖励；还可以通过树立榜样，引导孩子树立正确的学习态度和价值观。

对于初中生来说，学习态度尤为重要。初中上承小学，下启高中，在知识内容并不复杂的初中阶段，打下坚实的基础尤为重要。

在这个阶段，学生需要逐步从被动学习转向主动学习，从依赖父母和老师的监督转向自我管理和自我驱动，这就需要良好的学习态度和自主学习的能力。

同时大家还需要明白，学习不仅仅是为了应付考试和获得好成绩，更是为了获取知识、培养能力、提升自我。“道阻且长”，未来还会有高中、大学的学习，树立“提升自我”的学习意识可以激励自己在学习上更有动力和热情。

初中的知识并不复杂，或许很多人在重复学习知识点的过程中会感到枯燥、乏味，但这些都是锻炼基础能力的一环。只有掌握了最基础的知识点，才能一层一层解决越来越复杂的问题；有了良好的学习态度，才能为未来的学习打下坚实的基础。

另外，对于高中生来说，选择与方法格外重要，在此主要讲一下新高考政策下的选科策略和学习方法。

高中如何选科

在新高考制度下，如何选择科目或赛道是许多同学和家长关心的问题。作为湖北省“3+1+2”模式新高考的第一届考生，我想分享一些我的选科经验。

在选科阶段，我选择了历史、政治和生物这三门科目。这个选择基于我对自己的认知及未来发展的规划——尽管在先前的测试中，我的物理成绩始终在班级里名列前茅，但我清楚地认识到自己在背后付出了多于别人数倍的努力，考虑到还有其他几门学科，选择物理并不是长久的学习之策。在班主任的协助分析下，我意识到，相较于物理，我细心踏实的学习态度更适合学习历史，而我在数学这一学科方面的优势更有助于我在学习历史的同学中脱颖而出，让我离考上清北的梦想更近一步。

选择政治和生物的决策并没有参考自己在过去几次测试中取得的成绩，因为在先前的学习中，我并未重点关注这两门学科的学习，而我相信在之后专注于新高考学科时，我有能力学好这两科。因此，基于对任课老师的喜爱及个人的学习习惯，除了生物，我选择了政治和历史这两门需要大量记忆和总结的学科。

总而言之，在新高考模式下，推荐高中生结合自己的学习习惯、兴趣和特长来综合考虑选科。

另外，好的学习方法对于提升高中学习成绩非常重要。我想讲的主要包括四个方面：学习规划、学习状态、学会改错、学会考试。

学习规划和学习状态

学习规划既包括长期的理想，例如目标院校、未来发展目标，也包括短期的计划，例如日计划、周计划、月计划、复习计划……在选择目标院校时，建议同学们选择一个“努力踮起脚就能摸到”的目标，在合理的范围内驱使自己努力实现目标。短期的计划安排可以帮助同学们合理安排时间，并通过当天对计划的及时反馈增强学习的目的性，提高学习效率。

学习状态是一个很抽象的概念，它可能包含一段时间内的学习心态、学习过程、学习成果。好的学习状态可以大幅提升学生的学习效率，进一步提升学习成绩。通过深度学习——沉浸式的、抗干扰的高效学习状态及规律的作息（每天在固定的时间做固定的事情，养成习惯），有助于养成健康的学习状态。

学会改错和学会考试

学会改错是指及时纠正自己存在的问题，大到学习方法的纠正，小到每一道错题的纠正。很少有人能够一开始就走在正确的道路上，但我们可以通过反思过去，找出自己存在的问题并不断纠正。

在学习方法上，每位同学都有一套属于自己的方法体系，但是通过学习与交流，我们可以将他人有效的学习方法内化为自己的，不断完善自己的方法体系。

我在高中时的语文成绩不算好，在语文老师的引荐下，我认识了年级里语文成绩经常占据年级第一的同学，从他那里，我学会了用自己喜欢的方式学习语文——准备一个方便且漂亮的本子，在上面积累自己遇到的所有感兴趣的词句，同时总结知识点和学习方法，常常温故知新。通过积累，我的语文成绩得以不断进步。

除学习方法外，错题的纠正也是如此。高中的学习以高考为导向，做题格外重要。然而在环境或自身压力的影响下，很多同学可能忘记了学习的本质，转变为盲目刷题。但是做题的最终目的不是“做题”，而是掌握知识点并学会运用它。如果说做题是在运用知识点，那么纠错就是在学习正确地运用知识点。

如果能将高中学习过程中做过的题目都认真纠错，通过错因分析、解法学习、一题多解等去反思、总结问题，真正地掌握知识点，那么即使没有额外刷题，相信大家也能取得不错的成绩。

最后一点就是要学会考试。以高考为主要目标的同学要明白，除高考外，高中所有的考试结果都不是很重要，但考试的过程很重要。每一次考试都是一次查漏补缺、检验知识点的好机会，如果能在考试后认真反思考试暴露出的问题，通过与老师、同学交流以及自己的反思来找到解决问题的方法，那么一场考试就能发挥最大的作用。所以，请将考试视作提升能力、磨炼心性、完善知识体系的机会，不要因一时的得失而骄傲或沮丧。

最后，我想告诉大家，成长的道路注定充满挑战，但只要坚持不懈、勇往直前，终将取得成功。再接再厉，久久为功！

5

探索之旅

以丰富的自我遇见多元的世界

田　然

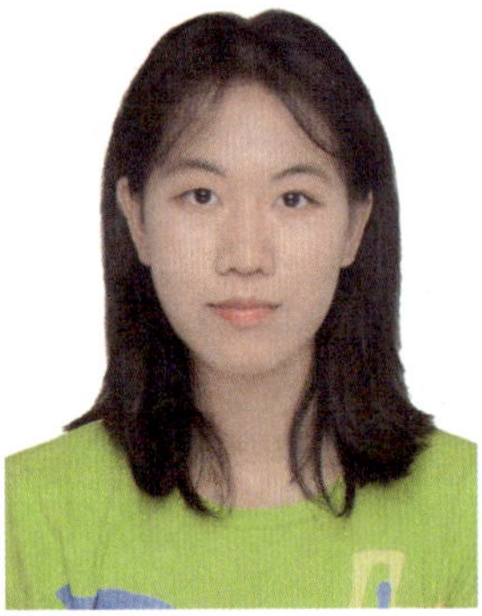

学习履历：

- 高中：广东省佛山市南海区石门中学
- 本科：浙江大学跨文化传播专业

个人荣誉 / 工作经历：

- 2023 年获得浙江大学二等奖学金
- 2023 年获得浙江大学学业优秀标兵称号
- 2023 年浙江大学求是学院英语演讲比赛冠军

我就读于浙江大学传媒与国际文化学院跨文化传播专业，未来计划加入联合国儿童基金会，致力于全球儿童教育与性别平等相关工作。希望我的成长经历能给大家带来一些小小的启发。

谈及我的成长，最基础、最核心也最有意义的部分是我的家庭教育。

什么是“潜水艇式”的父母

从小，爸爸就很喜欢给我写信，在初一一封信的结尾，他写下了这样一句话："祝愿我的女儿灵魂高飞，未来能有足够的自由和勇气选择自己热爱的生活。"

第一次看到这句话的时候，我不太懂它的含义，但随着慢慢长大，遇见了更多的人，经历了丰富的事，我逐渐理解了爸爸这句祝福的深意，也越发感恩自己所拥有的"潜水艇式"父母与包容、自由、充满爱的家庭关系。我始终坚信，在我走向大世界的同时，总有一个小世界在我背后给予我充沛的爱与支持，这是我昂首阔步向前的力量源泉。

做父母是这个世界上最难的艺术，我的爸爸妈妈也不是天生的"艺术家"，但他们始终在努力地学习如何成为最棒的父母。

他们从不以年长的权威者自居，而是作为我的同伴与我一起成长——他们会和我一起探索这个充满魅力的世界，他们会平等地询问我的想法和思考，他们会为自己的错误向我诚挚地道歉，他们会反复在我耳边告诉我他们有多爱我，他们会给我足够的自由去寻找我的热爱与向往，他们会让我从小就坚定地相信自己拥有无穷潜能……

作为"潜水艇式"父母，他们认为独立、自由、磨难和试错都是必要的，他们像潜水艇一样潜伏在水底，很少露出水面干涉我的生活，而是默默提供支持与保护，但又会在紧急时刻现身，为我引导正确的航向。在他们的护航下，我坚定、自信、自由且勇敢地探索着未来，奔向我热爱的一切。

爸爸妈妈从小就和我说，希望我能拥有稳定的精神内核和丰富的人生支点，无论失去什么都能继续带着爱生活在这个世界上。因此，在大学前的 18 年的成长历程中，他们牵起我的手和我一起为我的人生建起了三根坚实的支柱。

在运动中学会"有尊严地输"

第一根支柱是运动。我在寄宿制小学中长大，但每个周末清晨爸爸都会带着我到森林公园中晨跑。阵阵清凉的微风扑面而来，清新的空气涌入鼻腔，豆大的汗水顺着脸颊滑下，爸爸站在终点笑着向我张开双手……这一切构成了我对运动的初印象。

对于我而言，运动最开始是痛苦的，但是有爸爸在身边耐心地鼓励与陪伴、有妈妈在家准备好的美味的早餐，晨跑慢慢变成一件值得期待的事。就这样十几年时间呼啸而过，从最初的晨跑到田径、健身、骑行、登山、高尔夫、乒乓球、极限运动，我开放地拥抱每一种运动，感受着它们带给我的非凡意义。

8 年的竞技体育生涯不仅教会我如何赢，更教会我如何有尊严地输；长距离骑行让我能够肆意地驰骋在广袤天地中，感受风般自由；户外登山露营总能帮助我将万般愁绪消解在包罗万象的自然世界中，让我恢复面对现实世界的勇气和力量；高尔夫让我拥有难得的平常心和大局观，构建“泰山崩于前而色不变”的内核；极限运动让我沉迷于挑战一切不可能，冥冥之中我的世界变得无限宽广。

高考前的一段时间，我面临着成绩大幅下滑的困境，在迷茫困顿时突然有个声音在脑中响起：“只要我还在运动，我就无法被打倒。”

就是这一瞬间，我明白了爸爸妈妈的良苦用心，当年他们为我种下的“运动”种子，如今已长成参天大树，保证我在未来每一个失意痛苦的时候都有坚实温暖的避风港。

松弛的教育反而让人爱上学习

第二根支柱是学习。我从小就很喜欢学习，与其说是喜欢得到好成绩的荣誉，不如说我是发自内心地热爱不断拓宽知识边界的喜悦与满足。

正是这股源源不断的内驱力，帮助我熬过了应试教育的考验，让我在大学的自主学习中如鱼得水，更重要的是我拥有了终身学习的意识和能力。

爱上学习这件“反人性”的事，要归功于我的爸爸妈妈。他们从小就有意识地引导我感受知识的美好——他们会在中秋夜指着浩瀚天空中明亮的圆月，和我分享李白“举头望明月，低头思故乡”的淡淡愁绪；他们会在出门遇到广告牌时装作不懂，来请教我汉字的读音，并对我的表现不吝赞美；他们会在某个时刻突然问我“Baby Ran, can you tell me what are you doing now?”，让我逐渐爱上英语表达的快乐；他们会在和我一起洗衣服时，用一根水管在两个装满水的大盆子里演示虹吸原理的奥妙。他们将看似枯燥的知识融入丰富多彩的日常生活，让我感受到学习的力量和温度。

除此之外，他们对成绩与排名的态度也让我有足够的自由和勇气在应试教育的束缚下戴着镣铐起舞。

他们从来不会过度关注我的成绩与排名，也不会让我随波逐流地去补习，无论是吊车尾还是状元，他们都一样爱我、赞扬我、鼓励我。在这般松弛的教育下，我反而开始自我鞭策，成为自己学习生涯的第一负责人，不断敦促自己去攀爬一个又一个高峰。

这种自我驱动带来极强的正反馈和自我效能感，引领我走到今天，走向未来。

在这个“鸡娃”和“内卷”盛行的时代，我曾问爸爸妈妈为什么当初那么信任我。他们笑着和我说：“你是我们的孩子，但更是一个独立的人，我们相信你所接受的启蒙教育让你有能力为自己的人生负责。爸爸妈妈不会将自己的期望强加于你，我们自己也有足够精彩的人生。”

“见世面”不只是见到世界好的一面

第三根支柱是“见世面”。在我牙牙学语的时候，爸爸妈妈就带着我四处旅行，他们从不会觉得“带小孩出来旅行很麻烦”“这么小的孩子很难记得什么”。他们希望我来到这个世界不是白来一趟，能有愿望和能力领略它波光潋滟的好。

正因如此，在我对这个世界充满着好奇心与探索欲的龆龀之年，他们牵着我的手，带我去看纽约中央公园灿烂金黄的落日，带我去感受迈阿密海滩的顶级热浪，带我去欣赏新加坡樟宜机场现代化的岩洞飞瀑，带我去广州大剧院感受匈牙利国家交响乐团的曼妙音乐……就这样，多元而美丽的世界在我眼前徐徐展开，时至今日我仍然保持着儿时的求索热情，仍然期待着下一次与缤纷多彩的世界一隅相遇。

另外，在将这个世界的美好都呈现在我眼前的同时，他们也不曾忘记带我亲身感受世界不为人知的另一面。

在小学四年级的一个周末，爸爸带我驱车 4 个小时去到粤东一个偏僻的山村参与儿童教育公益活动。看着他汗流浃背地为乡村小学搬运学习物资，看着山村同龄孩子们质朴黝黑的面庞，看着这个我并不熟悉的乡村的模样，我第一次发现曾经自以为了解的世界，只不过是很小很小的一个角落。

从那天起，我开始参加更多的公益活动，接触到更多不被看见的群体，了解被繁华与发展掩盖的磨难。在与真实的世界坦诚相见后，我慢慢改变了自己对于“世面”的看法，山珍海味、高楼大厦、滑雪潜水是世面，满天繁星、大片麦田、小摊村野也是世面，世面也只不过是世界的一面，并没有高下之分。

人与人之间的差距并不在于见没见过世面，而在于能不能坦然接受这个世界上千奇百怪的人和事，能不能透过世界的任意一面，见天地，见自己，见众生。

博尔赫斯曾经说过：“人活着就应该热爱生活，而说到热爱生活，人也必须热爱不幸、失败、孤独。”如今，我想改写一下这句话，以诠释爸爸妈妈引导我建立的世界观——人活着就应该热爱世界，而说到热爱世界，人也必须热爱不公、苦难、复杂。

我格外幸运能在这样宽容、平等、充满爱的家庭里成长，但健康的亲子关系从来都是稀缺的。正因如此，我希望未来能从事儿童教育相关工作，将爸爸妈妈给予我的爱传递给更多不那么幸运的孩子，帮助他们挣脱束缚，灵魂高飞。

向阳而生，逐光而行

殷　悦

学习履历：

- 高中：常州市第二中学
- 本科：南京师范大学人文地理与城乡规划专业
- 硕士：中国科学院地理科学与资源研究所人文地理学专业

个人荣誉 / 工作经历：

- 2020 年获得国家奖学金、南京师范大学“三好学生标兵”荣誉称号
- 2021 年获得江苏省优秀学生干部、校级“三好学生”荣誉称号
- 2023 年获得中国科学院地理科学与资源研究所所长奖学金
- 2024 年研究所优秀毕业生

回顾自己二十多年来的成长历程，我认为这是一个自我探索、不断从“破”到“立”的过程。

阶梯式求学

我的人生开局可谓普通与安稳，作为独生子女，在家里每一位长辈的爱护下幸福地长大，从幼儿园到小学都在家门口最近的学校，几乎每天父母都能接送我上下学。

后来我进入了当地较好的民办初中，意识到了应试教育的残酷，中考时我以3分之差没能进入理想的高中，退而求其次选择了一个中上等但人文氛围极好的高中。当时的我心中满是失落。但高考前的模拟考试，我三次取得年级第一，这又给了我盲目的自信，仿佛可以剑指清北。

虽然最后现实并没能如愿，但我还是得以被一所“211”高校录取。没想到的是，这并不是我求学生涯的顶点，当时的我从未料想过我会在大学书写如此辉煌的篇章，保送进入学术殿堂，听院士教授知识，再走出国门触碰遥不可及的牛津大学。

学校活动带来自我认可

南京师范大学是一切开始的地方，也是我成长生涯里浓墨重彩的一笔。从小我就热衷学生工作，这源于父亲的鼓励和支持。从小学、初中的班长、团支书，到高中成为学生会主席，这些经历都让我在刚加入南京师范大学时，就对学生会展现出了无限的热情。

大一、大二我从联络部的小干事到进入学生会主席团，从学院的“小透明”到站在学校的舞台上为学院拿下“星级学生会”的荣誉，从优秀干事到江苏省优秀学生干部，学生工作不光带给了我自信和自我认可，还让我在锻炼能力的同时，结识了志同道合的朋友，收获了自我成长带来的成就感。

保研的选择

除了学生工作，我在学习上也从未懈怠，我把专业第一的成绩从大一一直维持到了大四毕业。丰富的学生工作经历、扎实的学习让我拿遍了南京师范大学大大小小的奖学金和荣誉称号。

大三是我成长过程中一个重要的转折点，在父母、老师的指引下，周围的小伙伴都开始规划自己未来的发展道路，是工作还是继续读研，我选择了保研这条道路。于是，我把自己的生活重心转移到了科研学习上。

在参加大学生创新创业项目的初期，我可谓初生牛犊不怕虎。我找到了专业方向的“大牛”作为指导老师，在长达两年的时间里，持续进行科研训练——写论文、做项目、参加专业竞赛。这一切都成了我保研时的加分项。

经历了紧张而又充实的保研环节，我顺利成为中国科学院大学的一员，浓郁的科研氛围、求真的科学态度让我在踏进学校大门的那一刻起就肃然起敬。映入眼帘的第一句——“离科学最近的地方”，让每一名学子热血澎湃。

科研院所与传统高校不同，导师和学生之间更有师父带徒弟的感觉，大部分时间我们都跟着导师在青藏高原进行科学考察，参与高水平项目。中科院提供的平台与机会让每一名科研学子受益匪浅。

研二时我决定申请出国读博，当时的心情像坐过山车一样，从材料准备、联系导师到系统申请，每一个环节都承受着焦虑和不安带来的压力，但又需要耐着性子，一步步修正自己的研究方向与兴趣点。

升学路径与赛道转化

我的升学路径包括三种：传统高考、保研和出国申请，每一个阶段都在进行赛道的转变、平台的跨越，在这里也和大家分享一下不同赛道的准备方法。

传统高考相信大家并不陌生，我们好像随波逐流就走到了“决定命运的岔路口”。但高考从来不是决定命运的唯一机会。对于高考来说，松弛的心态是一大考验，父母正确的引导能让孩子在压力和休闲中找到平衡。我的父母常常会告诉我“小考小玩，大考大玩”“战略上藐视它，战术上重视它”，以此缓解我对考试的紧张与害怕情绪。

保研与考研不同，更加看重前 3 年的持续性学习，但保研并不是纯靠成绩定胜负。越来越多的学校在保研政策上综合考查学生的思想、素质、科研能力（论文、专业竞赛、项目）、学生工作能力。于我而言，最重要的就是明确目标，在目标主线下选择有效的支线任务完成。例如，在保证学习的同时，多多参与学生工作，锻炼自己的能力；在对专业有基础性了解之后，主动联系学院导师，参与科研学习。

最后，是很多人可能最不熟悉的出国申请。曾经的我在不了解出国申请之前，总会有一种误解，觉得这是非常容易的事情，因为不需要入学考试，大家谁都能申请。但当我真正成为“局中人”，才感受到这条道路的辛苦。

申请出国是一件非常需要主动性的事情，信息的搜集、申请要求、时间的把控都需要靠自己，没有一个清晰的界限和标准。

以我们这个专业而言，国外的学校更关注的是科研能力、内驱力和创造力。同样是考查综合能力，国外学校会更多地要求学生在个人陈述或者未来研究计划中表达自己对于专业的看法以及想要做研究的缘由，这种辩证性思考或者创造性表达是很多学生欠缺的。

当时我的研究计划来源于生活，因为看到不同年龄、种族的群体在使用基础设施时存在便捷性差异，我想要改善人居环境中的这些不公平现象。

让孩子感受到家庭的力量

在我二十多年的成长中，对我影响至深的是我的父母，我相信对于多数孩子来说也是如此。原生家庭对孩子的影响是潜移默化的，父母是我的榜样，塑造了我的习惯、性格和世界观。

这要从我们的家庭观说起，爸爸从小就告诉我，我们家三个人是三足鼎立的关系。三角形是最稳定的，所以我们只要各自做好各自的事情，哪怕碰到大风大浪，鼎也不会倒塌。在我眼里，我的父母不是威严的大人，而是平等的朋友。

这让我从小就有一种意识：我是家庭的一分子，对家庭也是有责任、需要贡献的。我能骄傲地说，我从未缺失家中的大事小事，我和我的父母会一起做关于家庭的所有决定，一起解决遇到的困难。也正是因为这样，在家里我不是小霸王，也不是弱势方，我有话语权，会大胆表达自己的诉求和想法。

孩子的状态是家庭状态的外显

在习惯的养成上，我的父母似乎并没有教过我什么，但他们真的做到了言传身教。在家里，他们的主动学习和勤奋努力，我都看在眼里，这也带给我很大的触动：父母尚且如此，我更应该向他们学习。

正是因为父母作为榜样影响了我的学习习惯，所以我一直认为，学习和成长从来不是孩子一个人的事情，孩子的学习状态实际上是家庭学习状态的外在显现。在这一点上，我觉得我的父母非常优秀，在我成长的阶段里，他们一直在不断地提升自己做“好父母”的能力。

小时候，我的妈妈比较开明，爸爸则比较关注我的成绩，只有在看到成绩的时候才会展现出情绪的波动，这让我小时候对学习感到很有压力，好像只有我成绩好了爸爸才会开心，才会喜欢我。但是随着长大，我逐渐发现我的父母也在慢慢地成长。

在妈妈的熏陶和教育之下，我的爸爸发生了很大的改变。他会和妈妈先小范围沟通，自己消化情绪，而不是把这种情绪的压力转嫁给我。他们会告诉我，他们对我的成长没有那么大的期待，不要求我取得多么高的成就，我的人生可以有无数种选择与退路。他们只希望我健康快乐。这些话为我减轻了非常大的压力。

我认为我的父母身上最值得分享的一个优点是，他们是善于反思和复盘的家长。而且我们家还有一个很好的沟通方式，就是家庭会议。

当我感受到压力时，我会告诉我的父母，他们的话语给我增加压力了，我们会通过家庭会议进行复盘和探讨，沟通彼此的想法。这样的方式对我的成长是极有好处的，既让父母理解我，也让我更加理解父母的担忧。我没有经历过青春叛逆期，也没有和父母进行非常激烈的持续性争吵，因为通过平等的交流，父母更明白我需要什么，并传达支持与理解；而当他们做错事情时，他们也会反思并且和我道歉，然后试图接受和学习新的想法，与时俱进。

成长小贴士

关于学习和成长，我还有一些小的心得想要分享。首先，孩子和父母都可以降低对于学习的心理预期。如果心理预期过高，容易带来压力和无法完成的失落感。但如果降低自己的期待，每一点进步都是成就感和惊喜。

其次，作为计划型人格，我非常喜欢制订每日计划，当遇到难题或者难以在短时间内实现的目标时，我会将目标进行拆分和细化，积水成江海，一步一步就实现了理想目标。

然后是关于如何平衡学习与玩耍，我从不认为玩耍是不对的，玩耍也不应该成为一件有愧疚感的事情，优质的状态是玩的时候放肆玩，学习的时候100% 投入，提高每一次学习的效率。

最后是关于如何找到自己的兴趣点和热爱的事情，这是持续性学习和探索的原动力，也是构成核心竞争力的根基。我的父母从不限制我做的事情，给我充分的探索空间，他们鼓励我尝试每一件我想尝试的事情。事实上，我也做了很多半途而废的尝试，但这种探索的空间和自主选择的机会对于我的成长来说是非常有价值的。

从保研清华到墨尔本大学全奖博士

Harry

学习履历：

- 高中：湖南岳云中学
- 本科：华中科技大学新能源科学与工程专业
- 硕士：清华大学新能源科学与工程专业
- 博士：墨尔本大学环境科学与新能源技术专业

个人荣誉 / 工作经历：

- 2016 年获得国家奖学金
- 2016 年获得校级“三好学生”荣誉称号
- 2019 年获得综合二等奖学金

很开心能和大家就学习和成长这一话题分享自己的心得体会。我虽然没有做过家长，但非常理解当下家长们对于孩子的学习和成长的高度重视，甚至是焦虑的心情。希望我对自己学习成长经历的总结回顾能够给大家带来一些启发和参考。

我想主要以时间顺序回顾自己在小学、中学和大学等不同成长阶段的心路历程，以及在关键节点所做的选择。在对各个阶段的回顾中，我也会穿插着谈论我认为学习前进过程中三个最重要的因素：动力、信念和方法。

动力驱使我们前进。就像一辆赛车需要引擎提供驱动力才能跑完全程，我们也需要足够的动力来推动自己在漫长的学习成长之路上前进。

信念让我们不畏艰难。所有前进的路上都难免会遇到挑战和困难，我们很可能因此而感到失落、沮丧，甚至怀疑自己，只有信念能支撑我们保持信心继续前行。

方法让我们走得更快、更远。光靠动力和信念而不讲究方法，是难以有效达成目标的。

优秀会成为习惯

我的小学是一所非常普通、规模不大的小学，从老师到同学到家长，大多都对学习保持着一种比较自然的状态，同学之间的竞争并不激烈。

得益于早期母亲对我的算术能力的培训，幼年时我就对数字比较敏感，拥有比同龄人更加出色的算术能力。这让我不时能在长辈亲戚面前展示自己，并为此得到叔叔阿姨的喝彩和夸奖。这种关注和赞赏让我感到快乐和骄傲，也是让我保持优秀学习成绩的重要动力之一。

步入小学后，我很自然地依靠惯性保持着名列前茅的学习成绩，也进一步得到来自老师、亲戚长辈们的赞许，形成了良性循环。

记得有一次，数学老师在课堂上特意出了一些较难的数学题，我当时迅速且正确地解决了这些问题，这让数学老师开始认可我的数学潜质。他选择我成为他课后辅导奥赛的少数几名学生之一。

这段“特殊待遇”的经历对我产生了很大影响，让我明确地意识到自己在数学方面的能力优于同龄人。逐渐地，这些经历也让我形成了对自己、对学习本身的信念感：学习是我擅长的事，我能在学习这件事上比其他人做得更好。

回想起来，幼年、童年时期我们的自我意识尚不成熟，许多观念尚未成形，自身的内驱力不足，学习主要靠上述外驱力推动。

从长远来看，小学阶段我最重要的收获是养成了一些良好的学习习惯，例如独立、准点、快速（当然并非马虎潦草）地完成作业。这有几个好处。

第一，不需要家长每天催促鞭策我完成作业，这让我形成了“学习是自己的事”的意识，让我将来为自己学习的好坏负责。

第二，快速完成作业让我可以在剩余的课后时间自由自在地玩耍，让我形成了注重效率的观念。由于没有太多挣扎着学习和做作业的经历，我也没有像很多同龄人一样，让学习和作业成为我不快乐的来源。

学习产出 = 效率 × 时间

在小升初的择校过程中，我的父母做了一个关键且正确的选择：鼓励我去参加当地最好初中的单独招生考试。我由此进入了一所规模更大的学校，身边一下子有了许多优秀的榜样，让我见识到了更大的舞台。

恰好初中也是自我意识、竞争意识逐渐形成的时期，我们开始自觉地思考自己和他人的不同，并把自己与同龄人的优势和劣势做比较。更具竞争性的环境让我思考如何更有效地学习。

当时我们班学习成绩第一名的是一个聪明且善于学习的学生，他总是能比较轻松快速地完成学习任务，课后就快乐地投入各种兴趣活动中，还受到许多同学欢迎。

我从他身上进一步意识到了学习效率的重要性，深刻地理解"学习产出 = 效率 × 时间"的逻辑。因此，我不停地琢磨提高学习效率的方法。

与掌握具体的知识、考试获得的排名相比，我开始更注重自己的学习能力和效率是否有提高。一旦运用自己的学习方法快速地理解吸收某个新知识，我就体会到一份属于自己的快乐和成就感——我知道自己真的在进步。逐渐地，我开始将学习本身视为一件快乐的事情。

也是在这一阶段，我逐步形成了持续学习的内驱力，这包括人人都有的求知欲，学到新知识时的快乐，以及更重要的，意识到自己的学习效率和能力正在提升的成就感。

高效学习：多感官参与、视觉记忆、"溶解"知识

初中毕业之后，我通过单独招生进入了当地的一所省重点高中。这个阶段

的重心是打下坚实的学习基础，把知识掌握得更加牢固。

随着年龄增长，大家都更加意识到学习的重要性。我也逐渐把学习视作一种路径，一种提高自己的能力，从而理解和接触更大的世界的路径。

承接初中对学习方法的思考和重视，高中阶段的我逐步总结出了一些让自己颇为受益的学习方法，下面举三个例子说明。

一是多感官参与，即在学习时充分调动自己各种感官和情绪。这一方法对于我们建立新的思维方式时尤其有用。

例如，很多同学对英语具备学习热情，却由于英语和汉语思维方式的不同而感到很难学习，这时候就可以运用这种方法。在中学阶段，我常常在早读时大声朗读、背诵英文单词和段落，有时甚至与同学互相竞赛，比谁更加大声、更加投入、更有热情、更有表现力。

实际上这也是我们学会自己的母语所经历的过程——将自己的语言、肢体动作，甚至喜怒哀乐的情绪与语言融合在一起，形成所谓的“语感”，让它的存在变得很自然。

二是理解图像、视觉记忆。借助图像在视觉上记忆事件是一种很有效的学习方法，对理解抽象的逻辑和概念很有效，尤其是对数学、化学、物理等学科的学习。

拿数学举例，从小学的算术和几何体，到初中的不等式方程和平面几何，再到高中时的函数与解析几何，图像和图形始终是贯穿代数和几何的交会点。比如我们可以这样训练自己：在看到代数问题时去联想对应的图像或图形，在看到几何问题时去回忆对应的代数运算和解析方法。

再比如，对于化学、物理等学科，我们可以配合动画去想象那些超出我们日常生活体验的，不熟悉的微观、宏观现象或过程。

三是“溶解”知识，形成自己的理解，也就是把知识变成“自己的”。人类通过语言沉淀知识，通过语言表达思想和智慧。某种程度上，真正理解知识就是用自己的语言体系去“溶解”知识。

我常常用三种方法形成自己的理解，这些方法在我博士阶段的科研学习中依然非常有效。

第一是同义转述。当学习新的知识或自己不熟悉的话题时，我要求用自己的话将它（无论是写在书本上的还是由他人说出来的）表达清楚。

第二是自问自答，也就是通过问自己问题的方式，检测自己对知识的掌握程度。如果掌握了某一知识的核心，应当能问出切中要害的问题，并能用简短的话给出答案。

第三是帮人答疑。我在高中时常常帮同学解答数学问题，教会他人一道复杂的题，就是在练习“运用”自己的理解，这个过程能让自己的思路更清晰，有温故而知新的效果。

除此之外，在高中 3 年的学习中，维持良好的作息和心态，保持身心健康也非常重要。对于计划在国内高校就读的同学，高考确实是一次至关重要的考试。除了平时用心地学习、掌握知识之外，在高考中能够实现自身能力的正常发挥甚至是超常发挥也非常关键。

这就需要保持平稳的心态和健康的身心。而面对考试保持良好的心态，可不是临近某次考试时能调整出来的，它更取决于长时间良好习惯的养成。

自由的路，你来决定宽度

高考结束后，我进入了华中科技大学就读，根据自己的意愿选择了比较感兴趣的新能源科学与工程专业。这一阶段我的成长关键词是拥抱变化、全面发展。

对于许多同龄人而言，大学让我们第一次远离故乡去到陌生城市生活，需要适应种种新环境，也要开始学着对自己生活的各个方面负责。

脱离了以应试为中心的中小学生活，我开始思考大学教育的意义。我开始阅读那些以前我从未感兴趣的书，包括教育、哲学、历史领域以及各种经典小说等严肃作品。我意识到没有任何人、任何一个专业课程体系能够全面对我们的未来发展负责，而大学赋予了我们足够的自由，所以我们必须自觉地探索自己的前进道路。

于是，我在课内外做了许许多多新的尝试。在学校里，我开始有意识地拓展自己的知识结构，在校内选修了人文、西方文化、历史、国学等方面的课程，并在大二时选择辅修经济学学位，加深自己对于当代经济社会运行的理解，拓展自己理解世界的维度。

到了大三，我开始进入实验室做一些科研工作，尝试感受科学发展前沿的脉搏。在课外，我进入户外社团，尝试远距离骑行，参加马拉松比赛，带着吉他站上舞台；我尝试更多地积累社会经验，深入大别山区进行支教，到景德镇学习陶瓷文化和工艺，和朋友们一起创业。

这些经历滋养了我的信心，拓宽了我的眼界。同时由于具备了经济学和工程学的复合专业背景，并且拥有实验室工作的科研经历，我在应届本科生推荐免试攻读研究生时获得了保送进入清华大学的名额，继续攻读硕士学位。

回想起来，大学阶段我的主要动力来自对完善自我、全面发展的追求，也来自我希望广泛地接触社会，探索人生不同可能的内在渴望。我从很小时养成的独立自主的能力也进一步得到发展，我开始确信自己有义务，也有能力自觉规划自己的人生。

这些思考也支撑着我逐步明确自己的优势，确定自己的职业方向，促使我在清华大学攻读研究生期间进一步聚焦专业，提升科研能力，并在硕士研究生毕业后顺利收到了墨尔本大学博士项目的录取通知书，在墨尔本大学的全额资助下开始我的博士学习生涯。

回顾我的人生成长历程，不同的阶段有不同的主旋律。幼年时受长辈的赞赏和夸奖驱动，小学时由骄傲感和成就感形成自我要求，初中时感受学习中纯粹的快乐并开始注重效率，高中时重视学习方法与身心平衡的学习，而大学之后开始自我探索与全面发展。

展望未来，无论作为家长还是子女，无论身处何种人生阶段，我们都要继续学习和成长，迎接新的挑战和机遇。希望我们都能满怀动力和信念，找到属于自己的方法和道路，实现自己的梦想。

求学之路，探索之旅

姚　滨

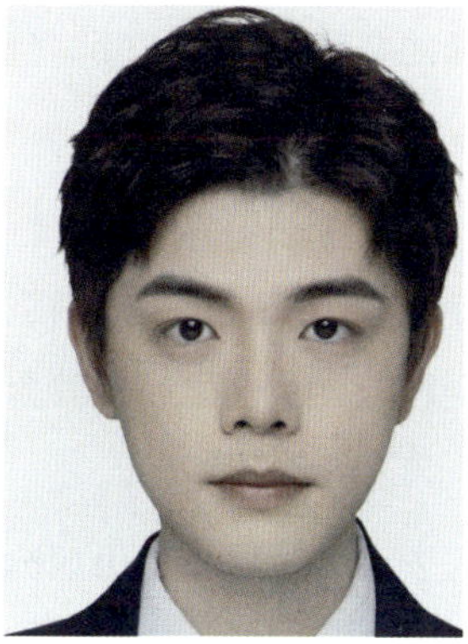

学习履历：

- 本科：安徽大学国际事务与国际关系专业
- 硕士：香港科技大学环球中国研究专业
- 博士：香港中文大学国际政治经济学专业

个人荣誉 / 工作经历：

- 2023 年获得香港中文大学全额奖学金
- 2022—2023 年香港科技大学研究助理

每个人的求学之路都是一段独特的探索之旅。回首我的求学经历，从小学到博士，一路走来，有艰辛，有收获，也有许多宝贵的感悟。

用兴趣磨炼意志

小学时的我，就读于一所偏远小城的公立学校。学校条件虽然简陋，但老师们都十分敬业。在他们的悉心教导下，我的成绩一直名列前茅。回想起来，小学的学习不仅为我打下了扎实的语文、数学基础，也让我有机会接触到自然科学、历史等多个学科，由此培养了我广泛的兴趣。

绘画是我最早展现天赋的领域。父母发现我对画画情有独钟，便特意为我报了美术兴趣班。在专业老师的指点下，我的画艺日渐精进，技法日益娴熟。儿时的我沉浸在创作的乐趣中，每一幅画都倾注了我的心血。功夫不负有心人，我的画作频频在市级、省级比赛中获奖，这让我的自信心得到了极大的提升。

与绘画相伴而生的，是我对舞蹈的热爱。从小学三年级起，我开始学习拉丁舞。轻盈的舞步、优雅的旋转，每一次训练都让我感受到舞蹈的魅力。5 年的舞蹈生涯，不仅塑造了我挺拔的体态，更磨砺了我的意志，教会我如何在聚光灯下自信地绽放自我。无数个周末，我都在舞蹈比赛的赛场上度过。领奖台上，我举起奖杯的那一刻，所有的汗水都有了回报。

升入初中，学习节奏骤然加快，我一度无所适从。第一次期中考试，主科成绩出现大幅下滑，我感到十分沮丧。但在父母的开导和鼓励下，我及时调整心态，咬牙坚持，终于在期末考试中厚积薄发，重返班级前列。这段经历教会我，适应环境和自我调节是多么重要。

在学习之余，我始终没有放弃阅读。父母常常带我去书店，让我自由地选择自己喜欢的书籍。于是，我的书架上渐渐堆满了各种类型的读物，从科普百科到文学名著，从历史传记到哲学经典。阅读开阔了我的眼界，也潜移默化地影响着我的写作水平。我在作文中运用了书中学到的优美辞藻，在议论文中融入了自己的见解。渐渐地，我的写作能力在同龄人中脱颖而出，成为老师和同学眼中的“小作家”。

低谷期也蕴藏着机会

高中时期，面临文理分科的选择，我没有选择自己擅长的文科，而是遵从父母的建议学了理科。面对物理、化学这些深奥的学科，我感到非常吃力，成绩一落千丈，一度产生了严重的厌学情绪。每天放学回家，我都感到无比疲惫和沮丧，甚至开始怀疑自己的能力。

但就在这个低谷期，我阴错阳差地发现了自己对国际政治的浓厚兴趣。那时恰逢美国总统大选，我如饥似渴地通过各种渠道了解候选人的竞选理念，观看他们的演讲辩论。

他们的言辞犀利、分析深刻，让我耳目一新。我开始意识到，政治不仅仅是权力的游戏，更关乎每个人的生活。久而久之，仿佛有一扇通往广阔世界的大门在我面前打开。

从那时起，我开始主动阅读《参考消息》等时事报刊，学习《纽约时报》《经济学人》的高质量英语文章。这些阅读材料往往涉及政治、经济、文化等多个领域，阅读它们不仅大大提高了我的英语水平，而且拓宽了我的眼界，塑造了我的全球视野。渐渐地，我对国际关系产生了浓厚的兴趣，并开始形成自己对全球事务的看法。

尽管我的理科成绩并不理想，但英语和政治学科的优异表现，还是为我的未来铺就了道路。在高考中，我的英语成绩位列全市前茅，这让我看到了希望的曙光。凭着这一优势，我成功地考入了双一流大学的国际政治专业，开启了人生新的篇章。

在大学积极开阔视野

大学校园为我提供了更广阔的平台，让我去追寻自己的学术理想。在这里，我遇到了许多志同道合的朋友和恩师。他们的激励和支持，让我坚定了深造的决心。我开始有意识地加强学术训练，学习如何检索文献、撰写论文、参加学术会议。在导师的悉心指导下，我的研究能力得到了长足的进步，开始尝试发表自己的学术论文。

大学期间，我还面临了一个重大抉择——是否转换专业。起初学的是金融，但我内心深知自己对国际政治的热爱。权衡再三，我决定冒险一试，转入国际政治专业。为了达成这个目标，我在转入新专业的头两年里夜以继日地学习，成绩始终保持在专业前列。

其间，我还选修了经济学、心理学等多个其他专业的课程，这既拓展了我的知识面，也让我掌握了跨学科学习的方法。通过旁听校内外各类讲座，我接触到许多前沿的学术思想，视野变得更加开阔。大四时，我已经成长为一个全面发展的学生，不仅专业成绩突出，而且掌握了英语演讲、学术写作等多项实用技能。这一切，都要归功于大学时期的刻苦磨砺。

好的学习环境锻炼多种能力

本科毕业之际，我再一次站在了人生的岔路口。申请研究生？出国留学？直接就业？每一个选择都意味着不同的人生轨迹。经过深思熟虑，我做了一个不太寻常的决定——前往香港科技大学（简称港科大）攻读硕士学位。我明白，在香港这样一个国际化大都市求学，于我将是一次全新的文化冲击和学习体验。但我已经做好了准备，去拥抱未知的挑战。

在港科大求学的两年，是我眼界大开的两年。导师们治学严谨，同学们来自世界各地，他们的言谈举止无不透露着卓越的思想和睿智的观点。在这样一个开放而兼容的环境中学习，我脑海中关于"全球化"的模糊概念逐渐清晰，钻研学术的志向也越发坚定。我积极参与各类学术活动，担任研究助理，协助导师开展课题研究。这些经历不仅锻炼了我的科研能力，也让我领略到学术研究的乐趣所在。

探索未知才能发现潜力

临近毕业，我再度陷入两难之境。一方面，本科的金融辅修专业和港科大的名校光环，让我获得了多家投行的青睐；另一方面，导师多次劝我继续深造，攻读博士学位，并慷慨地为我写下了推荐信。面对诱人的物质生活和遥不可及的学术理想，我左右为难。内心的天平摇摆不定，我一次次地问自己，什么才是我最想要的人生？

机缘巧合下，我收到了香港中文大学的博士全额奖学金录取通知。这无疑是莫大的肯定和鼓舞，让我有勇气抛开世俗的诱惑，义无反顾地投身学术。但我也清楚，攻读博士绝非易事，这意味着我必须同时应对学业和工作的巨大压力。

博士生涯的头一年，我感受到了前所未有的压力。白天，我要出席学术会议，完成导师布置的研究任务；晚上，我还要埋头撰写博士论文，广泛阅读大量文献。每一天都在时间和任务的夹缝中艰难度过，我常常感到身心俱疲，怀疑自己是否真的适合这条路。

有几次，我甚至产生了放弃的念头。但每当想起自己为什么选择这条路时，我的内心又充满了力量。我明白，学术之路虽然孤独且漫长，但它能带给我精神上的充实和自由。只有在不断探索未知的过程中，我才能发现自己的潜力，实现自己的价值。想到这里，我便重新振作起来，以更加昂扬的斗志投入学习和研究中。

2024 年，我的博士生涯已经过完了第一年。站在人生的又一个节点上，我常常回想起这段跌宕起伏的求学经历。每个阶段的经历都像一粒种子，虽然个中艰辛只有自己知道，但最终都开花结果，造就了今天的我。小学时培养的兴趣爱好，为我的全面发展奠定了基础；中学时的挫折和迷茫，教会我在逆境中自我调节；大学时的刻苦磨砺，让我练就了扎实的学术功底；研究生阶段的见多识广，则坚定了我投身学术的信念。

博士学习不仅教会我专业知识，更教会我做人的道理。在这个过程中，我渐渐明白，所谓学习，不仅是为了获取知识，更是为了提升思想境界，实现自我超越。真正的学者，应该胸怀坦荡，对真理怀有敬畏之心，对学术研究保持谦逊之心，对社会担负责任之心。唯有如此，才能守住学者的操守，在学海中自由翱翔。

在不远的将来，我期待自己能顺利完成博士学业，在学术的道路上走得更稳、更远。毕业后，我希望能到高校任教，将自己所学回馈社会。同时，我也将继续自己的研究，在国际关系领域开拓创新，为构建人类命运共同体贡献绵薄之力。

求学路上几点建议

回望来时路，我想给所有求学路上的学弟学妹几点建议。

第一，不要功利化地对待学习，要敢于探索自己的兴趣所在。学习不应该是被动的填鸭式灌输，而应该是主动的探索和思考。只有学会自主学习，才能在知识的海洋中尽情遨游。

第二，一旦确定了目标，就要全力以赴，哪怕遇到再大的困难也不要轻言放弃。学习的过程往往充满荆棘，挫折和失败在所难免。但只要你有坚定的意志和不屈的精神，就一定能战胜前进道路上的种种阻碍，最终抵达成功的彼岸。

第三，要注重学习方法的提升，这是终身受用的宝贵财富。无论是基础学科的学习，还是专业知识的钻研，掌握科学的学习方法至关重要。它能让你事半功倍，在最短的时间内达到最佳的学习效果。这不仅适用于求学阶段，在以后的工作和生活中也同样适用。

第四，要善于从身边的环境中汲取养分。无论是良师益友的悉心指教，还是课堂内外的各类活动，都是你成长的沃土。要学会虚心求教，广交朋友，在集体的环境中砥砺自己的品格，提升自己的能力。

最后，我想说，求学之路从来都不是坦途，它考验的不仅是智力，更是意志和品格。在这条道路上，你可能会遇到质疑和嘲笑，可能会面临失败和挫折，可能会感到孤独和无助。但你要相信，所有的苦难都是人生的必修课，只有经历了风雨的洗礼，才能见到彩虹的绚烂。

梦想的道路上从来都不拥挤，因为坚持的人不多。但我相信，只要你怀揣一颗求知若渴的心，保持一份对真理的执着追求，就一定能在学习的道路上走得更远。让我们携手并进，用青春和汗水书写出人生的华彩篇章！

在实践中寻找自己的热爱，成为复合型人才

梁家豪

学习履历：

- 高中：佛山市第一中学
- 本科：深圳大学金融学 & 数据科学专业
- 硕士：香港中文大学金融科技专业

个人荣誉 / 工作经历：

- 2021 年深圳大学全校辩论赛冠军
- 2022 年获得深圳大学“学习之星”奖学金
- 2022 年获得“华数杯”全国大学生数学建模竞赛三等奖

先介绍一下我的成长经历。我出生在广东省的一个新一线城市，那里虽然在教育资源方面比不上一些超一线城市，但我还是从小就接触到了不错的教育机会。

学习书法培养早期专注力

在我的启蒙阶段，很小的时候，我就参加过一些英语外教班，课程内容是由一个有趣的外教带领小朋友们玩游戏，认识一些简单的单词。虽然这段经历并没有让我立刻变成一个能说一口流利英语的“洋小子”，但这种纯英文的环境还是给我的英语语感打下了基础。

上小学开始学英语之后，我就发现我的拼读和口语能力要比其他小朋友好一些，自然而然地，我的英语也学得更轻松一些。

在小学阶段，我其实有点像那种“别人家的孩子”。虽然小学阶段的学科内容比较简单和基础，而且成绩也不是最重要的，但是家长难免对孩子的成绩有所期待。比较幸运的是，我在小学的各科成绩都不错，常年在班级前列。

这其实并不是因为我本身有多聪明，而是因为我在其他小朋友还不能够长时间保持专注的时候就已经具备了保持专注的习惯和能力，以至于我能比较好地吸收老师在课堂上讲的知识点。

而这种专注的能力其实并不来源于学校内，而是来源于校外的书法学习。

我父亲是一名毛笔书法爱好者，受到他的影响和熏陶，每周末我都被他送到一位毛笔书法老师那里学习。毛笔书法的学习无他，唯有不断地临摹和练习。每次一练就是两个小时，中间没有手机和电视的干扰，只有传世名家的字帖和笔下的横竖撇捺。在不知不觉中，我就培养起了长时间保持专注的习惯和能力。

不做“书呆子”

我并不是一个“书呆子”类型的学生，更多时候我都愿意走出课本，走出教室，在实践中成长。

在小学，我参加过许多学校的艺术组织活动以及运动队，比如绘画班、毽球队和定向越野队。在此分享一下我在定向越野队的经历，因为在这段经历中，我不仅身体素质得到了锻炼，意志也得到了磨砺。

定向越野算是一项长跑运动（虽然也有短距离的项目），参赛的选手需要用最快的速度，按照地图跋山涉水，寻找藏在角落的打卡点，完成 2 ~ 4 公里的打卡里程。这对小学的我来说确实是很大的挑战，训练的疲累一度让我萌生退队的想法。

不过好在平时的汗水都没有白费，当我在省市级别的比赛中获奖的时候，就觉得这一切都是值得的。只要坚持下去，看似遥不可及的目标也能一点点靠近并实现。

小组机制促进共同学习

在初中阶段，我很幸运地被保送到本校的中学部，参与到小班教学的模式中。这种不一样的教学模式在潜移默化中培养了我的领导能力和团队合作能力。

虽然我们的学习内容都是义务教育规定的教学内容，但在学习形式上，我们是四五个人用小组的形式进行学习和交流。我还记得在担任组长的时候，我和组员都相处得很好。课上，我经常带领组员踊跃发言，以及积极参加英语剧等多种形式的学习活动。课后，我们也在学习和生活上相互帮助、相互鼓励，最后大家的学习成绩都不错。

可能有的家长和老师会认为，几个正在爱玩的年纪的小孩围在一起，上课容易聊天分神，影响学习。但我觉得，只要有良好的引导和竞争机制，良好的团队氛围或许能发挥更大的力量。

用期待激发斗志

在学科学习方面，初中的知识难度有了一定的提升。我认为，除了有效的学习方法，比如提前预习、课上记笔记、课后复习等，内心的动力也是十分重要的。有时候来自家长或老师的鼓励和期待也能激励学生发挥潜能，考出好成绩。

我还记得到了初三，学校领导把上学期月考成绩综合排名年级前 20 的同学都抽调到了新成立的尖子班，整个年级由原来的四个班变成了五个班。虽然我没被分到尖子班去，但我的老师并没有对我失去信心。她对我说："我相信你完全有能力考进前 20 名，你可以把某位同学当作对手，下次月考超过他！"

我本来就憋着一股劲，被老师这样一激发，我更加有斗志了。在强大的动力驱动之下，我更加刻苦地复习，果不其然在下一次月考中冲进了年级前 20 名，之后也稳定在年级前 15 名左右。

转变心态，化压力为动力

到了紧张的高中阶段，我遇到了学习生涯中第一次重大的挑战。我所就读的高中是我们当地最好的高中，百年名校，优秀的学生云集，竞争十分激烈。我的中考成绩仅仅超过这所名校的分数线几分。

所以不出意外，在第一次月考中，我在全年级1000多人之中仅仅排到700多名。从常年的年级前10%掉到年级的后半段，我虽然心里早有准备，但还是受到了巨大的打击。因为按照一般的标准来看，我认真上课，及时完成作业，晚自习都基本上没有空闲的时间，已经算是比较刻苦的了。我不由得开始想，是不是这里的竞争太激烈了？

但是我并没有沉溺在消极的情绪中，我开始转变心态。我想，既然处在一个优秀的学生云集的环境中，与其想着怎么超过他们，倒不如把他们当作我汲取营养的土壤。于是我便开始积极地与同学和老师交流学习心得、学习方法，并反思自己不足的地方。

借助外部的视角，我成功地发现自己的缺陷，并积极改正。经过努力，我在高一的期末就考到了年级前200名，获得了巨大的进步。

课本之外的成长反哺学科学习

虽然高中的学习非常紧张，但我还是要感谢我的高中对学生全面发展的重视以及对学生自控力的信任。学校允许我们带手机上学，为的是让我们紧跟时代。

我在高中的时候还参加了学校的辩论队，尽管高中的学习任务重、作业量大，晚自习几乎没有空闲的时间，但是在思辨的氛围和比赛的激情中，我还是会利用好午休前和晚自习前的空闲时间思考辩题，查找资料，和队友讨论。

那是一段累并快乐着的时光，在思辨思维的火花碰撞和唇枪舌剑的交锋中，我的逻辑思维能力和表达能力有了巨大的提升。

除此之外，我的阅读理解能力和议论文写作能力也因我在辩论队中的训练得到了提升，语文和英语成了我高三时的稳定和强势学科。更重要的是，我在辩论队中结识了一群非常优秀的伙伴。我这届辩论队当中，80% 以上的同学都考上了“985”“211”高校，他们是我一生宝贵的财富。

所以，其实除了学科学习，课本之外的成长也非常重要，更多时候二者是相辅相成、相互促进的。

跨界尝试让能力全面发展

高考之后，我来到了深圳大学就读金融学专业。如果用一句话总结我的大学本科生涯，那就是——我在学校丰富的教学资源下得到了自由的成长。我在大一时就跟随老师参加“全球湾区房地产投资”的研究项目，并借助这段经历在大二暑假进入了著名企业安永进行实习。

后来我又参加了许多项目和竞赛，比如大胆地跨学科参加数学建模竞赛，还获得了全国三等奖。到了大三，我又修读了“经济学与数据科学”这门微专业，去了 TCL 等名企进行实习。

为了申请名校的硕士，我利用学校给本科生提供的机会，挑战性地修读了一些数理方面的硕士课程，这为我成功申请到香港中文大学的金融科技专业硕士打下了基础。

可以说，我的学习和发展道路并不是传统的金融学专业学生的道路，但我借助了学校在人才和地理方面得天独厚的资源大胆地自由发展，在实践中寻找自己的热爱。如今，我又在一家公司做 AI 产品经理。我觉得正是我爱折腾、爱探索的成长经历让我得到了这样宝贵的机会。

思维改变命运

回顾我的成长经历，不同阶段有着不同的主题，但全面发展始终是主线。在小学的时候培养保持专注的能力；初中时培养领导能力和团队合作能力；高中的时候注重学习方法，锻炼思辨和表达能力；到了大学之后就是自由探索，全面发展。课内的学科知识固然重要，但课外的全面发展也不容忽视，二者共同构建了我完整的成长经历。

展望未来，随着人工智能等技术的发展，知识无处不在，几乎任何问题都能通过人工智能得到答案。传统的观念“知识改变命运”可能需要变一变了，我认为更多的是“思维改变命运”，除了学科知识的学习之外，我觉得学生在思维方式上还要紧跟时代，积极拥抱变化的时代。

知晓选择背后的意义
比选择本身更重要

吴梓硕

学习履历：

- 高中：深圳市红岭教育集团高中部
- 本科：武汉大学物理学专业
- 硕士：新加坡国立大学技术物理专业

个人荣誉 / 工作经历：

- 2021 年“未来杯”第三届高校科普科幻辩论巡回赛亚军
- 2021 年第九届“天伦杯”全国政法院校辩论赛季军
- 2022 年第四届北美华语辩论联赛决赛冠军
- 2023 年第二届国际青年可持续发展创辩大会季军

我的小学经历较为不同寻常，和大多数孩子的经历可能都不太一样。由于父母的工作调动和家庭环境的不断变化，我曾先后在老家和深圳的四所不同的小学就读，最近的一所距离家仅几步之遥，而最远的一所（也是最后一所小学）则需乘坐一个多小时的公交车才能到达。

这种须频繁通勤且不断适应新环境的经历，事实上不仅培养了我的独立性，也锻炼了我迅速适应变化的能力。

稳定的环境更有利于学业和社交

不过，尽管频繁转学似乎使我比同龄人更为成熟和独立，但并不应该由此简单得出“转学有好处”的结论，因为整体来说我的小学生活相当不稳定。

在多次转学过程中，我面临许多挑战和困惑，如何建立新的友谊、如何适应不连贯的教学等问题一直困扰着我。由于频繁更换学校，我始终未能建立持久的社交联系，对我而言，“社交”这个诉求在本就缺乏即时通信工具的童年时期更显得尤为困难。

此外，作为“新生”，我需要付出更多努力才能融入别人已建立和巩固了好几年的朋友圈，更难融入班集体，需要将更多时间花在适应上，这对成绩自然也会产生影响。如果不是得到父母的持续支持和老师们的耐心关注，我可能难以克服这些由转学带来的难题。

事实上，这段经历让我深刻理解到，稳定的学习和生活环境才是建立长久社交关系和良好学习氛围的基础。

因此，进入初中选择学校时，尽管所选学校离家较远，但由于它是与我最后一所小学直接对接的对口中学，人际交往和周围环境都更稳定，我的父母还是决定办理各类材料让我在那里就读。

初中阶段，我的学习环境和人际关系变得相对稳定，使我能够专注于学业和个人发展。后来我弟弟在就读小学和初中时便吸取了我当年的经验，即使离得比较远，即使每天需要我父母接送，我们也尽可能地保障他的学习环境。

和老师的互动率会影响成绩

我非常喜欢与老师们互动和交流。初中时我常去老师办公室闲逛，与他们交谈和协助处理一些工作，比如抱作业、改作业、发试卷等，这不仅增强了我对各学科的兴趣，也使老师们更加关注我的表现，我学习的热情和质量自然很高。

这个好处以我弟弟如今的经历也可以证明，他在初一时也常常帮助他的数学老师处理事务，这也增加了他对数学的热情和老师对他的关注，数学老师经常向我和我父母反馈他在校的一些情况。然而，他进入青春期后变得有些内向，不太爱去老师办公室“串门”了，他的数学成绩在这个时期变得不再拔尖了。

结合我自身和我弟弟的经历，我认为只有当学生能够吸引老师的注意并且喜欢老师时，才能主动学习，将学习转变为一种兴趣。

注重基础才能常胜

我在初中时做了大量的题，自认为这是一个优秀的也很有帮助的学习习惯。对于基础题目，我的原则是不容许出错，并且会整理所有做错的题，对相似类型的题目进行归纳和分类——这种方法在我后来的高中学习中同样适用。

以英语阅读为例，我会标注每个选项在文章中的对应原文，并记录下所有生词。这种方法虽然听起来简单，但执行起来相当不易，不是难以实现，而是不易坚持。我在检查弟弟的英语试卷时就发现，尽管他也知道应该进行标注和整理错题笔记，但有时候就是很难坚持，需要我们不断地提醒，过一段时间他自己可能忘了或者觉得这不重要了，于是又导致不必要的错误。

所以我认为如果能坚持这种习惯，一定对学习大有裨益，至少这种注重基础的学习习惯让我终身受益——不仅能在初中的基础题目上保证无失手，还在未来的学习中保持细致的学习态度。

心态决定成败，规划决定心态

然而，进入高中后，我认为光靠“仔细”和“努力”已经不太足以获得优异成绩了，高中对于学生自身的要求会更高。

我在高中时成绩波动较大，在全校 1000 多名学生中一开始的成绩排名只在三四百名，但最终在高考中我却获得了年级第 25 名、广东省前 2000 名的优异成绩。

回顾高中，我认为高考取得优异成绩的主要原因是在高中阶段我始终保持一种积极的心态，无论成绩是处于低谷还是高峰，我都没有太强的得失心，不会被一时的失败或挫折所困住。这种心态并非出于随意的“看开”，事实上好心态也不可能是只要强迫自己怎样想就能做到，有时候越强迫自己看淡反而会越焦虑。这种好心态实际上建立在我对自己进行的细致规划之上。

在高三准备高考阶段，任课老师们需要兼顾所有学生，复习节奏可能并不完全符合我的个人需要。因此，我根据自己的弱点和兴趣，为自己制订了详尽的日常学习计划，每天都有明确的学习任务和需要复习的知识点和专题。

我按照这一计划稳步复习，将每个学科的知识点和题型细分成专题，整理笔记和总结，笔记的思路和视角也都是按照我的个人习惯和做题特点来的，和教材上、教辅书上整理的方式并不完全一样，因此在整理完每个专题后我会颇有一种“哥伦布发现了新大陆”的成就感。

我还喜欢在特定的时间段集中训练特定的专题，深入理解相关题型和知识点，并把我整理的专题讲给同学听，通过他们的赞叹我收获了很多成就感，给别人讲解也让我更清楚那些知识点的体系和逻辑。

正是这种细致的规划和好的习惯，让我获得了面对成绩波动时的坦然心态。我的高考成绩是我所有考试中成绩最高的一次，它在某种意义上甚至超出了我的预期。这个成绩不仅是对我学习方法的肯定，也是对我的好心态的最好证明。

高考前，尽管我的成绩一直在提升，但仍旧徘徊在年级七八十名，以这样的成绩，我可能只能进入一所相对普通的“985”或“211”高校。然而在我高考的那年，试题模式发生了比较大的变动，原本有规律可循的考题在那一年进行了创新，题型变了不少。事后复盘回顾，我发现其实高考试卷上的那些题目难度本身并不高，只是身处高考现场，面对前所未见的题型时，心理压力和紧张感是考场外的环境无法相比的。因此，考生的心态就显得尤为重要。

我认识的几位平时成绩优异的同学最终高考成绩都没有平时那么好，我想某种程度上他们可能就是因为不适应新题型，心态有了波动，所以才在考试中表现略微失常。而我则稳住了自己的心态，没有因题型的变化而过度紧张，最终取得了个人考试生涯中的最佳成绩。

这次经历让我深刻认识到，心态的重要性不亚于学习本身。高考像一场漫长的马拉松，过程中成绩难免会有波动甚至反复，只有保持心态稳定，才能将“乾坤未定，你我皆是黑马”这句励志口号转化为现实，心态不稳的“黑马”很难在竞赛中砥砺前行。高考经历不仅是对我的学习方法的肯定，也是对心态调整重要性的最佳证明。

专业选择要了解全面信息

在高中时期，我面临的最重要的人生抉择便是高考后的专业选择。当时，我因为对物理学的热情和对于科研的自信，选择了物理学专业。这一决定其实并未经过深思熟虑，而是基于我在高中阶段出色的物理成绩和对自己能力的过度自信。

我相信许多高中生（尤其是某一科成绩很好的学生）在选择专业时的想法都会与我相似。然而，我当时的这一决定并不成熟。进入大学后，我发现作为专业的物理学与高中的物理学科截然不同，高中时的自信导致了我对自身能力的误判。

其实在我填报志愿的时候，就有很多人告诉过我，基础学科的未来发展主要就是做科研而不适合就业，而且许多人可能并不适合科研，但当时的我仍自信地认为自己能够轻松克服科研中的各种挑战，认为别人遇到的困难对我来说不在话下。

然而，当我真正开始深入学习和研究物理学时，才意识到实际情况与自己预想的大相径庭——我也只是普通人，曾经被提醒的所有困难都一一遇到，当初的自信或多或少让自己考虑不周了。

事实上，包括我在内的绝大多数人，在真正接触科研后都会发现，真正的科研与高中时纯凭借想象的无限憧憬不同，仅凭科研达到事业的巅峰是很难的，科研并不适合所有人，科研也不一定是一个人发展的最好道路，一切都要基于深思熟虑。

我本科就读于武汉大学物理学院，武汉大学已经是全国比较靠前的“985”高校了，但我们学院毕业后选择留在物理领域继续做科研的人数不足20%，这20%中，又有多少人将来可能转行是未知数，毕业后进入物理学院校友群后我发现，除了极少数在高校任教的前辈之外，大多数师兄师姐都在从事和物理毫不相关的行业。

基础学科的未来，特别是物理学这种基础中的基础、理论中的理论，毕业后很可能要面临转行的命运，而当时高考选专业的我，并未意识到这一切，或者即使意识到了，也觉得自己和别人肯定不一样，自己是特殊的。在高考后选专业关口的高中生们一定要注意这一点，专业选择需要基于全面的了解和成熟的思考，而不仅仅是一时的兴趣或自信。

我的本科生活算是因高考后冲动选择专业而付出了代价。在申请硕士研究生时，我痛定思痛，经过全面的思考，为自己的未来发展做了周密的规划。

结合自身优势，我决定转行去从事数据产品领域，通过硕士研究生学习作为过渡，帮助自己顺利转型，并计划在硕士研究生学习结束后从事数据产品工作。

有了这些计划后，我变得更加踏实，就像回到了高三复习期那样，一步一个脚印地前进。这一次我没有再孤注一掷地盲目自信，而是经过了审慎的考虑和细致的规划。而这次规划，也让我最后成功拿到了去腾讯实习的机会。

其实我并不认为高中生在未来不该从事科研或者此路不通，选择转换赛道完全是因为我选择专业时考虑不够周全，未能全面评估自己的情况。如果当时我能多考虑一些，做更多规划，多参考一些意见，或许能少走很多弯路。每个行业都有自身的难处，只有事先考虑了这些难处并且把这些难处当回事，才是正确对待人生的态度。

因此，我认为无论是科研、工作，还是创业，其实都有发展前景，关键是一个人在决定前不应仅凭“我喜欢”这一单一因素作为依据，而应深入了解行业动态和发展趋势，之后再做决定，这样才有可能在未来的道路上不留下遗憾。

努力、好心态、规划

回顾我这二十几年的成长历程，三个关键词对我的发展起到了决定性作用。

首先是努力。自童年起，努力成为我性格的一部分，它不仅使我在学业上保持优秀，还为我提供了巨大的信心基石。

其次是好心态。在高中时期，良好的心态使我能够从容面对各种挑战，尤其是在高考题型发生重大变化时，好心态成为我逆转局面、最终取得佳绩的支柱。

最后是规划。在高中阶段，周密的规划帮助我保持了稳定的心态；而在大学时期，由于缺乏明确规划和仅仅依赖对专业的热爱，我走了许多弯路。最终通过反思和整合我在本科期间的经历和所学，我重新进行了深入规划，并开始一步一个脚印地努力和调整心态，这使我在之前没有任何实习经验、专业也不太对口的情况下，仍然获得了腾讯的实习机会。

可以毫不夸张地说，我的每一次成功的规划都带来了丰硕的成果，而每一次缺乏规划的冒失也都让我付出了代价。

努力、好心态、规划——这三个词是我经历的核心主线，它们深刻影响了我的成长，并教会了我如何规划和对待自己的未来。